铁血权臣
曹操 全传

常志强 著

华中科技大学出版社
http://www.hustp.com
中国·武汉

图书在版编目(CIP)数据

铁血权臣：曹操全传 / 常志强著. -- 武汉：华中科技大学出版社，2018.1（2022.3重印）

ISBN 978-7-5680-3337-4

Ⅰ.①铁… Ⅱ.①常… Ⅲ.①曹操(155-220)-传记 Ⅳ.①K827=342

中国版本图书馆 CIP 数据核字(2017)第 212615 号

铁血权臣：曹操全传　　　　　　　　　　　　　　常志强 著
Tiexue Quanchen: Caocao Quanzhuan

责任编辑：沈剑锋
封面设计：刘红刚
责任校对：张会军
责任监印：朱 玢

出版发行：华中科技大学出版社(中国·武汉)　　　电话：(027)81321913
　　　　　武汉市东湖新技术开发区华工科技园　　　邮编：430223

印　　刷：天津中印联印务有限公司
开　　本：710mm×1000mm　1/16
印　　张：17.5
字　　数：280千字
版　　次：2018年1月第1版第1次印刷　2022年3月第1版第6次印刷
定　　价：38.00元

本书若有印装质量问题，请向出版社营销中心调换
全国免费服务热线：400-6679-118　竭诚为您服务
版权所有　侵权必究

【序】

力能挽弓，气能纵笔

从秦始皇统一中国到清朝末代皇帝溥仪退位，在漫长的 2000 多年时间里，一共产生了 352 位皇帝①，其中统一时期的皇帝有 146 位，分裂时期的皇帝有 206 位（多数在三国、南北朝和五代十国时期）。

在这 300 多位皇帝中，曹操是特殊的一位。首先，他生前本有实力当皇帝却不愿意当皇帝，而在死后被追封为皇帝。其次，他的功业虽不如朱元璋、赵匡胤等人，可知名度却远远超过大多数皇帝，是历史上的"明星"皇帝，就好比大家提起秦始皇，就将他与秦朝等同；而提起曹操，则意味着他代表三国时代（尽管曹操并不生活在真正意义上的三国时代）。一句话，曹操就是三国的象征。

一个连统一大业都没完成的"失败皇帝"，为何会为后人津津乐道呢？也许《三国演义》在抹黑曹操的同时也宣传了曹操，只不过"三分真实，七分虚构"的《三国演义》，也未能给出一个较为公正客观的曹操形象。

事实上，曹操之所以作古千余年而依旧为历朝历代所探讨，原因就在于他的千秋伟业和传奇的人生经历。

东汉桓帝永寿元年（155 年），曹操出生在一个官宦之家。自古英雄磨难多，从来纨绔少伟男。曹操是个典型的官二代，含着金钥匙出身，过的是锦衣玉食、飞鹰走狗的生活。作为官二代，他无须担心柴米油盐酱醋茶，就连工作问题也无须发愁。

---

① 刘瑞芳.中国皇帝史［M］.北京：国防大学出版社，1996.

20岁时，曹操通过其家族强大的政治人脉资源，在朝廷谋了个职位，成为国家公务员。如果大汉帝国没有出现变故，继续存在下去，那么历史上的曹操恐怕就要平庸地度过一生。因为曹操虽然也有自己的政治野心，但是当时他的终极目标，也只是大将军而已。

然而，个人的命运和发展轨迹往往与国家的命运息息相关。曹操按部就班升迁的政治理想，很快便被大汉帝国的变故撞得支离破碎。运转了将近200年的大汉帝国早已失去了活力，弊病丛生，其中最为突出的是，中央权力斗争激烈和豪强实力剧增。

东汉帝国到了第四任皇帝汉和帝之后，继位的皇帝基本上都短命早死。如此一来，权力流转在宦官、外戚手中，而官僚士大夫集团则处于从属地位。权力斗争从来只论输赢，不讲求公平正义，朝政便一天不如一天。

中央闹得欢，地方豪强也叫得欢。他们在经济上是"富者田连阡陌"；在政治上是"州郡记，如霹雳，得诏书，但挂壁"；在军事上是拥兵自重，藐视中央的权威。在各方势力压迫下无路可走的民众则被逼造反。

汉灵帝中平六年（189年），外戚与宦官进行了终极血战，最后宦官和外戚同归于尽，帝国权力出现了真空。正当官僚士大夫准备接管权力的时候，董卓来了，由此展开了一场官僚士大夫与董卓争权的血腥斗争。

曹操作为大汉帝国的公务员，自然免不了参与其中。面对废立皇帝之争，他选择了不参与；面对黄巾军起义，他毅然率军镇压，并因功获得升迁。此时的曹操，依旧秉持"修身齐家治国平天下"的信念，心里想的依旧是把这所"破房子"补一补，振兴汉室。

董卓乱政时，曹操拒绝为董卓效力，而是逃离京城拉杆子。天下兴亡，匹夫有责，曹操准备以暴制暴，清除乱政的董卓，还民众一个清明的大汉帝国。但是，打出"诛国贼"口号的十八路诸侯，有的夸夸其谈，有的临阵退缩，各有各的小算盘，结果持续了一年多的讨董战争，最后只是将董卓逼到长安，隔关而治。

这个时候的曹操终于恍然大悟：十八路诸侯中，只有他和孙坚在北方没有地盘，而其他诸侯均以"赴国难"为借口来武装自己，分割了北方的各个地区。亡羊而补牢，未为迟也，于是曹操转变观念，决定开始自己的创业之路，即建立根据地，一统天下。

然而，理想很丰满，现实很骨感，残酷的现实摆在了曹操面前。首先，争夺地盘当霸主是所有地方诸侯的理想，曹操只是其中一个。其次，除了地方诸侯，农民起义军、黑山军等也参与了角逐，他们也希望建立一个新世界。最后，曹操的实力是最差的，他甚至连属于自己的地盘都没有，只能仰人鼻息。想要拥有独立的版图，而地盘又已经被诸侯们分割干净，曹操创业的艰难程度可想而知。

尽管如此，曹操还是决定参与角逐。毕竟，人总要有一点理想，万一哪天实现了呢？

　　战争是血腥的，斗争是残酷的。在争夺过程中，十八路诸侯除了曹操、袁绍、袁术等人在前期斗争中活了下来，其他人要么被兼并，要么被杀，永远退出了游戏。

　　在此期间，曹操首先效力于袁绍，通过攻打黄巾军、黑山军等来积累资本。历经血与火的考验，他成功了，进入兖州拥有了自己的地盘。而后，他目光长远，挟天子以令诸侯，开始了一统天下的征战生涯。

　　在随后数十年间，曹操南征北战，先后讨伐兼并了袁术、吕布、袁绍、刘表，以及马超、韩遂、张鲁、公孙康等地方实力派，成为势力最为强大的诸侯。紧接着他便遭遇了挫折，先兵败赤壁，再败汉中，实力损耗巨大，加上孙权和刘备的联盟抵抗，他已经无力一统天下：三分天下，已成定局。

　　这就是曹操的政治历程，但这只是表面上的曹操。事实上，在创业过程中，曹操在治国理政方面也有很多可圈可点的功绩。比如唯才是举、搞教育、屯田、提倡薄葬、反对迷信等，都是影响较为深远的功绩。

　　总的来说，曹操虽然未能实现廓清环宇、一统天下的理想，但他在军事和政治上是成功的，他在无数诸侯中脱颖而出，从一无所有到成为北方霸主，成功实现了他最初的梦想。当然，曹操在征战过程中也干了不少坏事,比如动不动就屠城、推行严刑峻法、实施连坐执法、残杀反对派势力……

抛开军事、政治和治国理政不谈,曹操还是一个成功的文学家。他所写的诗文在当时独具一格,形成"苍劲雄浑"的风格,并创立了"建安风骨"的文学派系,成为中国文学史上的重要组成部分。

武能马上定乾坤,文能提笔安天下。这句话用在曹操身上极为合适。纵观中国历史,像曹操这样能文能武且诗歌留名青史的皇帝并不多见。

此外,曹操还是一个成功的父亲。俗话说,清官难断家务事,但是曹操却能很好地处理家庭事务,并教出满门英才。他一生有几十个儿女,除了夭折、病死的,出了不少精英。

长子曹昂虽然战死沙场,但从曹操言语中以及曹丕的叙述来看,如果曹昂没有战死,他应该是曹操心目中理想的继承人,其才华能力自不必说。

曹丕才华过人,废汉自立,并且继承曹操一统天下的遗志,不仅阻止了蜀汉数次北伐,还成功维持了曹魏在三国中实力最强的局面。他本人在文学方面虽然弱于曹植,但他"感于哀乐,缘事而发",创作了许多具有深刻社会意义的作品,而且在文学批评方面贡献颇大,他提出的文典论对中国古代文论研究影响深刻。

曹植,天赋异禀,才华横溢,出言为论,下笔成章,是建安文学的代表人物与集大成者,中国诗歌抒情品格的确立者,在诗史上具有"一代诗宗"的历史地位。其代表作有《洛神赋》《白马篇》《七哀诗》等。

曹彰膂力过人,能手格猛兽,曾带领军队远征乌桓,大胜而归,还参加了汉中战役等,是曹操的得力战将,在三国时期也是赫赫有名。

曹冲年纪轻轻就聪明绝顶,据史书记载,他"辨察仁爱,与性俱生,容貌姿美,有殊于众,故特见宠异"。曹操很想将他立为继承人,可惜他10多岁就去世了。

由上可知,曹操在事业、生活、教育儿女方面都是比较成功的,这恐怕才是他在众多帝王之中独树一帜的根本原因。

本书立足《三国志》等众多官方史料,参考历朝历代相关的研究著作,以通俗的写法较为客观地展现曹操创业的一生、辉煌的一生、充满是非的一生。由于作者水平有限,难免挂一漏万,还请读者指正。

目　录
Contents

第一章　蛟龙横空出世 / 1

一、汉帝国大厦将倾 / 1

二、两座大山：曹腾与曹嵩 / 5

三、少年时代：飞鹰走狗 / 7

四、当"公安局局长" / 11

五、荣升皇帝参谋 / 12

六、镇压黄巾军起义 / 15

七、事业起点：济南"市长" / 17

八、"谋反"风波 / 19

九、梦中情人蔡文姬 / 22

第二章　失控的大汉帝国 / 27

一、禁军将领与废帝计划 / 27

二、权斗：外戚与宦官 / 28

三、董卓大闹洛阳城 / 33

四、迈出重要一步：拉杆子 / 38

五、首战兵败 / 41

六、诸侯兼并战 / 44

七、一女敌十万兵 / 49

第三章　挟天子以令诸侯 / 52

一、定鼎发祥地：兖州 / 52

二、败袁术征陶谦 / 56

三、兖州保卫战 / 59

四、落魄皇帝双城记 / 66

五、帝国中心：许昌 / 70

六、不拘一格用人才 / 74

七、曹氏屯田，富民强国 / 78

八、狮儿难与争锋 / 82

第四章　挥师荆楚 / 88

一、降服战将张绣 / 88

二、剿灭称帝者袁术 / 94

三、荡平第二猛将吕布 / 97

四、误放枭雄刘皇叔 / 101

五、屠杀保皇派 / 104

第五章　北方霸主之争 / 107

一、袁绍南征 / 107

二、层层阻击 / 110

三、生死之战：官渡会战 / 113

四、攻陷冀州 / 118

五、攻克并州 / 123

六、绥靖塞北 / 126

第六章　赤壁败，三国立 / 132

一、小霸王与曹操结仇 / 132

二、刘备终得高人 / 135

三、杀孔融，下江南 / 137

四、兵不血刃，入主荆州 / 141

五、统一的克星：孙刘联盟 / 146

六、梦断赤壁 / 151

七、吴军北上 / 155

八、血战淮南 / 159

九、刘备崛起 / 163

十、周瑜殒命 / 165

第七章　镇西北下淮南 / 168

一、逼反西北军 / 168

二、马超战武痴 / 171

三、离间马、韩 / 173

四、败马超，灭宋建 / 177

五、吴军兵临城下 / 181

第八章　挥师角力汉中 / 186

一、西南军阀 / 186

二、刘备的新版图——益州 / 188

三、雷霆万钧克汉中 / 192

四、曹、刘会战汉中 / 196

五、曹丞相信鬼神 / 200

第九章　剪除异己升魏王 / 203

一、建立国中国 / 203

二、魏王不当皇帝 / 206

第十章　点将再战荆州 / 216

　　一、关羽樊城斗曹仁 / 216

　　二、庞德死战关羽 / 218

　　三、吴军巧夺荆州 / 222

　　四、最后一战 / 225

　　五、吕蒙擒杀关羽 / 228

　　六、刘备再折大将 / 231

　　七、枭雄陨落 / 233

第十一章　用兵不忘治国 / 235

　　一、举德政恩泽中原 / 235

　　二、乱世用重典 / 238

第十二章　创立建安风骨 / 241

　　一、诗歌自成一派 / 241

　　二、散文通脱有力 / 244

　　三、建安七子 / 246

第十三章　曹氏家族多英杰 / 248

　　一、经时济世的曹丕 / 248

二、出口成章的曹植 / 251

三、勇冠三军的曹彰 / 254

四、英年早逝的曹昂和曹冲 / 256

五、才智过人的魏明帝曹叡 / 258

后记　曹操只是曹操 / 262

第一章　蛟龙横空出世

天下大势，分久必合，合久必分。周朝末年七国分争，并入于秦。及秦灭后，楚、汉分争，又并入于汉。后来光武中兴，传至献帝，遂分为三国。东汉帝国走向分崩离析之际，一批枭雄、英雄悄然涌现，他们参与并见证了东汉帝国的崩塌。生死浮沉，鹿死谁手，犹未可知，曹操也不例外！

一、汉帝国大厦将倾

大汉王朝自高祖皇帝刘邦建国以来，前后历时数百年。西汉初期，汉文帝和汉景帝励精图治，首开盛世；紧接着汉武帝刘彻雄才伟略，挥师北伐，大破匈奴，自此内外安定，天下承平。汉武帝执政时期乃是西汉王朝的全盛时期，但盛极而衰，自武帝以后，一代不如一代。西汉末年，外戚王莽①篡汉，建立了新朝。幸得光武帝刘秀中兴汉朝，力挽狂澜于既倒——刘秀作为中兴之主，颇有作为，用武力平定了天下，打败了王莽，建立了东汉王朝；在和平时期他也是一位能君和仁君，陆续出台了一些惠民政策，宽刑省法，轻徭薄赋，劝课农桑，整饬吏治，严厉打击贪污腐败，在事关国计民生的重大问题上事必躬亲。经过几十年的休养生息，大汉王朝重新焕发了活力，经济欣欣向荣，百姓安居乐业。

---

① 王莽：西汉外戚王氏家族的重要成员，于西汉末年代汉建新，建元"始建国"；但没多久就灭亡，其创立的新朝也成为中国历史上的短命王朝之一。

历代封建王朝固有的弊病就是家天下。所谓富不过三代，每个家族都不可能长盛不衰，帝王之家对于子孙各方面能力的要求无疑是最高的，因为一旦遇上一个败家子继承了皇位，整个王朝和国家就岌岌可危了。在中国历史长河之中，真正的贤明之君不多，暴君、昏君和庸君倒是不少，东汉王朝也不例外。开国皇帝刘秀死后不到半个世纪，他的后代就开始败坏祖上留下来的基业了。由于国家的最高元首——皇帝无视民瘼、骄奢淫逸，中央和地方的军政官员自然是纷纷效仿，歪风邪气一旦刮起来是很难收得住的。于是，一股遏制不住的贪腐之风很快便吹遍了神州大地，东汉王朝的各级官吏无视老百姓的死活，各种盘剥政策层出不穷，使最底层的劳苦大众苦不堪言。

东汉王朝中后期，外戚和宦官交替执政，朝廷乌烟瘴气，社会矛盾极其尖锐，以至于后世的很多史学家认为东汉王朝亡于宦官之手。宦官也就是我们俗称的太监，东汉末期的太监为何会有那么大的能量呢？

据史书记载：汉章帝驾崩后，不到10岁的汉和帝①继位。由于皇帝年龄太小，无法治国理政，于是皇帝的母亲窦太后临朝听政。窦太后为了巩固自己的地位，提拔了一大批窦氏官员，时有窦太后的亲属窦宪专权，其父子兄弟皆并列朝中，享受高官厚禄。数年后，汉和帝渐渐长大成人，理所当然要亲政，无奈窦氏一族把持朝政，嚣张跋扈，全然不把皇帝放在眼里。面对这种臣强主弱的局面，汉和帝身边的宦官、中常侍郑众等人看不下去了，在汉和帝的授意下，他们秘密联络朝中的忠义之臣，设计诛杀了窦氏一族。

汉和帝夺回朝政大权后，大赏功臣，宦官郑众被加封为大长秋②，恩宠有加。汉和帝亲政后还赋予了宦官更多、更大的权力，东汉时期宦官擅权自此开始，太监们陆续登上历史舞台。

---

① 汉和帝：东汉第四位皇帝，在位期间联合宦官扫灭窦氏，亲政后使东汉国力达到极盛，时人称之为"永元之隆"。

② 大长秋：皇后所用的官properties的负责人，主要负责宣达皇后旨意，管理宫中事宜，为皇后近侍官首领，多由宦官充任。

汉和帝之后，经汉殇帝、汉安帝两朝，到汉顺帝年间，外戚梁商和梁冀父子先后为大将军，权倾朝野，宦官们的权力得到了一定程度的遏制。汉顺帝是一位玩平衡之术的高手，他巧妙利用宦官和外戚之间的矛盾，既重用宦官，也不疏远外戚，着力谋求朝中两大势力之间的平衡。当时身居高位的宦官和外戚们也看穿了汉顺帝的帝王之术，外戚梁冀试图缓和自己与宦官势力之间的矛盾，宦官们也有意向大将军梁冀妥协，于是，朝中两大势力在某种程度上和解了。梁冀利用自己手中的权力适当起用了一些宦官的家属子弟，让他们到地方上去做官；宦官们也对梁冀"投桃报李"。

据说曹操的祖父曹腾当时与梁冀关系密切，私交很好。汉顺帝驾崩后，汉冲帝夭亡，汉质帝继位时年仅8岁，少不更事，经常当着文武大臣的面责骂大将军梁冀。梁冀怒不可遏，不久便派人将小皇帝毒死了。汉质帝死后，文武百官议立新君，朝臣皆认为当时的清河王刘蒜①文韬武略、仁义素著，堪继大统。梁冀犹豫不决，曹操的祖父曹腾向梁冀进言道："清河王贤明，大将军秉政多年，过失不少，一旦明君继位，难免会对大将军秋后算账，到时轻则罢官，重则性命不保，不如迎立刘志（也就是后来的汉桓帝），可保无虞。"梁冀对曹腾的建议深以为然，遂力排众议，迎立刘志为帝，是为汉桓帝。

汉桓帝继位后，梁冀权势日盛。汉桓帝虽然昏庸，但也不甘心一直做个傀儡皇帝。延熹二年（159年），汉桓帝和宦官单超等人合谋发动政变，杀死专权跋扈的大将军梁冀及其党羽。梁冀倒台后，宦官再次擅权，诛杀梁冀有功的宦官单超等5人皆封侯，时人称之为"五侯"。汉桓帝执政时期，政风败坏，宦官单超等"五侯"专权肆虐，其家属子弟皆被安置到地方上担任重要职务。面对这样的政治风气，贤良之士纷纷辞官归隐，而奸佞之徒则趁势而起，祸国殃民。"五侯"相继去世

---

① 刘蒜：东汉宗室、诸侯王。因为与外戚梁冀和宦官不和，无缘继承皇帝之位。但朝中诸多大臣为其鸣不平，私自发动政变，结果败露被杀。刘蒜受到牵连，自杀而死。

后，宦官新贵侯览和张让被皇帝授予了更大的权力，朝中的文武百官顺之者昌，逆之者亡。及至汉桓帝驾崩，汉灵帝继位，大臣窦武和陈蕃图谋消灭宦官势力。事情败露后，宦官王甫等先发制人，诛杀了窦武和陈蕃。自此以后，宦官在朝中的势力日益猖獗，皇帝在设官立制上也确立了他们的地位。灵帝年间，宦官张让和赵忠等10名太监并列朝中，号称"十常侍"。汉灵帝向群臣调侃说："张常侍是朕的父亲，赵常侍是朕的母亲。"不仅如此，汉灵帝还加封宦官赵忠为车骑将军①，蹇硕为上军校尉②，进一步让宦官集团掌握兵权。

中平六年（189年），汉灵帝驾崩，大将军何进借机诛杀了上军校尉蹇硕。何进的部将袁绍、袁术兄弟劝何进杀掉所有宦官，革除汉章帝以来的弊政，一时之间，宦官集团人人自危。对于是否全部诛杀宦官，大将军何进征求自己的妹妹何太后的意见，何太后因为宦官曾经有恩于她，不忍心置宦官于死地。就在何进迟疑不决时，宦官们矫诏宣何进入宫，何进不知是计，只身入宫，不料宫内伏兵四起，何进就这样被宦官给诛杀了。

听说大将军何进被宦官杀死的消息后，袁绍、袁术兄弟领兵攻打内廷，尽杀宦官2000余人。宦官的势力被消灭了，但内乱并没有就此结束。不久，并州牧董卓进京勤王，他到洛阳后就给在京的文武百官来了一个下马威——他不顾朝臣的激烈反对，废掉刚刚登基不久的小皇帝刘辩，另立刘协为帝，是为汉献帝。自此，九州扰攘，华夏神州陷入了一场旷日持久的浩劫之中。

东汉王朝，宦官和外戚交相执政，时间长达百余年。在宦官专权后期，宦官集团为了打击反对他们的士族知识分子，竟然野蛮下令禁锢党人，不允许他们入朝为官，史称"党锢之祸"。党锢之祸也在东汉末年

---

① 车骑将军：中国古代的高级将军官名，位次于大将军及骠骑将军。汉时，车骑将军主要掌管征伐平叛，有战事时乃拜官出征，事后便罢官。东汉末年开始成为常设的将军官名，唐朝之后废除。

② 上军校尉：东汉灵帝时，在京都洛阳设立西园八校尉，其中包括上军校尉。宦官集团的统帅可以统率八校尉。

那个特殊的环境里催生了大量的隐士，很多有才能的士族知识分子报国无门，于是隐居起来，蛰伏待机。宦官集团这种极端的举措激起了当时士族知识分子的极大愤慨，也在政治上孤立了自己，使得政敌变得空前团结起来，以至于袁绍、袁术尽诛宦官时，天下之人无不称快。

这一时期，作为统治阶级的爪牙，分布在全国各地的豪强地主疯狂地兼并土地。在中国几千年的历史进程中，农民始终是整个社会的主体，小农经济也一直是中国的主体经济。但是，每逢乱世便会产生大量的流民，他们被无情抛掷于土地之外，转眼之间便变为流寇，大规模的农民起义随之爆发。中平元年（184年），大规模的黄巾军起义爆发了，数以百万计的农民放下农具拿起武器，与朝廷分庭抗礼。汉灵帝大惊，急忙下诏命各地的州郡地方官募兵自守。起义很快被镇压下去了，但各州郡的地方官的权力却得到了增强，他们拥兵自重，为以后的军阀割据和群雄纷争埋下了伏笔。

二、两座大山：曹腾与曹嵩

正所谓乱世出英雄。永寿元年（155年），曹操在沛国谯县（今安徽亳州）出生了。曹操的曾祖父曹节，字元伟，在地方上仁厚之声素著，其中有一个故事一直流传至今。

据说，当时曹节的一个邻居丢了一头猪，那个邻居发现曹节养的一群猪里有一头与自家丢失的那头猪长得很像，于是便要强行将曹节的那头猪给带走。曹节与邻居争辩，但邻居蛮不讲理，曹节无奈，只好作罢。几天后，邻居家走丢的猪自己跑回来了，邻居知道自己错怪了曹节，赶紧将猪给曹节送回去。出乎意料的是，曹节丝毫没有怪罪的意思，两家和好如初。曹节的为人处世大抵如此。

曹节夫妇一共生育了4个儿子，老大叫伯兴，老二叫仲兴，老三叫叔兴，老四叫季兴（名腾），也就是曹操的爷爷曹腾。

关于曹操的曾祖父曹节的名讳问题，史学界存在一些争议。有的史学家认为曹操有个女儿叫曹节，并且是汉献帝的皇后。那么，曹操既然明知自己的曾祖父叫曹节，又怎么会用曾祖父的名字给自己的女儿命名呢？所以，有的史学家认为曹操的曾祖父应该不叫曹节，而是叫曹萌，因为节的繁体字与萌相近，两个字比较容易混淆。至于真相如何，已经无从得知了。

曹操的祖父曹腾很小的时候就入宫做了太监，曹腾的性格和父亲曹节差不多，也是一个谦谦君子。汉顺帝时期，曹腾一路升迁，被擢升为中常侍。后来，汉顺帝驾崩，汉冲帝早夭，年仅8岁的质帝刚登基不久就被大将军梁冀给害死了，朝廷一时无主，曹腾向梁冀进言迎立刘志（即汉桓帝）为帝，桓帝继承大统后，为了表彰曹腾定策之功，将其迁为大长秋，加封费亭侯。

曹腾作为大宦官，并没有一味地专权用事，他在政治上一直秉持着兼容并蓄的态度，很少党同伐异。对于士族知识分子中的贤明之人，他总是无私地进行推荐，汉桓帝时期的很多名臣都是经曹腾举荐才得以升迁的。史书记载：时有蜀郡太守想结交曹腾以求升迁，于是写了一封推崇曹腾的信，差人送往京城，不想益州刺史种暠暗中派人在函谷关将这封信截了下来。种暠以为抓到了曹腾的把柄，便上书汉桓帝，参了曹腾一本，说曹腾内臣外交，谋为不轨，要求将曹腾罢官免职。汉桓帝接到种暠的弹劾表文后却不以为然，下令说，书自外来，与曹腾无关。种暠觉得自己得罪了曹腾，肯定不会有好果子吃，没想到曹腾根本没有把这件事放在心上。由于种暠在益州为官清廉正直，曹腾不仅不念旧恶，还经常在皇帝面前说种暠的好话。种暠知道后非常感动。后来，种暠到朝廷中担任要职，位列三公。他到了京城后，经常对朋友们说："我能有今日，与曹常侍的保举是分不开的。若是没有曹常侍的力荐，就没有我今日的荣耀。"当时，很多大宦官的名声都很坏，只有曹腾能够做到一枝独秀，可谓出淤泥而不染！

曹腾身为宦官，没有生育能力，但是朝廷规定：宦官也可以娶妻养子；宦官与其养子虽然没有血缘关系，但是养子享有继承养父爵位的权利，而且是世袭罔替。和别的大宦官一样，曹腾也收养了一个儿子，这就是曹操的父亲曹嵩。曹嵩，字巨高，从未记事起便被曹腾收养。至于曹嵩的亲生父母是谁，至今仍是不解之谜。史家推测曹嵩是夏侯氏之子，曹操与夏侯惇、夏侯渊等是本家；但也有反对者认为夏侯惇的儿子夏侯楙娶的是曹操的女儿清河公主，夏侯渊与曹家也是姻亲关系。在曹操生活的那个年代，人们已经知道近亲不宜通婚，如果曹嵩真是夏侯氏之子，那么曹操不可能将女儿嫁入夏侯家。

曹嵩作为大宦官曹腾的养子，前途自然不可限量。汉桓帝时，曹嵩官至司隶校尉；汉灵帝时，曹嵩又升为大司农、大鸿胪；中平四年（187年），汉灵帝开西园卖官，曹嵩花重金买了太尉的官职，但不知道为何，到次年四月，曹嵩的太尉之职就被汉灵帝给罢免了。史书上没有留下任何关于曹嵩为政举措的事迹，这可能是因为曹嵩在职期间政绩平平，功劳实在是乏善可陈。不过，这可能也从一个侧面反映了曹嵩为官期间没有做过什么坏事，否则史书肯定会有所记载，即使曹魏的史书不会记载，西蜀和东吴的史书也会有所记载。由此推测，曹嵩是一个相对中庸的人，其人品不好也不坏，能力不强也不弱。

曹腾死后，曹嵩理所当然地继承了曹腾费亭侯的爵位。"十常侍"乱政时期，曹嵩辞官居洛阳；后董卓乱政，他不得已跑到徐州琅琊郡避难，后来被徐州牧陶谦的部将给杀死。

曹氏家族自从曹腾在宫中发迹之后，曹腾的几个侄子都被推举到地方上做官，正如后来的《魏史》记载："曹氏一族发迹于曹腾和曹嵩，及至曹操和曹丕父子时君临天下，遂成帝王之业。"

曹操的祖父、父辈积攒下来的家业和人脉关系，对曹操日后的人生有着莫大的影响。当然，曹操的成功更多的是源于自身的奋斗。

三、少年时代：飞鹰走狗

作为历史上赫赫有名的人物，曹操的成长经历并不是那么如意。在现存的大量史籍之中，没有任何关于曹操母亲的记载，这可能是因为曹操的母亲在曹操很小的时候就去世了，少年曹操是在没有母爱的家庭环境中成长起来的。曹操晚年曾对家人感叹说，自己从小缺乏慈母的关怀和严父的教导。由此可见，曹嵩对小时候的曹操并不是很关注，只是尽到了一个父亲的义务而已。不过，曹操长大后对父亲还是很孝顺的，后来曹嵩在徐州被徐州牧陶谦的部将杀死，曹操得知父亲遇害后怒不可遏，愤然发兵攻打陶谦。

《魏书·武帝纪》中说曹操小时候善机变、有权谋、胆气过人，但同时又说曹操放荡无度，不务正业，喜欢搞恶作剧。因此很多人，包括曹操的家人，都认为曹操只是一个贪玩的孩子，没有什么过人之处。

《三国志》里记载了曹操小时候的一件事情，据说曹操的叔叔因为看不惯曹操不务正业，经常在曹嵩面前说曹操的不是，曹嵩为此经常训斥曹操。有一次，曹操远远看见自己的叔叔走过来，便心生一计，待叔叔走近时，他突然仰面倒地，口吐白沫，装成中风的样子。曹操的叔叔赶紧去告诉曹嵩，曹嵩急忙赶过来，却见曹操好端端地站在那里，完全没有发病的样子。曹嵩便问曹操说："你叔叔说你得了中风病，怎么这么快就好了？"曹操若无其事地回答说："我从来没有得过什么中风病，叔叔不喜欢我，所以经常在父亲面前无中生有、搬弄是非。"曹嵩信以为真，从此以后，曹操的叔叔再在曹嵩面前批评曹操，曹嵩都不以为然，曹操也因此得以继续肆意放荡。

曹操的父亲和袁绍的父亲同朝为官，曹操和袁绍从小就经常在一起玩，袁绍也属于喜欢调皮捣蛋的类型。有一次，曹操和袁绍一起去观看别人家的婚礼，他们见新娘子长得很漂亮，便想将新娘子"劫持"出来戏弄一番，结果被主人家发现了，他们撒腿就跑，途中袁绍的一条腿陷入荆棘丛中，拔不出来。情急之下，曹操向不远处正在追赶他们的人大声喊道："劫匪在此！"袁绍回头一看，追赶的人正渐渐靠近自己，出于逃命的本能，他也不知道哪来的力气，竟然在瞬间一跃而起，从荆棘丛中跳了出来。之后，曹操和袁绍两人双双得以逃脱，所谓置之死地而后生。从这件小事可以看出，曹操是一个很有机谋和胆略的人。

还有一次，曹操和袁绍因为一件琐事闹翻了，袁绍很恨曹操，于是花钱雇了一个刺客，让那个刺客用飞镖教训一下曹操。是日夜里，刺客拿着飞镖来到曹操的卧室外面，隔着窗户向正在睡觉的曹操投掷飞镖，可惜飞镖投掷得稍微低了一点，没有刺中曹操。第二天，曹操醒来后发现飞镖，估计刺客昨晚没有成功可能还会再来，晚上睡觉时就没有侧身睡，而是一直平躺着。果不其然，袁绍雇的刺客又来了，刺客一连投掷了几个飞镖，但都没有刺中曹操。试想一下，如果曹操侧着身体睡觉的话，很有可能会被飞镖刺中。

历史上关于曹操小时候的传说有很多，有一则传说最离奇。话说曹操10岁的时候在河里游泳，无意中碰到了一条大鳄鱼，初生牛犊不怕虎的曹操无所畏惧地与鳄鱼进行搏斗。经过一番英勇的战斗，鳄鱼被击退了。后来有一次，曹操的几个小伙伴在路上看到一条大蛇，都吓得惊慌失措，曹操大笑道："我连河里的大鳄鱼都不怕，你们居然被一条蛇给吓成这个样子，真是一群胆小鬼。"从这个故事可以看出，曹操是一个非常勇武的人。

孙盛在《异同杂语》中记载了曹操少年时刺杀当时的大宦官张让的一则故事。曹操虽然年幼，不谙世事，但他在社会上游荡时，听到很多关于老百姓骂大宦官张让的风闻，于是，疾恶如仇的他便想为民除害。一天夜里，曹操拿着一杆长枪潜入张让府中，结果被府中的守卫发现了，情急之下，他舞动长枪，张让的侍卫均不敢向前，于是他趁机跳墙而出，逃逸而去。

在曹操生活的那个年代，朝廷取士用人比较注重察举制度，录用主要依据地方贤达的评议而定，也被称之为清议。少年曹操经过一段时间飞鹰走狗的放荡生活之后，逐渐认识到如果想要做出一番轰轰烈烈的事业，必须多读书，勤于实践。于是，他开始发奋读书，几年下来便小有所成，对人、对事均有一番独到的见解。

最早对少年曹操刮目相看的人是桥玄。桥玄（一作乔玄），字公祖，今河南商丘人，他在汉灵帝年间担任过县令、太守、司徒、大鸿胪、司空、尚书令等重要职务，是一代名臣。桥玄晚年善于品评人物，在当时的清议界有很高的声望。曹操久闻桥玄大名，便亲自跑去拜访桥玄。通过交谈，桥玄发现曹操是一位不可多得的人才，将来必成大器。他对曹操说："天下即将大乱，只有具备经天纬地之才能的人才能安邦定国，我认为你可以担此重任。"曹操听了大喜过望，遂将桥玄引为知己，执礼甚恭。

桥玄对曹操说："你现在还没有什么名气，必须想方设法多结交名士，获得众人的好评，方能出人头地。"曹操问道："那我现在该怎么办？"桥玄为曹操指点迷津道："汝南人许劭是当今清议界的权威人物，你如果能够得到他的好评，将会身价倍增。"曹操拜谢而去。

许劭，字子将，是当时清议界最为知名的人物，品德高尚，才学过人。每个月许劭都会把本乡的人物重新褒贬一番，称之为"月旦评"。曹操备了厚礼，来到许劭家，许劭和曹操交谈一番后，对曹操说："你是治世之能臣，乱世之奸雄。"

另有南阳人何颙素有识人之明，曹操前去拜见，与之谈古论今，针砭时弊。何颙对曹操颇有好感，他对曹操说："汉朝气数已尽，代汉而立者很可能就是你曹孟德。"何颙的话使曹操受宠若惊，从此逐步确立了自己匡济天下的宏大志向。

还有一个人对少年曹操赏识到了几乎笃定的地步，甚至早早便将自己的几个儿子托付给曹操，此人名叫李瓒。李瓒对袁绍也很熟悉，他对自己的几个儿子说："当今天下将乱，曹操和袁绍都是未来的英雄，曹操比袁绍更胜一筹，你们将来不要去追随袁绍，好好地跟着曹操干，定能富贵终身。"后来，曹操果然战胜了袁绍，成为中原霸主，李瓒的几个儿子也因此而受益。

当然，并不是所有知名人士都对曹操推崇备至，南阳人宗世林就很看不起曹操。曹操年少时曾经多次前去拜谒，但宗世林不为所动，后来曹操功成名就，想把宗世林召来戏弄一番，没想到宗世林一如既往，依然不把曹操当成一回事。

汉灵帝末年，袁绍、袁术的母亲去世，袁家四世三公，门生故吏遍布天下，加上袁绍、袁术兄弟二人都很有才能，前来参加吊唁活动的人有数万人。曹操当时与袁绍兄弟交好，自然也去吊丧。看到袁家隆重的葬礼后，曹操悄悄地对好友说："袁绍和袁术兄弟两人皆有枭雄之姿，将来天下大乱后，这两人必然都是割据一方的英雄。"

后来，袁绍、袁术确如曹操所说，成为一方枭雄。由此可见，曹操知人善用、慧眼识英才的才能在年轻的时候就已经有所显露，只是他没有料到自己会超过袁绍和袁术。他当时考虑更多的恐怕是自己的工作问题。

四、当"公安局局长"

熹平四年（175年），曹操刚好20岁，就在这一年，曹操被举孝廉，任命为洛阳北部尉①。

举孝廉是汉代选拔官吏的一种方式，所谓孝是指孝子，所谓廉是指廉洁之士，合起来讲就是既孝敬父母又廉洁奉公的人才。这种选拔方式古已有之，刚开始实行的时候还是利大于弊的，下面执行起来也比较严格。到东汉末期，举孝廉这种方式已经从根本上变质了，荐举的权力完全被有权有势的人所操纵，贫家子弟几乎不可能得到举荐的机会。曹操之所以得到这个机会，与他的家世有着密切关系，曹家经过曹腾和曹嵩两代人的苦心经营，已经成为当时炙手可热的大家族，关系网遍布朝中。

曹操被举为孝廉后，当时的京兆尹、司马懿的父亲司马防推荐曹操做了洛阳北部尉。曹操跟司马防讨价还价，想做洛阳令，但司马防没有答应。

---

① 洛阳北部尉：相当于首都的一个区域分管治安的官员，如现在北京市朝阳区公安局局长。虽然职位不高，但有实权。

若干年以后，曹操晋爵为魏王，遂差人将司马防叫来，问道："当年我想做洛阳令，而你却执意要我做洛阳北部尉，今日当如何？"司马防不卑不亢地说："大王那个时候正适合做尉。"曹操一笑置之。

尉，在古代一般是指武官，太尉掌兵，廷尉掌刑，校尉和都尉也都属于军中的武职。按照汉制，每个县设一个尉，令是正职，尉是副职；同时又规定，人口超过20万人的大县可以设2个尉。洛阳是东汉王朝的都城，人口众多，因此，自洛阳令而下设东、西、南、北4个尉。曹操担任的便是洛阳北部尉。

洛阳北部尉主要负责维持洛阳北部地区的治安。洛阳乃京城重地，权贵众多，不太好治理。曹操上任伊始，便雷厉风行地命人制造五色棒数十根，悬于衙署两侧；同时命令属下张榜告示，声明说：最近京城盗匪猖獗，夜间禁止出行，如有违禁夜行者，不避权贵，一律棒杀。

曹操在洛阳北部尉的职位上干了两年，适逢宦官蹇硕的叔叔违禁夜行被抓，曹操正想杀鸡儆猴，便命人将蹇硕的叔叔用五色棒打死了。

消息传到宫里，蹇硕大怒。蹇硕后来官至上军校尉，一度执掌全国的兵权，当时他虽然只是汉灵帝身边的一个小黄门，官职并不高，但他与灵帝非常亲近，朝中人尽皆知。曹操居然敢将蹇硕的叔叔打死，此事一度轰动京城，从此再也没有人敢在曹操的辖区内违禁夜行了。

许多史学家都认为，曹操在担任洛阳北部尉期间毅然棒杀宦官蹇硕的叔叔，是一种不畏权贵的英勇行为。但是，仔细推敲一下，其实曹操所做的这件轰动京城的事情也并没有那么大无畏：一是蹇硕十几年后才成为上军校尉，权倾朝野，事发之时仍人微言轻；二是曹操之所以敢棒杀蹇硕的叔叔，也是有恃无恐，因为当时曹家在朝野中的势力也很强大。

只是，曹操的这种敢闯敢干的言行举止，无疑与腐败势力势同水火，他的政治前途还会一帆风顺吗？

五、荣升皇帝参谋

熹平七年（178年），曹操官升一级，被任命为顿丘令，成为一个县的最高长官。

曹操在顿丘令的岗位上待的时间不长，可能只有几个月的时间。史书中没有任何关于曹操在顿丘令任上的政绩的记述，唯一可考的资料就是建安十九年（214年），时年59岁的曹操带兵征讨孙权时，对他的儿子曹植说："我昔日担任顿丘令时只有23岁，想起当年的作为，无悔于今。"

曹操在顿丘干了几个月之后，朝廷突然下诏委任他为议郎，在皇帝身边任事。议郎属于言官，主要负责向皇帝纠察和弹劾不法之事，在某种程度上也属于皇帝的参谋人员。出任议郎的人一般是比较正直和清廉的。

可惜好景不长，曹操在议郎的职位上屁股还没有坐热，就发生了一件意外之事。当时的宋皇后被汉灵帝废黜，宋皇后的家属亲族不是被杀就是遭贬，而宋皇后的一个兄弟宋奇是曹操的堂妹夫，曹操因此受到牵连，被朝廷免了职。罢官之后，曹操心灰意冷地回老家赋闲去了。

后来，经过各方打点，曹操终于官复原职，回到朝廷里继续担任议郎。这次他的任职时间比较长，经常对汉灵帝犯颜直谏。

一天，曹操给汉灵帝上了一道表章，请求为窦武和陈蕃等人平冤昭雪："臣闻故大将军窦武和太傅陈蕃皆正直忠良之臣，被宦官集团构陷致死，天下士子无不寒心。如今奸臣当道，贤良隐退，大厦将倾，臣请陛下为已经冤死的窦武和陈蕃二人平反昭雪，则社稷幸甚！百姓幸甚！"

那么，窦武和陈蕃是如何冤死的呢？窦武，字游平，扶风平陵（今陕西咸阳西北）人，年轻时以经术德行而闻名。延熹八年（165年），窦武的女儿被选送入宫做了贵人，并在同年冬天被立为皇后，备受汉桓帝恩宠。窦武作为国丈，也封侯拜将。窦武虽然是靠着女儿才荣登高位，但是他天性耿直善良，疾恶如仇，从善如流。他多次向汉桓帝上书，要求解除党锢，让更多的士人出来做官。他还请求汉桓帝惩办罪大恶极的宦官，肃清朝纲。汉桓帝病逝后，汉灵帝继位，窦武又被加封为闻喜侯。

陈蕃，字仲举，汝南人，与窦武、刘淑一起被同时代的人誉为"三君"，以德行高尚而著称。陈蕃为人刚毅正直，被桓帝诛杀的前大将军梁冀曾经有求于陈蕃，刻意想拉拢他，于是派人多次给陈蕃传递书信。陈蕃拒不接待，来人赖着不走，陈蕃一怒之下，竟然将来人给打死了。梁冀非常愤怒，多次联合宦官想要整死陈蕃，无奈陈蕃为官无懈可击，梁冀等人只好作罢。桓帝去世后，灵帝任命陈蕃为太傅，与大将军窦武共同执政。

建宁元年（168年），因不满宦官集团的所作所为，窦武和陈蕃联名上书要求诛杀宦官。宦官王甫、曹节等人为求自保，发动兵变，先下手为强，诛杀了窦武、陈蕃二人。当时汉灵帝尚未亲政，太后又被宦官劫持，一时无可奈何。

此次曹操上书为窦武和陈蕃鸣冤，汉灵帝认为窦武、陈蕃谋诛宦官在前，宦官不得已而自卫，加上曹操的祖父曹节曾参与其中，遂当面驳回曹操的请求，不予翻案。

光和五年（182年），汉灵帝下诏要求三公重臣纠察在地方上胡作非为、不称职的官员，查明真相后一律罢免。太尉许馘和司空张既二人与宦官集团相勾结，凡是宦官集团的党羽一律予以庇护，反倒是清廉官员被诬陷罢免。司徒陈耽看不过眼，上表向汉灵帝进谏说："许太尉和张司空阿党比周，与宦官沆瀣一气，无罪者受构陷，有罪者皆逍遥法外，请陛下重新核查。"但汉灵帝宠信宦官，对陈耽的上书置之不理。不久，宦官集团玩弄权术，借汉灵帝之手将陈耽下狱，陈耽惨死。

司徒陈耽被冤死之后，整整一年，大汉朝的万里疆域之内天灾频繁，水灾、旱灾、蝗灾接连不断。曹操知道汉灵帝迷信鬼神，趁机上书说："陈司徒冤死，天怒人怨，所以现在才会有这么多的灾害发生，请陛下应天顺人，纠正冤假错案。"汉灵帝素来迷信，听曹操这么一说，以为自己真的得罪了上天，遂命有关部门纠正冤假错案。最后，经查实，太尉许馘和司空张既贪赃枉法，给予罢官免职的处分；司徒陈耽冤死，优恤其家属；某些宦官在后面推波助澜，革职查办。

作为官场新人，曹操一心想通过自己的努力来改变朝廷风气，只是他能做的事情极为有限。就在他以微薄之力尽职尽责地做好本职工作时，时局发生了变化。

六、镇压黄巾军起义

中平元年（184年），声势浩大的黄巾军起义爆发了。华北地区的广大农民由于不堪忍受东汉统治者的贪残酷烈，纷纷揭竿而起。

起义军的领袖名叫张角，张角早年信奉黄老学说，汉桓帝当政时，他得到了一本《太平经》，也叫《太平清领书》，是道家的一部经典著作，成书于东汉末年。该书奉事黄老学说，讲求天人合一。

张角得到《太平经》后，认真研读，数年之后创立了太平道。太平道与《太平经》一脉相承，不同的是，张角的太平道中糅合了一些神学色彩。东汉末年民不聊生，张角借传道之机，广施符水给人治病，多有治愈者。实际上，张角所谓的"符水治病"只是一种心理治疗方式，它要求患者必须做到心平气和，然后病渐痊愈。当然，如果患者得的是重病，无论如何也无法治愈。

张角不仅自己云游四方，身体力行，还广招弟子代为传教。当时的冀州、青州①、徐州、扬州、兖州、幽州、荆州、豫州等地都有许多太平道的信徒。太平道不但用巫术替人治病，而且规定：凡入教者，教徒之间皆有互相帮忙的义务，教徒之间必须做到患难相扶，生死与共。

经过10多年的活动，张角的太平道已经发展得颇具规模，教徒多达数十万人，基本都是贫苦的农民。张角见汉末社会矛盾日益尖锐，便借机蛊惑无知的农民起来造反，他向广大教民宣扬说："苍天已死，黄天当立；岁在甲子，天下大吉。"

自古以来，宗教迷信都是一些不着边际、子虚乌有的东西，但往往

---

① 青州：辖境相当于今山东临南以东的北部地区。

就是这些虚妄的东西才能迎合人们的心态。张角的太平道不仅有着广泛的民意基础，而且在朝廷内部也不乏其信徒。当时灵帝宫中的宦官封谞等人就是张角太平道的忠实信徒。张角准备起事之前，曾派人秘密联络封谞等人，要求他们居内策应，不料事情败露，封谞等人被处死，张角为此加快了起义的步伐。

起义之初，张角自称天公将军，他的弟弟张宝称地公将军，另一个弟弟张梁称人公将军。他们的起义地区遍布整个华北，短短几个月的时间，起义军就发展到了百万之众。

太平教造反的消息传到洛阳，灵帝大惊失色，连忙下诏命令各地刺史郡守募兵自守，同时派遣大将皇甫嵩、朱儁和卢植①各自领兵数万进剿。

黄巾起义军初起时有三大主力，张角率一军活动于冀州地区，波才率一军活动于颍川地区，张曼成率一军活动于南阳地区，各自拥兵数十万。起义军所到之处，烧官府，劫府库，汉朝的官吏纷纷逃亡。

根据朝廷的部署，大将卢植率军赴冀州镇压张角部，皇甫嵩率军赴颍川地区镇压波才部，朱儁率军赴南阳地区镇压张曼成部。这三路官军都是精锐之师，而张角等三路起义军虽然人数众多，但毕竟都是一些农民，让他们与训练有素的职业军人交战，结局可想而知。

曹操听说黄巾军造反，遂向朝廷请缨出战，灵帝于是拜曹操为骑都尉，令他率5000人，前往颍川帮助皇甫嵩作战。曹操来到颍川时，恰逢皇甫嵩与黄巾军鏖战，曹操趁机助阵，大败黄巾军。黄巾军随即依草结营，坚守不出。皇甫嵩顺风放火，烧得黄巾军四散奔逃。曹操趁机率兵掩杀，大破黄巾军，斩首数万。

来势汹汹的黄巾军很快被官军给镇压下去了，朝廷大军三路皆取得了大捷。卢植在冀州打败了张角部，皇甫嵩和曹操在颍川打败了波才

---

① 卢植：东汉著名将领、经学家。他师从太尉陈球、大儒马融等，是郑玄、管宁、华歆的同门师兄。镇压过黄巾军起义，立下战功。其门下弟子众多，而且不乏优秀者，公孙瓒、刘备都是他的弟子。

部，朱儁在南阳打败了张曼成部。灵帝闻报大喜过望，重赏皇甫嵩、朱儁和卢植，曹操也因战功被封为济南国相①。

实际上，三国时期的很多知名人物都是靠镇压黄巾起义起家的，除了曹操之外，后来三分天下据其一的蜀国皇帝刘备也参加了这场镇压黄巾起义的战争。当时，刘备在冀州卢植的军中效力，叛乱平定后，他被任命为平原县令，官职虽小，却使他堂而皇之地登上了东汉末年的政治舞台。孙权的父亲孙坚也参加过剿灭黄巾起义军的战争，因功封乌程侯，加长沙太守。

七、事业起点：济南"市长"

黄巾军起义给无数人带来了"建功立业"的机会，曹操非常聪明地抓住了这次机会，使自己的人生更上一个台阶，成了济南国相。

在汉代，自中央政府而下，地方上分别设立郡县，基本上是沿袭了秦朝时期的郡县制。众所周知，汉代有很多诸侯王，每个诸侯王的领地相当于一个郡。西汉时期，镇守地方的诸侯王权力很大，他们不仅享有自己领地的行政权，而且享有军权，每个王国俨然是一个独立的王国。七国之乱②后，诸侯王的权力被大大削弱。到东汉时期，皇帝还是会封一些诸侯王，这些诸侯王的领地称为郡国。为了更有力地控制郡国，东汉朝廷出台了新的郡国制度：郡国的国王只享有自己领地内的赋税权，朝廷会派国相到诸侯王的领地内行使治理权，国相的地位相当于郡太守，与诸侯王地位相等，双方不存在任何隶属关系。与此同时，东汉朝

---

① 济南国相：当时的济南国王是河间安王刘利之子刘康。按照汉朝制度，国相等同于一郡的太守，封王仅仅"衣食租税"而已，封国的一切政务都掌握在由朝廷委任的国相手中。

② 七国之乱：汉景帝即位后，御史大夫晁错提议削弱诸侯王势力，加强中央集权。汉景帝三年（前154年），汉景帝采用晁错的《削藩策》，先后下诏削夺楚、赵等诸侯国的封地。吴王刘濞联合楚王刘戊、赵王刘遂、济南王刘辟光、菑川王刘贤、胶西王刘卬、胶东王刘雄渠等刘姓宗室诸侯王，以"清君侧"为名发动叛乱。由于梁国的坚守和汉将周亚夫所率汉军的进击，叛乱在3个月内被平定。

廷还完全剥夺了郡国的军事权。

曹操这次因功被任命为济南国相,其职位就相当于郡太守。上任伊始,曹操踌躇满志,决心要在新的岗位上做出一番惊天动地的事业。

当时济南国一共有10个县,曹操上任没几天,就发现自己辖区内的大部分县令都是贪赃枉法之徒。于是,他不动声色地派人暗中调查这些人的政绩和劣迹,结果发现,这些县令虽然官职不高,但在朝中都有深厚的人脉。有的是朝中宦官的党羽,有的是外戚集团的党羽。前几任济南国相大多与这些地方官狼狈为奸、沆瀣一气,老百姓苦不堪言。了解情况后,曹操以雷霆万钧之势,一举罢免了8个县令,同时出榜安民,表示自己将在这里励精图治,还老百姓一个清平世界。济南国境内的老百姓无不欢欣鼓舞。在反腐斗争中取得胜利的曹操也颇感欣慰,他暗忖:"如果有朝一日能将全国都置于自己的控制之下,那么我一定会不遗余力地将整个国家好好地改造一番。"

曹操是个闲不住的人,没事的时候便微服出巡,在自己的辖区内四处转转,结果发现济南国内的庙宇很多,几乎每个村镇都有。曹操叫来本郡的官吏询问,官吏说,西汉时,朱虚侯刘章因为诛除吕后一族有功,被汉文帝加封为城阳王。刘章去世后,城阳国为其立庙祭祀,城阳王的封地就在济南国附近,于是,济南国各地也纷纷仿效,为刘章立庙祭祀。这股淫祀之风越刮越猛,一发不可收拾,到曹操接任济南国相的时候,当地竟然有庙宇600多座。修建这么多庙宇是一笔不小的开支,而所有费用都是取之于民,怪不得当地老百姓贫困潦倒。更重要的是,由于受封建迷信的影响和荼毒,老百姓养成了时不时就去庙里烧香拜佛的习惯。如此一来,这种神鬼剥削也在无形中增加了老百姓的负担。

曹操是个无神论者,他坚信这个世界上没有任何鬼神,于是下令将济南国境内的所有庙宇全部拆毁,以减轻人民的负担。很多老百姓不理解曹操的苦心,认为神鬼得罪不得,曹操便用科学的方法耐心地向他们讲解,以消除他们的疑虑。所谓实践出真知,自从庙宇被全部拆除后,老百姓就是想烧香拜佛也没地方了,久而久之,老百姓发现日子照样过,不去烧香拜佛倒还省下了不少钱,日子也越过越好了。

罢免贪官污吏、禁绝庙宇淫祀是曹操在济南国相任上的两大作为,可以想象曹操当时做这两件事的阻力肯定很大。历朝历代总是官官相护,地方官往往在朝中有后台,加上曹操生活的那个年代,贪污腐化已成为一种刹不住的政治风气,而曹操敢于逆时代潮流而动,毅然倡廉反腐,其政治魄力不可谓不大;至于强拆庙宇,更是雷厉风行,当时时局动荡,百姓普遍迷信,曹操能够独善其身,立足现实,为老百姓解决实际事务,足以彰显他作为政治家的本色。

八、"谋反"风波

曹操在济南国的所作所为虽然受到老百姓的欢迎,但包括皇帝在内的很多朝廷要员都对他没有什么好感。当时曹操的父亲曹嵩也在朝为官,曹嵩为人圆滑,善于随波逐流,眼看自己的儿子就要成为众矢之的,他心里十分着急,于是修书一封,派人送到济南。曹操接到父亲的信件后,也感觉到了事态的严重性,看来不能再这样意气用事下去了。

不久,曹操向朝廷递交了辞呈,谎称有病,请求朝廷允许自己回家养病。数日后,朝廷委任曹操为东郡太守。这也是曹操的父亲曹嵩暗中活动的结果,他希望儿子能够洗心革面,摒弃以往不理智的做法,在东郡好好做官。

令曹嵩失望的是,曹操不愿就任东郡太守,而是想回家隐居。这主要是因为,曹操在济南任国相期间得罪了很多朝中权贵,因为他在济南罢免的8个县令或多或少都在朝中有些背景。这些人被罢免后,很不甘心,于是跑到京城,企图联络朝中的权贵将曹操赶下台,所幸曹嵩在朝中的根基也很牢固,那些人的企图才没有得逞。

曹操上表辞掉东郡太守之职后,朝廷又改任他为议郎,但曹操此时已经看清楚了东汉官场的腐化堕落和不可救药,索性连议郎也不做了,托病回到老家谯县做起了寓公。他在乡间盖起了一栋别墅,准备夏秋读书，冬春狩猎，等待天下清平时再出仕。其实，曹操当时的心情也很矛盾，他一方面好大喜功，想干一番大事业；另一方面又看不惯当时恶劣的政治环境，不愿意随波逐流。

曹操这次隐居持续了大概两年左右，隐居期间，他每天刻苦读书，习文练武，时刻准备着将来大展宏图。正如他后来功成名就时所说："当年的隐居生活并没有使我远离世事，反而使我成为一名岩穴隐居之士。离世事越远，我建功立业的心情就越急切。"

这段时间，曹操还结交了不少忠实的朋友，对他日后起兵创立大业起到了关键作用。

当时谯县有两大家族，即曹氏和夏侯氏。这两大家族在当地的影响力很大，不过，夏侯氏正处于没落阶段，而曹氏则越来越鼎盛，包括曹操父亲在内的很多曹氏家族成员都在朝廷做官，后来成为曹操麾下得力干将的曹仁、曹洪的父亲和叔叔也在地方上身居要职。

由于曹操很少回家乡，大部分时间都随父亲待在洛阳，谯县的家业一直是由曹操的弟弟曹德操持，曹德对兄长回乡隐居感到很不理解。有一次，曹德问曹操："大哥，你放着朝廷里的官不做，回到这穷乡僻壤来干嘛？"曹操叹道："现在朝政黑暗，时局动荡，我不想跟朝中的小人同流合污。"曹德说："自古顺势者昌，逆势者亡，你这又是何必呢？"曹操说："我早晚会靠自己的实力还天下一个清平世界。"曹德笑着说："你就吹吧。"

曹德很有生意头脑，加上父亲曹嵩的政治背景，让他赚了不少钱，曹家的老宅都得以翻新和扩建。曹操回家后，曹德还出资给他在谯县郊外修了一栋别墅，曹操感到十分满意。

自从曹操回到谯县，乡下子弟夏侯渊、夏侯惇、曹洪、曹仁4人经常与曹操来往，彼此关系十分密切，尤其是夏侯渊，与曹操是生死之交。夏侯渊家贫，经常生活无着落，但他武艺高强，仗义直爽。曹操见他是个人才，时常慷慨解囊，给夏侯渊送钱、送粮食，夏侯渊一家都非常感激曹操的恩德。

曹操在谯县闲居期间，大规模的黄巾起义刚刚被镇压下去，很多黄巾余党还在暗中活动，准备再起波澜。因此，各地官府都非常谨慎，小心提防着各种可能的叛乱。

当时有一个原黄巾军将领也在谯县隐姓埋名，过着与世无争的生活。曹操与这位"隐士"关系很好，两人经常一起喝酒，俨然是好朋友、铁哥们。但没过多久，这位隐士的身份暴露了，有人向官府检举他是黄巾余党，官府立即将他缉拿归案。因为曹操曾经和这位黄巾余党交往密切，所以有人告发其私通黄巾余党，企图造反。

一天，谯县县令将曹操请到县衙，对他说："你私通黄巾余党的事情本来只是一些捕风捉影的风言风语，可现在这件事传到了京城，你以前在京城做官的时候肯定得罪了不少大人物吧？这些人现在准备借题发挥，咬住这件事不放。朝廷已经指示我将你拘押起来，听候发落。"曹操闻言，勃然大怒道："岂有此理，这帮奸贼！"县令和颜悦色地说："既然朝廷下达了指示，我不得不照办，这样吧，你先找一个人给你顶罪，然后写信给你父亲，让他在洛阳帮你疏通一下。"曹操连忙向县令道谢："多谢关照，我回去考虑考虑吧。"说完拂袖而去。

当日傍晚，曹操正在家中闷坐，夏侯渊推门而入，见曹操闷闷不乐，于是问其缘故。曹操向他转述了县令的话，夏侯渊大怒道："这可真是欲加之罪，何患无辞。要不这样，我先替你在牢里待一段时间，你这段时间深居简出，不要被那些仇人的眼线看到。"曹操连忙挥手说："不行不行，我怎么能让你替我去蹲监狱呢。"夏侯渊慨然道："蹲几天监狱算什么，人哥对我情深义重，为了你，就算让我赴汤蹈火，我也没二话。"

曹操走近夏侯渊，拍了拍他的肩膀，动情地说："兄弟啊，你没做过官，不知道官场险恶，你替我这样一个有谋反嫌疑的人坐牢，被人揪出来是会掉脑袋的。"夏侯渊毅然道："大哥文韬武略，志向远大，天下可以没有我夏侯渊，但不能没有你，我明天就代你去县衙领罪。"曹操来回踱步，然后转过身来，深情地对夏侯渊说："既然你有如此深情厚谊，只能苦了兄弟你，不过你放心，我会尽快想办法摆平此事的。"随后，夏侯渊和曹操一起去县衙领罪，县里的官员虽然都认识曹操，但也都揣着明白装糊涂，把夏侯渊当成曹操收押了。

且说曹嵩在洛阳听说儿子被诬陷入狱，心急如焚，立即上下打点，企图为曹操脱罪，但是整个案情扑朔迷离，曹操百口莫辩。

这个案件最后的戏剧性结果是：之前与曹操过从甚密的那位黄巾军将领被刑讯逼供致死，因为他始终不肯按照官府的授意，指控曹操图谋造反。嫌犯死了，朝中企图暗中陷害曹操的人也没辙了，曹操终于脱离了险境。

夏侯渊这次替曹操代领重罪，入狱一月有余，曹操对他非常感激。后来，曹操起兵后，任命夏侯渊为大将，把夏侯渊当作是自己的手足兄弟。夏侯渊也没辜负曹操，为曹操的统一大业立下了汗马功劳。

和夏侯渊一样，曹仁、曹洪、夏侯惇3人与曹操的关系也非常密切，他们都是曹操在谯县的老乡加密友，只是历史上没有留下多少他们早期相处的具体事例。

就在曹操隐居期间，他的父亲曹嵩坐上了三公的高位。据史书记载，当时朝廷开西园卖官，曹嵩花重金买了一个太尉的高官。可惜好景不长，曹嵩这个太尉干了不到一年就被罢免了。至于那些买官花的银子，他在任职期间有没有捞回来就不得而知了。

九、梦中情人蔡文姬

德国著名思想家、作家歌德说过："哪个男子不钟情，哪个少女不怀春。"作为官宦子弟，曹操是不愁吃穿的，但是正值青春年华之际的曹操，也不免要面对爱情。虽然曹操在历史上有好色之名，但曹操也曾有过刻骨铭心的爱情。

在友情方面硕果累累的同时，曹操在爱情方面却不太如意。他一生虽然阅女无数，只要是他看上的女人，他都不会轻易放过，但有一个女人却是个例外，这个女人就是当时著名的才女蔡文姬。曹操对蔡文姬倾慕已久，甚至可以说朝思暮想，但一直没有追到手。那么，蔡文姬到底是何许人，竟能让一代枭雄曹操抱憾一生？

蔡文姬是东汉末年著名文学家、书法家和音乐家蔡邕的女儿。蔡邕是今河南人，蔡家祖上也是豪门大族，蔡邕的父亲和祖父在当地都是很有名望的读书人。汉灵帝时，蔡邕入朝为官，担任过议郎等职；到汉献帝时，他又先后担任过御史、尚书、侍中等官职。

蔡邕有一定的政治抱负和政治成就，但在历史上，让他大放异彩、留名青史的是他的文学成就和音乐成就。蔡邕精通音律，通经史、善辞赋，在书法方面也有很深的造诣，唐代张怀瑾《书断》评价蔡邕的书法是"蔡邕书妙有绝伦，动合神功"。就连现代书法界也认为蔡邕的书法"骨气洞达、爽爽有神"。蔡邕生平喜欢收藏书籍，晚年时家中藏书万余卷，称他为大文豪绝对不为过。

相传蔡邕早年为官刚正不阿，勇于针砭时弊，因此惹恼了昏庸的汉灵帝和当朝权臣，一度被贬。蔡邕只得带着女儿蔡文姬一起流亡。一天下午，蔡文姬跟着父亲在山林中散步，偶然遇到一个山民正在一处空地"搭锅做饭"，蔡邕带着女儿走过去，只见那山民支个三脚架，三脚架上面架着一口大锅，锅下面有几根未经砍劈的木材正在燃烧，空气中弥漫着一股梧桐木的香味。突然间，燃烧着的木材发生爆裂，声音非常清脆。蔡邕听到响声后大惊失色，几个箭步走过去，二话没说，迅速将正在燃烧的木材从火中取出，同时脱下自己身上穿的衣服，将火焰扑灭。在一旁惊慌失措的山民惊问其故，蔡邕不慌不忙地解释道："这位大哥，你有所不知，这块刚才还在燃烧的木材是一根上好的梧桐木，可以做成一张琴。"山民恍然大悟，非常慷慨地将木材送给蔡邕。未等父亲开口，蔡文姬就抢先对山民说："谢谢叔叔，谢谢叔叔！"山民笑着对蔡邕说："你可真有福气，有这么一个聪明伶俐的好女儿。"

回家后，蔡邕用这根梧桐木创制了一把古琴，弹起来果然不凡，因为琴尾还留有被烧焦的痕迹，所以后世将蔡邕创制的这把古琴称为焦尾琴。再后来，焦尾琴的名气越来越大，被现代人称为中国古代的四大名琴之一，与齐桓公的"号钟琴"、楚庄王的"绕梁琴"、司马相如的"绿绮琴"并称为中国四大古琴。

曹操和蔡文姬的相识源于蔡邕。曹操自幼在洛阳长大，在他很小的时候，蔡邕就是洛阳城的文坛领袖，曹操的父亲曹嵩和蔡邕颇有交情。曹操20岁举孝廉之前经常出入蔡邕家中，求教书法和琴艺，因为曹操也是一个文艺青年，对琴棋书画很感兴趣。蔡邕很喜欢他，认为他是一个可造之才。

从某种程度上说，蔡邕是曹操最早的知音和伯乐。曹操又在洛阳待了一段时间，在朝中任议郎一职，闲来无事时，他就喜欢往蔡邕家里跑。一天，曹操又去蔡邕家中做客，恰好蔡邕不在，曹操正打算走，忽然背后传来一个少女的挽留声："曹叔叔，这么急走吗，我父亲很快就回来了。"曹操猛然回头，只见一个花季少女正站在他面前，大约十五六岁，长得清纯美丽，一副含苞欲放的样子，特别吸引人。曹操定了定神，问道："你是文姬？"女孩大方地回答说："曹叔叔还记得我啊，我小的时候你经常来我家的。"曹操微笑道："是啊，是啊，那会儿你还是个几岁的小姑娘呢，现在都长这么大了。"文姬将曹操领进家里，对曹操说："曹叔叔，你如果嫌这样干等不耐烦，不如我给你弹首曲子吧。"

"好啊，好啊！"曹操连声说道。很快，文姬抱来焦尾琴，从容不迫地抚弄起来，乐声清扬、欢快，曹操禁不住鼓掌喝彩起来。文姬弹完一曲后，非常有礼貌地站起来，端庄含蓄地对曹操说："谢谢曹叔叔夸奖！"曹操笑着说："虎父无犬女，你果然继承了你父亲的音乐天才。"过了一会儿，蔡邕还没有回来，曹操径直走到焦尾琴旁，笑着对文姬说："你刚才的表演很精彩，可愿听我弹奏一曲？"文姬做了个鬼脸，开玩笑地说："且看你弹得如何。"于是，曹操开始演奏，琴声高亢，犹如万马奔腾，文姬听得很兴奋。过了许久，蔡邕回来了，见曹操正在抚琴，大笑道："孟德好雅兴！"文姬走近父亲说："父亲，你怎么才回来，曹叔叔都快等不及了。"曹操赶紧停止弹奏，笑着对蔡邕说："适才来你家找你商议朝中大事，恰巧你不在，所以就献丑了。"随后，蔡邕示意丫鬟上茶，和曹操分宾主而坐，文姬则十分懂事地退了出去。

曹操对蔡邕说："哎，如今皇上昏庸，小人干政，朝政混乱，我们这些庙堂之臣岂能坐视不理！"蔡邕也感叹道："是啊，食君之禄，忠君之事，黄巾起义刚刚平息，皇上就又忘乎所以了，长此下去，国将不国啊！"曹操和蔡邕议论了一番朝政后便告辞了，临走时他还问蔡邕借了一幅字画。

当天晚上，曹操辗转难眠，白天在蔡家时，蔡文姬的一举一动都给他留下了深刻的印象，像蔡文姬这样的才女正是他一生梦寐以求的。

从那以后，曹操频繁出入蔡邕家中。一次，曹操走进蔡府，蔡文姬正在院子里练书法，曹操走上前去观看，文姬笑着说："欢迎曹叔叔来我家做客。"曹操随口说："文姬啊，你以后叫我曹大哥吧。"文姬天真地问道："为什么呢？"曹操不好意思地说："不为什么，你愿意叫我叔叔就叫叔叔吧。"文姬请曹操露一手，曹操当即挥毫泼墨，笔力雄健，气势磅礴，文姬拊掌叫好。

面对蔡文姬这样一个多才多艺的懵懂少女，曹操有一种为之着迷的感觉，很多次他都想主动去追求蔡文姬，但一见到蔡邕，他又马上打消了这种非分之想。曹操和蔡邕之间亦师亦友，曹操和蔡文姬相差十几岁，最重要的是曹操当时已经有了妻妾，实在是没法开口向蔡邕提亲。

好景不长，正当曹操对蔡文姬欲罢不能的时候，朝廷派他到外地做官。不久，蔡邕也将女儿文姬许给了河东郡的卫仲道[①]。卫仲道和蔡文姬年纪相仿，两家都是名门望族，可谓门当户对，而且两个年轻人一见倾心，十分恩爱。

曹操在千里之外得知这一消息后，如同五雷轰顶，但他很快便冷静

[①] 卫仲道：东汉末年河东人。卫家是河东世家，在当地有着很高的声望。初兴于汉朝名将卫青，以及被立为皇后的卫子夫。卫氏家族就是从那一刻起平步青云的。

下来，或许这是最好的结局；但蔡文姬那种梦中情人的形象一直停留在曹操的内心深处。很多年以后，他听说蔡文姬被匈奴掳去，成为匈奴左贤王的妻子，这让已担任丞相的曹操大为恼火，他马上写信给匈奴左贤王，要求用金钱来换蔡文姬归汉，如果不答应，中原铁骑将横扫匈奴。匈奴人慑于曹操强大的实力，只好同意送蔡文姬归汉。

蔡文姬归汉后，曹操像对待自己的亲人一样善待她。不过，他并没有将蔡文姬纳为小妾，而是为她另择佳婿，此乃后话。

第二章 失控的大汉帝国

大汉帝国风雨飘摇,犹如一座破房子,摇摇欲坠。然而,众多权贵依旧尸位素餐,忙于争权夺利。宦官与外戚纷争不断,终于,血的战争爆发了:何太后灭了董皇太后,宦官灭了何进,袁绍杀了宦官,董卓逼走了袁绍,废了皇帝,大汉帝国崩塌了……

一、禁军将领与废帝计划

曹操隐居家乡期间,由于局势越来越动荡,昏庸的汉灵帝终于意识到了军队对于维护政权稳定的重要性。中平五年(188年),朝廷设立西园统帅部,成立了西园新军,并置西园八校尉以统率新军。其中,小黄门蹇硕被任命为上军校尉,袁绍为中军校尉,鲍鸿为下军校尉,曹操为典军校尉①,赵融为助军左校尉,冯芳为助军右校尉,夏牟为左校尉,淳于琼为右校尉;这八校尉都归上军校尉蹇硕节制。

曹操成为典军校尉之后,手里握有兵权,于是成了朝中很多权贵拉拢的对象。由于汉灵帝昏聩,导致天下大乱,时局不稳,所以有些大臣想发动政变,废黜灵帝,另立新君。当时的冀州刺史王芬等人就属于这一激进派别,他们企图乘汉灵帝北巡河间之机发动兵变,将汉灵帝赶下台。王芬等人知道曹操正直可用,便秘密联络曹操,企图争取曹操的

---

① 典军校尉:武官名,掌管近卫禁军,多由皇帝亲信担任,为西园八校尉之一。相当于中央警卫团里的一个营长。

支持。

曹操虽然也认为汉灵帝昏聩，不堪为君，但他得知王芬等人的废君计划后，坚决反对。他对王芬等人说："古往今来，废立皇帝之事非同小可。商朝时，商王太甲无道，宰相伊尹将他放逐到桐宫，令其思过。3 年后，伊尹发现太甲颇有悔罪表现，遂重新迎立他为商王。后来，太甲将商国治理得政通人和、欣欣向荣。西汉时，汉昭帝驾崩，宰相霍光迎立昌邑王①为帝，昌邑王继位仅仅 27 天就恶行累累，于是，霍光将昌邑王废除，另立汉宣帝，宣帝贤明，使得西汉王朝一度出现中兴的局面。"

曹操的意思是说，如果大臣能够具备像伊尹、霍光那样的声望和权力，就可以行废立大事，否则必将失败。而王芬等人远不及伊尹和霍光，汉灵帝又执政日久，心腹众多，并不像太甲和昌邑王那样轻易就可以被废黜，所以此事不可行。

然而，王芬等人没有听取曹操的忠告，结果失败被杀，曹操为此叹息不已。当时曹操已经 30 多岁，历经 10 余年宦海沉浮，他已经颇具政治权术，深知官场和政治上的事情必须做到有所为有所不为。

二、权斗：外戚与宦官

身处政治舞台，难免会遇到旋涡。曹操躲过了废君事件，却没有逃脱血雨腥风的诛杀宦官的纷争。

汉灵帝末年是宦官活动最为猖獗的一段时期，"十常侍"张让、赵忠等人手中皆握有重权。朝中百官多有依附"十常侍"者，张让和赵忠商议，朝臣和地方官不依附他们的，就在汉灵帝面前加以诋毁。结果，朝中很多正直之士和忠臣都被免官或罢黜。"十常侍"等人还派人

---

① 昌邑王，刘贺（前92—前59 年），汉武帝之孙，也是西汉历史上在位时间最短的皇帝。

向破黄巾军有功的将领索取钱财，而皇甫嵩和朱儁因为拒绝向"十常侍"行贿，被"十常侍"诬陷，不得已告老还乡，辞归乡里。汉灵帝又加封张让等13人为列侯，朝政越来越坏，老百姓怨声载道，各地小股的农民起义此起彼伏，接连不断，表章如雪片般告急。"十常侍"等掌管军政事务，皆藏匿不奏。汉灵帝在宦官们的包围下，终日不闻朝廷内外消息。

某日，汉灵帝正在后花园跟"十常侍"饮宴，谏议大夫刘陶突然闯了进来，汉灵帝不高兴地说："你有何事启奏，竟然如此鲁莽，不宣而至？"刘陶大哭道："如今天下危在旦夕，社稷有累卵之危，陛下居然还有心情在这里跟宦官饮宴，怎么对得起大汉的列祖列宗。"汉灵帝惊讶地说："现在国家承平，百姓安乐，你休要在此信口雌黄。"刘陶正色说："陛下，不是臣危言耸听，如今四方盗贼并起，侵略州郡，老百姓没有活路，纷纷与盗贼为伍。天下之所以会有这些灾祸，都是因为"十常侍"等人专权用事所致，请陛下果断处置"十常侍"欺君罔上之罪，还百姓一个清平世界。"

汉灵帝闻言大怒，派人将张让、赵忠叫到御前，责骂二人道："你二人乃宦官之首，刘大人跟朕说你们'十常侍'内臣外交，残害忠良，荼毒百姓，你等可知罪？"二人惶恐道："奴才等不过是受陛下役使的一群家奴而已，蒙陛下厚恩，分掌朝中之事。奴才等向来唯陛下之命是从，未敢有丝毫越轨之处，请陛下明察。"汉灵帝是个没主张的昏君，听了过后又转而责备刘陶说："你家里也有近侍家奴，为什么非要跟朕的这些家奴过不去呢，退下吧。"刘陶大怒道："陛下何以如此不辨是非曲直！陛下今日如果不惩治'十常侍'，臣愿死于陛下御驾之前，以明臣忠君报国之志。"汉灵帝恼羞成怒，让左右武士将刘陶拖出宫去。

次日早朝，谏议大夫刘陶又上表切谏，弹劾"十常侍"。汉灵帝看完表章后，将表章投掷于地。未等汉灵帝开口，刘陶抢先说道："陛下，'十常侍'罪恶滔天，身无寸功，却皆封为列侯。天下人皆对'十常侍'恨之入骨，无不想食其肉，寝其皮，挫其骨，扬其灰。而陛下却敬之如父母,陛下今日不杀'十常侍',必将大难临头。"汉灵帝猛地从龙椅上跳起来,呵斥道:"大胆狂徒,竟敢在朝堂上亵渎朕的近臣,冒犯朕的龙威,简直是罪不容诛。"说罢,汉灵帝叫武士将刘陶推出去斩首。刘陶厉声大骂:"无道昏君,大汉400年基业不久将断送在你的手里。"汉灵帝怒不可遏,拂袖而起,宣布退朝。

汉灵帝虽然昏庸,但尚能镇得住东汉末年的乱局,各地虽然不断有人起兵造反,但无不被一一镇压下去。

时有长沙贼区星作乱,渔阳张举、张纯起兵造反,汉灵帝命长沙太守孙坚讨区星,幽州①牧刘虞征张举、张纯。百日之内,两地的叛乱都被镇压下去了。

中平六年(189年)四月,汉灵帝病笃,召大将军何进入宫商议后事。何进本是屠猪卖肉出身,只因妹妹嫁入宫中为贵妃,他因为裙带关系而受到朝廷的重用。后来,何进的妹妹生了一个儿子,即少帝刘辩,汉灵帝遂立其为皇后。之后汉灵帝又宠幸王贵人,王贵人生皇子刘协,何太后嫉妒王贵人,暗中派人将王贵人毒死。汉灵帝大怒,欲杀何太后,幸得"十常侍"等宦官苦苦哀求,灵帝才勉强宽恕了何太后。王贵人被害死后,其子刘协被灵帝送到母亲董皇太后宫中抚养。

董皇太后很喜欢刘协,经常劝灵帝立刘协为太子。灵帝也偏爱刘协,欲立刘协为太子,但大将军何进执掌军权多年,在朝中树大根深,如果立刘协为太子,恐怕何进会不服,趁机作乱。上军校尉蹇硕知道灵帝的苦衷,暗中进言道:"陛下若想立刘协为太子,必须先将大将军何进除掉,以绝后患。"灵帝采纳了蹇硕的意见,于是在病危之时宣大将军何进入宫,何进迟疑不敢入。

正当何进及其部下踌躇不决之时,司马潘隐来到何进的官邸,对何进等人说:"灵帝已经驾崩,宦官蹇硕等人欲立刘协为帝。"何进大惊,问身边的幕僚和部将说:"天子已死,上军校尉宦官蹇硕打算立小皇子

---

① 幽州:古九州及汉十三刺史部之一,范围包括河北北部及辽宁一带。

刘协为新皇帝，尔等有何见解？"典军校尉曹操说："如今之计，应该先册立新君，然后再诛除宦官蹇硕等人。"何进大声说："诸位谁愿意和我共同正君讨贼？"中军校尉袁绍挺身而出："我愿率精兵五千，帮助将军册立新帝。"何进大喜，遂与曹操、袁绍及其他大臣数十人进入内廷，在灵帝的灵柩之前册立何太后所生皇子刘辩为新帝。

少帝刘辩继位后，大将军何进主持朝政。宦官蹇硕因与何进有过节，龟缩在家中不敢出来。何进派袁绍带兵将蹇硕的府邸团团围住，蹇硕被逼无奈，只得上吊自杀。

蹇硕死后，袁绍向何进进言说："百余年来，宦官结党，危害朝廷，残杀忠良，现在可乘诛杀蹇硕的机会，将所有宦官一网打尽，为民除害。"何进未及回言，曹操反驳道："不可，宦官之祸，古今皆有，追根溯源，责任在于皇帝，如果皇帝不过分宠信宦官，又何来宦官之祸？"袁绍不屑一顾地说："孟德想保宦官，难道是因为你是宦官之后，所以才有意偏袒。"曹操怒道："不错，我确实是宦官之后，但我并不是反对剿灭宦官，而是想尽量减少一些无谓的牺牲。把张让、赵忠等几个罪大恶极的宦官除掉就可以了，何必滥杀无辜！"何进挥手示意他们不要争吵，然后说："此事待我入宫与太后商议之后再做决定。"

何进入宫觐见何太后说明来意，何太后说："你我兄妹二人原本出身卑微，幸得'十常侍'等宦官竭力举荐，才有今天的荣华富贵，做人不可忘本。"何进甩手说："这些宦官虽然之前有恩于我们，但他们现在却成了我们前进道路上的绊脚石，不可不除。况且，自古以来，宦官和外戚就是一对冤家，两者很难和谐共存。"何太后劝道："当年我毒杀先帝的宠妃王贵人，先帝震怒，欲将我废黜，亏得'十常侍'游说先帝，方才保下我这一条命。'十常侍'对我兄妹二人恩同再造，今若反戈相击，着实不妥。"何进无语而退。

由于何太后从中作梗，何进无奈，只好暂时将诛杀宦官的计划搁置下来。

这时，汉灵帝之母董皇太后因不满何进兄妹专权，遂亲自临朝，以太皇太后的身份加封其亲属董重为骠骑将军，削弱了何进的一部分权力。何进与何太后商议此事。何太后在宫中设宴，邀请董皇太后赴席。吃饭的时候，何太后威胁董皇太后说："我们大家都是女人，不宜参与朝政。昔日吕后专权，宗族1000多口人都被诛杀，足为历史殷鉴。望太皇太后明察。"董皇太后冷笑道："我好害怕呀，但不知道你是今日之吕后，还是我是今日之吕后。"就在董皇太后和何太后互相较劲时，宦官张让从中劝解说："先帝刚刚晏驾，还请二位太后以和为贵，否则先帝的在天之灵将死不瞑目。"何太后与董皇太后这才各自恨恨而退。

董皇太后虽然是汉灵帝的母亲，如今又贵为太皇太后，但毕竟灵帝已经死了，何太后作为新皇帝的母亲，自然更加有恃无恐。加上何太后的哥哥何进是大将军，执掌军权多年，自从中平元年黄巾起义爆发后，何进就一直担任大将军之职，军中的很多高级将领，如袁绍、袁术、曹操等人都是何进的部将和追随者。

一山难容二虎，少帝尚且年幼，两位"太后"同时临朝，岂不是乱了套？于是，何进借口灵帝之母董皇太后原系藩妃，如今灵帝已死，不宜久居宫中，用武力强行将董皇太后送到河间旧宅。与此同时，何进又派兵收了骠骑将军董重的兵权，并迫使其自杀。董皇太后在朝中的羽翼被何进剪除后，实际上已经成为孤家寡人。不久，何进索性一不做二不休，将董皇太后毒杀于河间旧宅之中。

何进的种种擅权行为让"十常侍"等宦官惶惶不安，生怕何进下一步会把屠刀挥向他们。正所谓狗急跳墙，宦官集团经过一番计议，决定先下手为强，灭了何进再说。一天，张让、赵忠等宦官假传何太后的旨意，将何进骗入宫中，然后紧闭宫门，乱刀将何进杀死。

何进被杀后，"十常侍"将何进的首级割下，扔于宫门之外，让人传话说："何进谋反，已被诛杀，其部将和幕僚一概不问。"袁绍、袁术兄弟二人听说何进被宦官诛杀，遂领兵数千闯入宫中，将"十常侍"等宦官杀死，宫中大小太监被杀死者2000余人。

三、董卓大闹洛阳城

何进与"十常侍"等宦官先后被杀,宫中和朝廷顿时乱作一团,何太后与少帝刘辩根本无法驾驭群臣,大汉帝国滑向了灭亡的深渊。

何进被杀之前曾与曹操、袁绍等人商议过最终如何处置宦官的问题。袁绍建议说:"大将军若顾及太后的面子,不好意思对'十常侍'等人下手,可以召各地诸侯领兵来京,以清君侧的名义将宦官全部杀掉。到时候,众望所归,太后也就不会阻拦了。"何进高兴地说:"此计甚妙!并州①牧董卓兵精粮足,可宣他入京,助我成事。"

这时,主簿陈琳劝阻道:"大将军如今掌管天下兵马,龙骧虎步,高下在心,要想诛杀宦官,就像用烈火烧毛发一般容易,何必召来外兵?为今之计,只需行权立断,速发雷霆,则天下人必定会响应将军。若贸然召外兵入京,很容易授人以柄,结果恐怕得不偿失啊!"何进笑着说:"陈主簿,你不过是一介书生,不懂政治,就不要乱发表意见了。"

紧接着,何进问曹操:"孟德,你有何高见?"曹操略加踌躇,不慌不忙地说:"往日,宦官之所以敢横行无忌,完全是仗着皇帝的信任才有恃无恐。现在,先帝已经驾鹤西去,少帝年纪还小,不谙政事。失去了一个强有力的皇帝做靠山,如今的宦官实际上就如同孤魂野鬼一般。大将军若想除之,把这件事交给一个狱吏就能办成,只是不宜将所有宦官杀死,将张让、赵忠等十儿个人除掉就可以了。"何进笑道:"孟德呀,你说的都是废话,若不是太后碍事,我还用得着如此大费周章吗?"

曹操从容道:"太后完全是妇人之仁,大将军先斩后奏即可。"何进说:"你不必再说了,就依袁绍之言。"侍御史郑泰谏阻说:"即使要

---

① 并州:古州名,九州之一,范围包括今山西太原、大同和河北保定一带。

召外兵入京，最好不要召董卓。董卓此人面善心狠，一旦让他带兵入京，恐怕请神容易送神难啊。"尚书卢植也劝阻说："黄巾起义的时候，我和董卓共过事，他野心很大，而且为达目的不择手段，还请大将军收回成命。"何进反驳道："董卓不过是一州之主官，我命令他入京勤王，他能奈我何？你们太多疑了，不足以谋大事，还是袁绍最有见地。"尽管众人苦劝，何进仍充耳不闻。

董卓，字仲颖，陇西临洮人，其人粗猛有谋，体力过人，能左右驰射。此前他因剿灭黄巾军有功，被朝廷封为并州刺史，手下有雄兵20万，常有不臣之心。何进派使者请董卓入京，董卓权衡一番后，准备带兵入京，不料大军刚刚开拔，何进就被宦官杀掉了。董卓问自己的谋士李儒①："大将军何进召我们入京清君侧，如今他被宦官杀死，我们还有必要入京吗？"李儒说："这是件天大的好事，将军不必迟疑。如果何进不死，我们入京之后就必须听他的号令。现在何进被杀，朝中群龙无首，我们正好乘机入主京城，大有可为。"董卓大喜，遂领兵急进。

不日，董卓率军进入洛阳，入朝拜见少帝，少帝对他好言抚慰。当时洛阳城内很不安宁，不少宦官余孽还在伺机活动。何进死后，大将军的位置一直悬着，颇具野心的董卓对这一职位垂涎三尺，于是对李儒说："如今朝廷里没有主心骨，少帝年幼无能，国家的权力现在正处于一种真空状态，我想废掉少帝，改立陈留王刘协为帝，你觉得如何？"李儒说："将军所言甚是，将军正好可以借废立皇帝之事在朝中立威，如有不从者，就地诛杀，然后我们再挟天子以令诸侯，大事可成。"董卓大喜，频频点头。

次日，董卓在自己的临时官邸大摆宴席，宴请文武百官。酒至半酣，董卓厉声说道："天子是万民之主，无威仪不可以君天下。当今天子懦弱无能，我想废掉他，另立陈留王刘协为帝，诸位有什么想法？"

---

① 李儒：东汉末年博士、弘农王郎中令。董卓专政时奉命入宫毒死刘辩。董卓死后攻入长安，把持朝政，后被曹操击败。——编者注

董卓说完，遍视群臣，众人皆惶恐不能答。执金吾①丁原突然起身，怒视董卓，大声斥责道："少帝乃先帝嫡子，继位数月以来并无过失，你不过是地方官，有什么资格在这里妄言废立大事！"董卓大怒，拔剑欲杀丁原，李儒赶紧上前劝住。尚书卢植也愤然而起，对董卓说："你一个地方官休得在此信口雌黄，商朝时，商王太甲无道，宰相伊尹将其废黜；西汉时，昌邑王继位20多天就作恶数百条，所以，当时的宰相霍光告太庙而废之。你董卓是个什么人，敢行伊尹和霍光之事，难道你想篡逆不成？"董卓被气得眼冒火星，卢植等大臣各自离去。

且说丁原，字建阳，勇武过人，打仗的时候经常冲锋在前，身先士卒，曾经担任过并州刺史，现在朝中任执金吾一职。与董卓闹翻后，丁原领兵布阵于洛阳城外，向董卓发起挑战。董卓大怒，率兵出战，丁原手下大将吕布驱马挺戟直冲过来，董卓挥刀迎战，战不到10个回合，董卓败走，吕布率军掩杀，董卓的军队大败。

初战失利后，董卓对部将李肃②说："丁原手下大将吕布是一位难得的猛将，我的武功算是比较高强的，居然只能和他斗10个回合便败下阵来。此人不除，我们就难以在京城站稳脚跟。"李肃说："将军有所不知，吕布和我是同乡，乃见利忘义之徒，我愿亲自去找他，以三寸不烂之舌游说他来投靠将军。"董卓高兴地说："你打算如何游说他？"李肃说："久闻主公有一匹名马，能日行千里，渡水登山如履平地，如能将此马送给吕布，再以高官厚禄许之，吕布必然前来归附将军。"董卓说："你是想拿我的赤兔马去跟吕布做交易？"李肃说："武将最爱战马，必得送出此马，才能说得动吕布。"董卓略作沉吟，欣然说道："好吧，这件事就交给你了，事成之后，必有重赏。"李肃领命而去。

当天晚上，吕布正在军营中闷坐，忽报故人李肃来见，吕布连忙出

---

① 执金吾（yù）：西汉末年率领禁兵保卫京城和宫城的官员。本名中尉，其所属兵卒也称为北军。

② 李肃：吕布老乡，协同吕布刺杀董卓，随后受派遣前往陕地征讨牛辅，被牛辅击败，退至弘农，为吕布所杀。

迎。二人礼毕坐定，吕布问道："你我同乡，多年未见，不知你现在何处高就？"李肃回答说："我在董卓军中担任中郎将一职。"吕布闻言大惊，拔剑而起。李肃笑道："你武功盖世，难道还怕我不成？"吕布插剑入鞘，良久才对李肃说："如今，我正跟随丁原率军与董卓的军队交战，胜负未分，你来此何干？"李肃正色道："良禽择木而栖，贤臣择主而事。贤弟有万夫不当之勇，功名富贵如同探囊取物，跟着丁原能有什么前途，不如弃丁原而归董卓。"吕布说："跟着董卓又能怎样？"李肃说："我家主公素有大志，将来必成大业。我这次也并非空手而来，现有赤兔马一匹，愿献给贤弟。"说完请吕布来到营外，吕布一向爱马，当即骑着赤兔马来回奔驰。李肃请吕布速做决定，吕布说："你回去告诉董卓，我愿杀死丁原，然后率领手下兵马归顺他。"李肃大喜，当即回去向董卓复命。

吕布早就对丁原有所不满，而且他本人也是见利忘义、唯利是图。经过李肃游说后，吕布伺机将丁原杀死，割下首级，作为见面礼送给董卓。董卓大喜，厚赏吕布、李肃二人。为了进一步扩大自己的势力，董卓又亲自出马，想方设法收编了何进的弟弟何苗的部队。自此，董卓的实力大增，手下大将包括吕布、李肃、李傕、郭汜、张济和樊稠，个个都是骁勇善战的大将。

随着自己的羽翼越来越丰满，董卓准备再议废立之事。于是，他再次大会百官，气势汹汹、言辞激切地对众人说："现在的天子暗弱，不堪为君，我将以伊尹、霍光之法，废少帝为弘农王，立陈留王为新皇帝，尔等谁敢与我作对，就地正法。"董卓话音刚落，中军校尉袁绍挺身而出，厉声责问道："当今天子并无失德之处，你是何人，竟敢自比伊尹和霍光！"董卓大怒，拔剑向前，对袁绍说："今日之事，顺我者昌，逆我者亡，你以为你能挡得住我吗？"袁绍也拔剑出鞘，太傅袁隗是袁绍的叔父，恐袁绍被董卓所杀，赶紧上前打圆场说："请董公息怒，小儿袁绍多有得罪，请宽宥！"众官也慌忙将袁绍劝退，之后，袁绍单骑往冀州去了。

董卓见朝中百官基本上被自己的武力给震慑住，遂命部将李肃宣读废帝诏书，大意是：先帝在位时，就认为皇子刘辩轻佻无威仪，不可以奉社稷宗庙。大将军何进与何太后违背先帝旨意，悍然立刘辩为帝。今日宜应天顺人，重新册立陈留王刘协为皇帝，以慰先帝在天之灵。"

少帝刘辩随即被废，陈留王刘协被董卓立为新君，是为汉献帝。百官勉强朝贺了一番。随后，董卓胁迫献帝封自己为太尉，掌管天下兵马。不久，他又胁迫汉献帝封自己为相国，总摄朝政。史书记载：当时，董卓赞拜不名，入朝不趋，剑履上殿，口衔天宪，威福由己。

实际上，董卓根本没有把汉献帝放在眼里，他残暴不仁的本性也日益暴露出来。史书记载：有一次，董卓手下的一支军队来到阳城地界，正逢当地集会，男女老少有数千人。董卓的部将命令军士将正在集会的群众团团围住，全部杀掉，然后割下人头，运回洛阳，对外声称说："剿匪大胜而归，斩杀贼匪千余。"董卓的军队成分比较复杂，除了汉人外，还有一部分胡人和羌族人，他们经常在洛阳城内烧杀抢掠，淫人妻女。董卓不仅放纵自己的军队胡作非为，他自己也经常夜宿皇宫，奸淫宫女，可谓恶贯满盈。

不过，董卓也并非一无是处，他执掌朝政后也办了几件实事。当时的大文学家蔡邕在灵帝时被宦官陷害，削职为民，董卓主政后，派人将蔡邕请到洛阳，拜为侍中，一月之内给他升了好几次官。此外，董卓还不计前嫌，封袁绍为渤海太守。类似的例子还有很多，当时很多士族知识分子都得到了董卓的优待。

且说少帝刘辩被董卓废黜后，一直被软禁于深宫之中，李儒劝董卓将少帝杀死，以绝后患。于是，董卓派李儒用毒酒将少帝和何太后毒杀。何太后临终时，大骂自己的弟弟何进引狼入室，以致酿成大祸。可怜少帝刘辩四月继位，九月便被董卓废掉，不久遇害。

董卓虽然废了皇帝，表面上掌握了朝政大权，但是他生性暴虐无道，加上根基不深，很快便引来了以清君侧为名的十八路诸侯的讨伐。

四、迈出重要一步：拉杆子

董卓虽然倒行逆施，但在拉拢人才方面倒是不遗余力。他的用人信条是，能为我用则为我用，不能为我用则杀之。曹操作为朝中的知名人士，自然也成了董卓竭力拉拢的对象。

自从董卓进京乱政后，曹操一直在观察时局的发展，不久，董卓表荐曹操为骁骑校尉，准备将曹操收入麾下。曹操早就看出了董卓的狼子野心，非常厌恶其所作所为，因此断然拒绝了董卓的表荐。

董卓见曹操不领自己的情，心中很是气恼，遂萌生了杀曹操之意。曹操也感觉洛阳的政治气氛不对，即使留下也难有作为，于是不辞而别，离开洛阳。董卓听说曹操离京，担心他逃到地方上与自己作对，于是马上发下海捕文书，在全国范围内通缉曹操。

曹操自洛阳一路狂奔，路过河南成皋（今河南荥阳汜水镇虎牢关村西北）时，他夜投故人吕伯奢。吕伯奢是曹操的父亲曹嵩的老朋友，跟曹操也比较熟。据《三国志·魏书》记载：曹操到父挚吕伯奢家投宿，伯奢不在家，伯奢的几个儿子趁着夜色抢劫曹操的财物，曹操奋起还击，将吕伯奢的几个儿子都杀死了。杀人之后，曹操连夜逃命去了。

还有一种说法是：曹操当时寄宿在吕伯奢家里，吕伯奢不在，半夜时分，曹操突然听到外面有兵器碰撞的声音，不由大惊失色，以为是官兵来抓自己，遂持刀杀出，将吕伯奢一家全部杀死。杀完人后，曹操才发现是吕伯奢的家人夜里饮酒、食器碰撞发出的声音，他因为多疑，怀疑是兵器！错杀吕伯奢一家后，曹操凄怆地感叹说："宁可我负天下人，休叫天下人负我。"其实，历史上的曹操未必说过这句话，但很多史料上都有关于这句话的记载。从这句话可以看出曹操是一个奸诈、多疑、自私和残忍的人。

从成皋逃出来后，曹操继续向东逃窜，经过河南中牟县时，他被当地的县吏拿住。县吏问曹操："董卓待你不薄，你为什么弃他而逃？"

曹操慷慨激昂地说："燕雀安知鸿鹄之志，贼臣董卓暗蓄不臣之志，杀害少帝，欺凌献帝，贪残酷烈，京城百姓无不对他恨之入骨，我又岂能与他同流合污，沉瀣一气！"县吏又问："你现在从京城逃出来，准备去哪里？下一步有何打算？"曹操说："我将回乡，散家财，招募义兵，讨伐贼臣董卓。"县吏为曹操的忠义之心所打动，于是私自将曹操给放了，曹操因此得以逃脱。捉放曹操的那个县吏叫什么名字，正史中没有记载，《三国演义》中说是陈宫，但可信度不高。

一路疲于奔命的曹操几经凶险皆化险为夷，在逃到陈留郡（今河南开封陈留镇）时停了下来。陈留太守张邈是曹操少时的朋友。张邈少有侠名，以高第时任骑都尉，因平定黄巾军有功，被封为陈留太守。董卓乱政后，张邈义愤填膺，暗中积蓄力量，准备伺机起兵讨伐董卓。张邈这次见到曹操，十分高兴，让他在自己的地盘上招兵买马。于是，曹操在陈留郡己吾县（今河南宁陵县西南己吾城）树起义旗一面，尽散家财，招兵买马。

听说曹操在陈留起兵，他老家的几个宗族兄弟皆领兵来投，打算共举大事。其中有4个人最为知名，这4个人分别是夏侯惇、夏侯渊、曹仁和曹洪。曹操发达后，他们都官居高位，夏侯惇，字元让，14岁时从师学武，有人辱骂他的老师，他一怒之下便把那人给杀了。杀人后，他隐姓埋名，到处逃亡，听说曹操起兵后，他不远千里来投曹操。夏侯渊，字妙才，是夏侯惇的族弟，他弓马熟娴，武艺高强，听说曹操在陈留起兵，遂领壮士数百人来投。曹仁、曹洪兄弟二人皆精通兵法武艺，一起带着家丁千余人来投曹操。

时有陈留人卫兹，乃当地豪门大户，家中颇有钱粮。曹操亲自登门拜访，请他慷慨解囊，深明大义的卫兹很爽快地答应了曹操的请求，尽出家财，帮助曹操募集义兵，远近郡县，慕名而来投奔曹操的有四五千人。不久，又有两员良将来投曹操，他们是李典和乐进，两人皆武功高强，骁勇善战。

夏侯惇、夏侯渊、曹仁、曹洪、李典和乐进都是曹操军中很有才能的将才，有这些人作为羽翼，曹操有了兴兵的资本，但因为没有自己的地盘，粮草军需都得仰仗陈留太守张邈供应，仰人鼻息，免不了要受人节制。所以，曹操起兵时虽然相对独立，但在某种程度上，他算是陈留太守张邈的部将，有什么大事，曹操必须向张邈请示。

当时曹操和张邈经过商议，写了一篇讨伐董卓的檄文，传檄各郡，大意是：贼臣董卓本属外臣，入驻洛阳之后赖着不走，竟然反客为主，擅行废立大事，搞得朝廷上下乌烟瘴气。董卓如此欺天诳地，罪不容诛，天下英雄，各路诸侯，凡是有意匡扶汉室的都应该立即起兵，讨伐贼臣董卓，为国家除害，为百姓造福。

这一号召得到了各地诸侯的积极响应，后将军袁术、冀州牧韩馥、兖州①刺史刘岱、济北相鲍信、豫州②刺史孔伷、东郡③太守桥瑁、山阳④太守袁遗、河内⑤太守王匡、长沙太守孙坚、渤海太守袁绍等相继起兵，各地诸侯共同推举袁绍为盟主。袁绍乃司徒袁逢之子、太傅袁隗之侄，家世显赫，四代皆为三公，门生故吏遍布天下，所以众人推举他为盟主。各地诸侯分别率领本部兵马向洛阳进军，从东到南，对洛阳形成一种半包围的军事态势。

其时，董卓正在洛阳作威作福，得知各地诸侯以袁绍为盟主，举兵数十万向洛阳杀来，不由得大惊失色，忙召集诸将商议退兵之策。部将华雄和吕布请缨出战，董卓命华雄领兵数万前去迎敌，华雄在半路与长沙太守孙坚的部队相遇，狭路相逢，两军大战。史书记载，孙坚大败华雄，华雄战败被杀。历史上的华雄确实是被孙坚的部队所杀，而不是像《三国演义》所说是被关羽杀死。

接到部将华雄战败的消息后，董卓大怒，派猛将吕布领兵数万守住

---

① 兖州：古九州之一，在今山东西部与河北交界处，古黄河与古济水之间。
② 豫州：古九州之一，因位于九州之中，故别称中州。今河南省大部分属豫州，故简称"豫"。
③ 东郡：今河南省东北部及山东省西部。
④ 山阳：中国古代郡、国名。西汉置，在今山东菏泽市巨野县一带。
⑤ 河内：汉代畿郡、名郡，包括今河南北部、河北南部和山东西部。

虎牢关①，又派部将李傕、郭汜领兵数万给予增援，他亲自在洛阳坐镇。李儒对董卓说："袁绍是各地诸侯的盟主，他的叔叔袁隗现在居于洛阳城中，若叔侄二人里应外合，大事不妙，应该立即除掉袁隗。"董卓随即派兵将太傅袁隗一家老小数百口全部诛杀。

吕布领兵来到虎牢关，长沙太守孙坚带领手下4员大将在关下挑战，这4员大将分别是程普、黄盖、韩当、祖茂，4人皆骁勇善战。吕布领兵下关与孙坚的部队交战，双方大战数日，胜负不分。吕布见不能取胜，遂坚守不出。

五、首战兵败

华雄战死，吕布又不能战胜，董卓为此在洛阳惶惶不安，谋士李儒献计道："各路诸侯的部队皆不足为惧，只有长沙太守孙坚的部队是一支劲旅。孙坚和长子孙策未娶，主公有个女儿尚未出嫁，我愿意去孙坚军中为主公求亲，若能说服孙坚倒戈，其余各路诸侯必会分崩离析。"

此时董卓黔驴技穷，只得派李儒去孙坚营中为自己的女儿求亲，想与孙坚结为儿女亲家。孙坚得知李儒来意后，勃然大怒，指着李儒大骂："董卓祸乱朝廷，罪大恶极，我岂能和他结亲！你马上滚回洛阳去，告诉董卓，让他准备受死吧。"李儒抱头鼠窜而去。

正当东方和南方的各路诸侯发兵进攻洛阳的时候，活跃于华北地区的黄巾军余部10多万人也趁势从洛阳的北面向西进发，随时都有可能截断洛阳与西北地区的联系；而董卓的老巢就在陕西一带。董卓见军事形势对自己极为不利，经过一番权衡，准备迁都长安。但很多大臣不愿西迁，董卓对于不服从的大臣，或杀之，或贬之。

为了解决军需费用不足的问题，董卓下令将洛阳城内的富户全部以

---

① 虎牢关：又称汜水关、成皋关、古崤关，洛阳八关之一，是洛阳东边门户和重要的关隘，在今河南省荥阳市市区西北部。

反贼的名义诛杀，收其家财以资军用。临走时，董卓又派兵挖掘皇陵，取其珍宝。洛阳城的数百万老百姓也被董卓强行迁往长安。最后，董卓纵兵放火，将洛阳城烧成一片灰烬，从皇家的宫殿到普通百姓的民居，无一幸免。

曹操听说董卓劫持汉献帝西迁长安的消息后，高兴地对袁绍和其他诸侯说："董贼劫迁天子，焚烧洛阳城，海内震动，不知所归。这一愚蠢的行动将使他处于空前不利的地位，我等应该趁此机会，猛追穷寇，彻底消灭董卓。"但袁绍认为："董卓的所作所为虽然使他民心尽失，但他的军事力量仍然很强大，他这次主动撤退，必然会留精锐之师断后，追之必败，不可轻举妄动。"袁术也附和道："兵法说，归师勿遏，我等现在不可盲动。"

其余各路诸侯也都不赞成曹操继续追击董卓，只有济北相鲍信表示愿意和曹操一起去追赶董卓。于是，曹操和鲍信合兵一处，共计兵马万余人，以最快的速度追击董卓的军队。他们追到荥阳①地界时，忽然听得一声炮响，只见前方有一队人马截住了去路，为首大将正是吕布。曹操在马上大骂吕布，吕布大怒，挥军直杀过来，双方混战一处。不久，董卓部将李傕领一军从左边杀来，郭汜领一军从右边杀来，徐荣领一军从背后杀来，曹操和鲍信被打败，忙率领残兵败将拼死突出重围，向东逃逸。董卓部将徐荣领军追击，吕布和李傕、郭汜收住军马，继续迤逦向西进发。

曹操和鲍信在逃跑途中，因徐荣率领精锐部队紧追不舍，曹操的战马被箭射伤，曹操掉下马来，曹洪见曹操处于危急之中，毅然将自己的战马让给曹操。曹操对曹洪说："你快点逃吧，别管我。"曹洪说："天下可以没有我曹洪，但是不能没有你曹操，你骑我的战马突围吧。"曹操被曹洪的话说动了，赶紧骑马向东逃去。后来，曹洪在乱军中抢了一

---

① 荥阳：为历代政治要区和军事重镇。位于郑州城区以西、汜水虎牢关以东、嵩山山脉东段浮戏山以北、黄河中下游分界处的广武山以南。

匹战马，才得以杀出重围。董卓部将徐荣率军追袭百余里，曹操和鲍信的军队死伤很大，元气大伤。其余各路诸侯得知这一消息后，都暗自窃笑。

就在曹操和鲍信发兵追击董卓的同时，长沙太守孙坚率领本部兵马进入了洛阳。此时洛阳城已经被烧成一片灰烬，到处都是断垣残壁，孙坚让人将城中的余火扑灭，又派兵将被挖开的皇陵重新掩埋起来。在善后工作中，孙坚的部下无意中在一口枯井中发现了汉朝皇帝的传国玉玺。部将黄盖对孙坚说："这块传国玉玺只有真龙天子才配享有，上面刻着'受命于天，既寿永昌'8个大字，今天既然被将军撞见，也是天意，看来将军将来可以做皇帝。"孙坚闻言大喜，遂派人向盟主袁绍辞行，领军返回江东。

随后，袁绍接到密探报告，说长沙太守孙坚暗中拿着侥幸得来的传国玉玺领兵南撤了。袁绍也想得到传国玉玺，因此对孙坚的行为很不满，他马上给荆州牧刘表写了一封密信，要求刘表出兵阻击南下的孙坚。刘表也对传国玉玺垂涎三尺，遂领军截住孙坚去路，要求孙坚交出传国玉玺。孙坚根本没把刘表放在眼里，指挥军队和刘表的军队大战了一场，然后夺路回到江东。孙、刘两家自此不睦。

这时候，董卓的部队在从洛阳回长安的路上，裹挟着大量老百姓一起前进。董卓军法甚严，老百姓也被迫跟着他长途跋涉，一路上死者甚多，随军而行的还有大量金银财宝。到达长安之后，董卓先把皇帝安置下来，然后驱赶民夫数十万在离长安200多里的地方修了一座郿坞，其城墙高低薄厚跟长安城的城墙差不多，郿坞内盖了很多宫殿，仓库里储存了大量粮食，据说可以吃几十年。董卓对自己的家人和部将说："我将来若能成就大事，则雄踞天下；一旦失败，自守于郿坞之内，也可以终老此生。"这说明董卓也知道自己不得民心，很可能会失败，所以做了两手准备。

董卓在长安安顿下来后，有人向他报告说司徒张温勾结袁术，企图行刺他。董卓大怒，命吕布当着文武百官的面将张温斩首，然后将张温的首级置于朝堂之上，百官见了无不骇然。

还有一次，董卓正与百官饮酒，恰好有北方降兵数百人被押解到长安。为了进一步震慑百官，董卓命令部下将这些降兵押到朝堂之上，有的被当场割掉舌头，有的被砍掉手足，还有的被扔进油锅里烹煮。文武百官看到这一幕幕残忍的景象无不战战兢兢，而董卓却谈笑自若。

曹操的兵力本来就不多，荥阳战败之后，他的军队几乎损失殆尽，不得不南下扬州募兵。当时的扬州刺史陈温和丹阳（杨）太守周昕给了曹操很大帮助，帮曹操征募了4000多名新兵。曹操率领这些刚刚招募到的新兵从扬州北上，不料途中发生哗变，很多士兵乘着夜黑焚烧曹操的营帐，曹操亲自动手杀了数十人。叛乱平定之后，曹操清点士兵数量，4000多人逃得只剩下500多人。

兵力得不到适当的补充，军队就无法继续作战。曹洪和夏侯惇等人决定回曹操的老家安徽亳州招募义兵。他们费了很大的力气，终于募集到了数千人。另外，丹阳太守周昕又给曹操送来数千人。这样东拼西凑，曹操又拥有了一支上万人的队伍。

发迹之后，曹操对身边的人说，他在讨伐董卓期间，其实可以募集到数万人的军队，但是，他当时不愿意招募那么多人，一是粮草不足，二是担心树大招风，引来其他诸侯的嫉恨和打击。所以，他在那段时间始终保持着一支几千人的部队。实际上，曹操的担心并非多余，当时的形势下，手中兵力太多还真不是什么好事，搞不好会成为众矢之的。

六、诸侯兼并战

曹操募兵之时，讨董联军内部也是矛盾重重，各怀异心。

一天，曹操找到袁绍，对他说："当今的形势有利于我们用兵，你应该率领所部驻守孟津①，然后命令酸枣诸将扼守成皋、敖仓、太谷、

---

① 孟津：位于河南省中西部丘陵山区，洛阳市下辖县，北临黄河。

轘辕，再命袁术的军队进驻武关，震慑三辅。所有这些军队都不要轻易与董卓的部队交战，而是多设疑兵以恐吓董卓。这些战术如果运用得当，就可以在战略上钳制住董卓。天下的形势会对董卓越来越不利，等到时机成熟，我们一鼓作气杀入长安，董卓必败。"袁绍点了点头说："孟德高见，只是现在联军内部很不团结，我虽为盟主，实际上根本指挥不了其他诸侯的军队。"曹操叹道："看来汉朝是要彻底完蛋，无可救药了。"袁绍问道："如果这次军事行动失败，孟德计划割据哪些地方？"曹操反问道："本初（袁绍字本初）是不是已经计划好了下一步的行动？"袁绍笑着说："如果事败，我将割据黄河以北，兼并冀州、青州、幽州和并州，然后南向以争天下。"曹操深沉地说："我将任用天下所有可用的人才，以正确的方略随机应变，必能无往而不胜。"话毕，两人相视而笑。

史书记载：当时，袁绍得到了一块美玉，拿出来向曹操夸耀，曹操满不在乎地说："就算传国玉玺在手，又能如何？历来成大事者皆以人为本，难道不是吗？"袁绍也觉得曹操说得有道理，于是就没有再继续炫耀。

汉献帝被董卓劫持到长安之后不久，袁绍和冀州牧韩馥密谋拥立幽州刺史刘虞为皇帝。刘虞，字伯安，光武帝刘秀之子、东海恭王刘强（彊）之后，丹阳太守刘舒之子。他是一个谦谦君子，在幽州刺史任上兢兢业业，宽仁爱民，颇受当地百姓爱戴。

为了争取各路诸侯的支持，袁绍先去找自己的弟弟袁术，征求袁术的意见。袁术野心非常大，他看到汉朝已经名存实亡，于是产生了自己做皇帝的想法。因此，他断然拒绝了袁绍的意见，兄弟二人自此不睦。

拉拢袁术不成，袁绍又找到曹操，对曹操说："汉献帝年幼，如今又被贼臣董卓劫持到了长安，这中间隔着千山万水，也不知道献帝现在是死是活，我们不如拥立幽州刺史刘虞为皇帝，让他来继承汉统。"曹操闻言大惊，连连摇头道："不可，不可！献帝虽然是董卓所立，但他毕竟也是灵帝之子，继位以来并无失德之处，如果我们妄行废立大事，与董卓有什么两样。"袁绍反驳道:"刘虞也是汉室宗亲,更重要的是他年富力强,如果立他为皇帝,可以中兴汉朝。献帝不过是一个10岁的娃娃,他能有光武帝刘秀那样的本事吗?"曹操一时语塞,但他仍坚决反对道:"纵然刘虞有刘秀的本事,但也是名不正言不顺,如何能让天下人信服?"袁绍见曹操只认死理,也就不再多说。

袁绍和韩馥不顾曹操、袁术等人的反对,向刘虞上了一道表章,要求他接受拥立,取献帝而代之。

刘虞并没有刘备那样的枭雄之志,接到袁绍、韩馥等人的劝进表章之后,不由大惊失色,毅然拒绝了此事。他后来激动地对袁绍等人说:"我虽然是汉室宗亲,但也是汉之臣子,岂敢行此篡逆之事!就算是让我死一万次,我也不敢当这个皇帝。"袁绍和韩馥万万没有料到刘虞居然不想当皇帝,几番劝说无效后,他们只好放弃了这次拥立行动。

董卓西迁长安还不到3个月,讨伐他的联军内部便发生了严重内讧,兖州刺史刘岱向东郡太守桥瑁借粮,桥瑁不给。于是,刘岱率军杀入桥瑁的军营,将桥瑁杀死,借机降服了桥瑁的军队,扩张了自己的势力。随后,刘岱任命自己的部将王肱出任东郡太守,接替桥瑁。

而渤海太守袁绍屯兵河内,也经常找冀州牧韩馥借粮,韩馥倒是有求必应,因此两人的关系还算融洽。但谋士逢纪对袁绍说:"我们现在是孤客穷军,仰人鼻息,长此下去,终究难成大事。大丈夫应当纵横天下,岂能老是等着别人来送粮?"袁绍问:"你有何良策?"逢纪说:"冀州是钱粮广盛之地,地大物博,人口众多,何不取之?"袁绍为难地说:"韩馥待我不薄,我不忍心对他下手。"逢纪大笑道:"你这是妇人之仁,如何能够成就大事?"袁绍想了想说:"韩馥兵精粮足,恐怕不好攻取。"逢纪献计道:"冀州虽然兵力雄厚,可惜韩馥是个庸才。将军可致书北面的公孙瓒①,约他一起攻取冀州,许诺他平分冀州之

---

① 公孙瓒:字伯圭,东汉末年群雄之一。曾任中郎将,抵抗北方游牧民族。后击杀刘虞,成为北方诸候之一。——编者注

地，如此一来，公孙瓒必然出兵。韩馥没有什么谋略，必然会请将军同治州事，我们届时就中取事，冀州唾手可得。"袁绍大喜，依计而行。

和刘虞一起驻守幽州的公孙瓒接到袁绍的秘密书信后，马上领兵杀奔冀州。冀州牧韩馥大惊，急忙召集诸将商议，谋士辛评说："公孙瓒是一员能征善战的骁将，此次前来攻打我们，不可轻敌。主公经常送粮食给袁绍，有恩于他，而他军力强盛，不如请他派兵前来救应，不愁打不退公孙瓒。"谋士荀谌则劝韩馥说："如今天下大乱，兵戈方起，主公若有争霸天下之志，则冀州之地大有可为。否则，不如选择一个有能力的人，让冀州于他，此为上策。"韩馥叹气道："我自知能力不足，无意与其他诸侯逐鹿中原。袁绍英才盖世，能力胜我百倍，我愿意将冀州让给袁绍。"

随后，韩馥修书一封，请袁绍来冀州主持大局。袁绍大喜，到了冀州后，他任命韩馥为奋武将军，然后让自己的亲信部下田丰、沮授、逢纪、郭图等共同治理冀州，慢慢剥夺韩馥的权力。韩馥担心袁绍会加害自己，于是逃出冀州，投奔陈留太守张邈去了。

后来有一次，袁绍派使者到陈留和张邈商议要事，恰好被韩馥看见，韩馥误以为袁绍勾结张邈想要害死自己，情急之下自杀于厕所之中，成为千秋笑柄。

公孙瓒的部队还没到冀州，就听说袁绍已经用计从韩馥手中夺取了冀州，只好领兵返回幽州，然后遣使与袁绍交涉，想要平分冀州。袁绍直截了当地拒绝了公孙瓒的要求，公孙瓒大怒，随即起兵攻打冀州。袁绍领军出迎，两军会于磐河之上，袁绍的军队在磐河之东，公孙瓒的军队在磐河（今河北宣化县西北）之西。

两军对阵，阵圆处，袁绍和公孙瓒各自出马，公孙瓒脱口骂道："昔日以为你忠义，推为盟主，讨伐董卓，然而你今日之所为，与董卓有什么两样？"袁绍大怒，指挥大军和公孙瓒的军队交战，两军就在界桥两侧厮杀起来，直到日落仍不分胜负。次日，双方再次整军出战，袁绍手下大将文丑挺枪出马挑战，公孙瓒手下大将赵云骤马出迎，两将酣战百余回合，不分胜负。这时，袁绍手下大将颜良出马夹攻赵云，赵云抵挡不住，拖枪而走。袁绍乘机麾军掩杀，公孙瓒的军队大败，死者不计其数。公孙瓒正郁闷之际，刘备带着关羽和张飞前来助战，还带来了几千援军。

公孙瓒整军再战袁绍，两军大战数月，难分高下。董卓在长安听说袁绍和公孙瓒在磐河厮杀，遂派使者到两人军中为二人讲和。董卓挟天子之名前来劝和，袁绍和公孙瓒也正想停战议和，于是各自收兵，握手言和。

袁绍和公孙瓒之间的战争刚刚结束，孙坚和刘表又打起来了。刘表坐拥荆襄九郡①，兵精粮足，上次奉袁绍之命截击过孙坚，孙坚对其恨之入骨，于是在休整一段时间之后，起兵报上次的一箭之仇。双方初次交战，刘表大败，孙坚率领得胜之师直逼襄阳城下。刘表一面修书向袁绍求助，一面积极防御。关键时刻，孙坚毫无征兆地死于流矢之下。孙坚向来作战勇猛，经常身先士卒，奋不顾身，这次与刘表交战，他更是始终冲在第一线，因此被乱箭射死也就不足为怪了。

孙坚阵亡后，刘表的军队趁势发动大反攻，孙坚的部队因群龙无首而大败。董卓在长安听说孙坚战死，大喜道："我又少了一个心腹之患。"孙坚死后，他的部下大部分投奔了袁术，孙坚的长子孙策也投到袁术帐下听命，当时孙策只有17岁，孙策的弟弟孙权只有10岁左右。兄弟二人都在成长中，数年之后，孙策奉袁术之命攻江东，征服江东六郡后，他便自立为王了。

孙坚的死并没有改变诸侯混战的格局，只是代表某一方势力在斗争中失败而已，更何况一个孙坚死了，后面还会有无数个"孙坚"参与进来。

---

① 荆襄九郡：南阳郡、南郡、江夏郡、零陵郡、桂阳郡、武陵郡、长沙郡、章陵郡、南乡郡。——编者注

七、一女敌十万兵

在地方诸侯无休止征战的同时，大汉朝廷内部也在发生着争斗，一个谋杀董卓的计划正在秘密进行之中。

自从迁到长安之后，董卓一直提心吊胆，生怕袁绍会带着讨伐自己的大军一路追来。后来听说各路诸侯互相争权夺利，逐渐土崩瓦解，他又忍不住忘乎所以起来，在长安胡作非为，搞得民怨沸腾。汉献帝是一个傀儡皇帝，董卓想干什么就干什么，献帝从来不敢加以阻挠。他知道目前唯一能够自保的方法就是忍气吞声，唯董卓之命是从。

这时的董卓虽然名义上可以挟天子以令诸侯，乃至号令全国，但实际上全国各地的诸侯没有几个听他的。相反，各地诸侯都打着反对董卓的旗号割据一方，违抗朝廷。面对国内反对自己的强烈声浪，董卓也无可奈何。

不过，当时董卓的军事力量还是比较强大的，他手下能征善战的将领除了吕布之外，还有李傕、郭汜、张济和樊稠，这几名将军都颇具军事才能。史书记载，李傕、郭汜两人非常善于用兵，更有人评论说李傕和郭汜的军事才干在孙坚之上。谋士方面，董卓手下知名的谋士有李儒、贾诩等人。据说李儒很有谋略，其才能不在同时期的其他谋士之下，人们甚至将他和贾诩相提并论（贾诩是后来曹操集团中的重要谋臣）。

天下已然大乱，群雄逐鹿已经开始。董卓集团中，文有李儒，武有吕布、李傕等人。按理说，以董卓的实力，完全可以横行天下，但他还没有真正开始行动，就一命呜呼了。他是死于吕布之手。吕布杀死丁原，投奔董卓之后，董卓认他为义子，甚见亲厚，那么，吕布为什么要杀死自己的义父董卓呢？

这还得从吕布的好色说起。作为东汉末年最具杀伤力的一名武将，吕布有一个致命弱点就是好色。一天，吕布和董卓的一个小妾在后花园里拉拉扯扯，恰好被董卓撞见，董卓大怒，大喝一声。吕布惊慌失措，连忙逃避。董卓随手拿起吕布的方天画戟①追了上去，但吕布跑得快，他追不上，于是将方天画戟向吕布掷去，吕布急忙闪躲，才没有被刺中。经过此事，吕布一连数日不敢去见董卓。

这件事让董卓非常气愤，只是碍于吕布是自己的义子，才没有立即怪罪，而是找心腹谋士李儒商议。他气势汹汹地对李儒说："吕布逆贼，竟敢在光天化日之下调戏我的小妾，我非杀了他不可。"李儒劝道："吕布是一个非常难得的悍将，主公的小妾多的是，而吕布只有一个，主公如果能将那个小妾赐予吕布，吕布必然会对主公感恩戴德，将来征战沙场，必效死力。昔日楚庄王绝缨之会，不追究调戏爱妾的蒋雄，后来楚庄王被敌军围困，蒋雄冒死救出了楚庄王。这个春秋时期的典故，主公一定知道吧。"

董卓也觉得李儒言之有理，只是他没有楚庄王的度量，遂对李儒说："你的小妾肯送给吕布吗？这事到此为止，你去找吕布，跟他说，我不会怪罪他，希望他能够悔过自新。"李儒见董卓态度坚决，也就不再多劝。

话说董卓在朝中专权跋扈早就惹恼了朝中的忠义之士，当时以司徒王允为代表的一部分官员非常痛恨董卓，誓欲除之而后快。听说董卓和吕布之间或生嫌隙的消息后，王允心生一计，决定将自己的养女貂蝉许给吕布做小妾，想以此拉拢吕布，并进一步离间吕布和董卓之间的关系。吕布是好色之徒，见王允的养女貂蝉有倾国倾城之色，便非常爽快地做了王允的女婿。他对貂蝉非常痴情，几乎百依百顺。

过了一段时间之后，貂蝉奉养父王允之命劝吕布背叛董卓。吕布犹豫不决，王允趁机对吕布说："将军勇冠三军，如果继续帮助董卓助纣为虐，必将遗臭万年。反之，如果将军能够痛改前非，杀董卓而匡扶大

---

① 方天画戟：因其戟杆上加彩绘装饰，又称画杆方天戟，是顶端作"井"字形的长戟。历史上，方天画戟通常是一种仪设之物，较少用于实战，因为它对使用者的要求极高。

汉,将名垂青史。"吕布犹豫地说:"我与董卓有父子之情,怎么能杀他呢?"王允说:"将军姓吕,董卓姓董,之前董卓向将军投掷方天画戟时,差点儿将将军杀死,又谈何父子之情。"

吕布渐渐被王允说动了,遂下定决心诛杀董卓。

他和王允制订了一个诛杀董卓的具体计划:王允先入宫与汉献帝密谋,请了一道诛杀董卓的圣旨,然后将圣旨交给吕布,具体行动由吕布负责执行。

前面提到董卓到了长安之后,在离长安200多里的地方修筑了一座郿坞,其大小形同皇宫,董卓的家属都住在郿坞,董卓大部分时间也在郿坞度过。一天,汉献帝派人宣董卓入朝议事,诈称将禅位于董卓,董卓大喜,遂安排心腹将领李傕、郭汜、张济和樊稠4人率军守住郿坞,自己率领少数卫队入宫觐见。董卓一行刚走到宫门口,顿时伏兵四起,吕布率领精锐部队将董卓一行团团围住,混战之中,董卓被吕布杀死。

董卓既死,吕布拿出早已准备好的圣旨进行宣读,董卓的近卫部队见状也放下了武器。司徒王允见大事已成,遂着手清理董卓在长安的党羽。董卓的部将李傕、郭汜等人听说董卓被杀、吕布反叛的消息后,丢下董卓在郿坞的家属,连夜逃走了。

肃清董卓党羽的工作有条不紊地进行着,王允和吕布先派人率领大军抄了董卓的老巢郿坞,董卓一家老小都被杀死,时年90岁的董卓母亲也未能幸免,其在郿坞囤积的家产全部充公。

曹操和袁绍在河北听到董卓的死讯,大喜过望,两人各修书一封,派快马送往长安,向司徒王允和吕布等人道贺。吕布和王允在长安设宴庆功,董卓暴尸于长安街头,长安百姓无不拍手称快。侍中蔡邕曾蒙董卓厚待,董卓死后,他失声痛哭。王允知道后非常震怒,下令将蔡邕下狱,尽管众人苦劝,但王允坚持要将蔡邕处死。不久,蔡邕死于狱中。

乱政的董卓已经身首异处,大小官员弹冠相庆,然而,潘多拉的盒子打开后,大汉帝国还能恢复昔日的辉煌吗?答案显然是否定的。只是,朝廷官员都没有想到或不愿承认,大汉帝国已经灭亡。

第三章 挟天子以令诸侯

大汉帝国没了，群雄争逐，究竟鹿死谁手，谁将在纷争中胜出？袁绍、袁术等十几路诸侯都拿到了角逐的入场券，曹操也不例外，只不过声望不高和根基不厚的他显然缺乏竞争力。要想成功，他只能"借鸡生蛋"，于是，曹操投靠大军阀得以生存，最终借助他人势力打败黑山军，入主兖州，建立了属于自己的根据地。

一、定鼎发祥地：兖州

董卓一死，各路讨伐大军便纷纷解散，各自扩张自己的地盘去了。在这种情况下，曹操的处境非常尴尬，他本人也很迷茫，不知道下一步该怎么走。当时他拥有一支独立的武装力量（大约几千人），但并没有自己的地盘。这时，鲍信给了他一个建议。史书记载："鲍信劝曹操规大河之南。"所谓规大河之南，意思是让曹操伺机向黄河以南发展。事实证明，鲍信的建议非常正确，当时袁绍和公孙瓒在黄河以北地区积极扩张各自的势力，袁术和刘表则在淮南和荆州一带称王称霸。以曹操当时的实力，根本不是这4人的对手，因此，他只能避开这几个人，伺机在兖州一带发展，而兖州刺史刘岱相对来说还算比较好对付。

东汉末年，除了轰动一时的黄巾起义军外，还有一支颇具声势的农民起义军——黑山军。黑山军的统帅是张燕，张燕本名叫褚燕，因为他非常轻勇矫捷，所以黑山军的将士们都叫他飞燕。黑山军起事的时间略晚于黄巾军，他们的活动区域主要在今天的河北和山西一带，据说当时的黑山军号称百万，实际上最少也有数十万人。在内忧外患的情况下，面对黑山军的巨大声势，朝廷大军无力征讨，一度采取招安的政策；黑山军统帅张燕主动向朝廷请降，朝廷封其为平难中郎将，让他负责安抚河北和山西一带的流寇。

董卓祸乱朝廷之后，天下大乱，张燕带领黑山军与各路诸侯结交。袁绍和公孙瓒争夺冀州时，张燕率兵帮助公孙瓒与袁绍的军队作战，结果战败，损失了不少人马。建安年间，曹操打败袁绍、夺取冀州后，张燕率10万黑山军归降曹操，曹操封其为平北将军。

初平二年（191年），张燕的部将于毒、白绕和眭固各率黑山军攻打魏郡①、东郡等地，东郡太守王肱被黑山军打得大败。魏郡属于冀州管辖，袁绍亲自领兵征讨。曹操见东郡危急，主动向袁绍请缨，要求率领本部军马去讨伐攻打东郡的黑山军。当时曹操归袁绍节制，于是，袁绍便派曹操去征讨东郡的黑山军。

据史书记载，曹操率军在濮阳与白绕的军队交战，数战皆胜。白绕率领残部进入深山老林中躲避。曹操也不歼敌务尽，而是向袁绍报捷，袁绍向朝廷表荐曹操为东郡太守，东郡的治所在东武阳（今山东莘县）。成功占据东郡，标志着曹操终于有了一块可以安身立命的地盘，从此，他进可攻，退可守，开始伺机向外扩张。

初平三年（192年），黑山军于毒部攻打东郡的治所东武阳，当时曹军的主力在顿丘（今河南浚县西）。得到军报后，曹操没有直接去救援东武阳，而是率领主力部队去袭击黑山军于毒部的老巢。曹操的部将对此表示不理解，曹操解释说："难道你们没有听说过围魏救赵的故事吗？我们直接去攻打敌人的老巢，敌人闻讯必然会撤军回救，这样一来，东武阳的威胁不就自然而然解除了吗？"果然，于毒听说自己的老巢被曹军攻击，急忙撤军回救。曹操又在半路上设兵伏击于毒的部队，

---

① 魏郡：中国古代西汉至唐初的一个郡级行政区划。东汉时辖境相当于今河南安阳、河北邯郸及山东冠县等地。

大获全胜。

东汉末年，南匈奴单于的儿子于夫罗应汉朝政府的邀请，率兵帮助汉朝镇压农民起义军。天下大乱后，于夫罗的匈奴军队和黑山军联合，四处出击，攻城略地。据史书记载，曹操的军队先后与黑山军眭固部和匈奴军于夫罗部交战，皆大胜。

有了自己的地盘，曹操从此有了自己的后方，不仅粮草可以得到接济，而且损失的兵员也可以在东郡的地盘内得到补充。此后，曹操的军队又和黑山军于毒部、眭固部、匈奴于夫罗部多次交战，几乎都是以少胜多。在这些初期的征战中，曹操充分展示了自己的军事才能，进一步扩大了自己的知名度。

在这期间，灵帝时期已经被镇压下去的各地黄巾军又趁势而起，大有死灰复燃之势，在各地分散作战。初平三年（192年）四月，数十万黄巾军攻占了兖州的大部分城池。兖州刺史刘岱打算领兵出战，济北相鲍信劝道："黄巾军人数众多，我们贸然出战，必然是寡不敌众，不如坚守城池。黄巾军没有辎重，完全是靠缴获武器作战，我们坚守不出，黄巾军便无法以战养战。等到他们锐气堕尽，军粮不济时，我们再出城交战，就可以大破敌军。"但刘岱对鲍信的意见置若罔闻，坚持出城与黄巾军交战，结果不幸战死，全军大溃。

刘岱被黄巾军杀死之后，兖州无主，刘岱的部属陈宫、鲍信积极推荐东郡太守曹操出任兖州刺史，他们对兖州的同僚们说："现在天下大乱，皇帝被董卓劫持到了长安，杳无音讯，刘岱战死，兖州无主。东郡太守曹操，本为西园八校尉之一，文韬武略，天下闻名，我等可以到东郡去，将他迎为新的兖州刺史，让他主持兖州大局。"他们的建议得到了一致赞成，于是，陈宫和鲍信就跑到东郡征求曹操的意见。曹操大喜过望，欣然接受了众人的拥戴。

东汉时期，中央政府下辖十几个大州，兖州就是其中之一。刺史是一州的最高长官，在当时各地诸侯纷纷割据的形势下，曹操俨然就是兖州的土皇帝。

曹操刚刚就任兖州刺史的时候，形势不容乐观，因为当时数十万黄巾军正在兖州肆虐。黄巾军的首领给曹操写了一封劝降信，大意是："你在济南国相任上时，毁坏神庙，冲击豪强，你当年的所作所为很符合我们黄巾军提倡的道义。如今汉朝将亡，不是你一个人的力量能够拯救的，不如和我们一起行动，大家共同开创一个太平世界。"曹操阅信后大怒，当即撕毁书信，并将使者斩首。

黄巾军见游说不动曹操，便继续攻打兖州，双方历经大小数十战，用时数月，曹军人数不及黄巾军，但曹操用兵如神，多次用谋略大败黄巾军。后来，进入兖州的黄巾军被彻底击败，曹操率军追击黄巾军到济北，先后收降黄巾军将士30万人。随后，曹操从降兵中选择精锐者，改编为青州军，从此，青州军逐渐成为曹操军事集团中的主力部队。曹操日后之所以能够纵横天下，青州军功不可没。

根据史料记载，与曹操同时期的军阀袁绍、公孙瓒等人也曾多次与黄巾军交战，但袁绍和公孙瓒往往会血腥屠杀已经战败投降的黄巾军将士。在这一点上，曹操和袁绍、公孙瓒不同，他虽然与农民起义军水火不容，但是只要农民军放下武器，曹操便会把他们当成老百姓看待，予以优待。所以，被收降改编的青州军非常拥护曹操，愿意跟随他南征北战。

从东郡太守到兖州刺史，再到收降30万青州籍的黄巾军，将其改编为青州军，曹操的军事力量日益强大，兵威日盛。由于羽翼渐丰，大量的谋臣和武将纷纷归附曹操，谋臣主要有荀彧、荀攸、程昱、郭嘉等人，武将主要有典韦、许褚等人。

荀彧，字文若，富有谋略，初次与曹操交谈，曹操就把他比作张良。荀攸，字公达，是荀彧的侄子，叔侄二人皆有才名。程昱，字仲德，是曹操集团中的重要谋士，多次献计曹操立过大功。郭嘉，字奉孝，为人深谋远虑，原为袁绍部下，后转投曹操，跟随曹操南征北战，算无遗策。典韦是曹军中的一员猛将，在投奔曹操之前，有一次他负气杀人，提着那人的首级直出闹市，身后有数百人追赶。典韦回身大喝一声,数百人皆不敢近前。许褚,字仲康,勇力绝人,号称"虎侯"。未投奔曹操之前,许褚在家乡率领宗族子弟数千人自守。有一次,贼寇前来攻击,许褚把石子当作弓箭来用,百发百中,竟然以一人之力将贼寇给击退了。还有一次,贼寇与许褚相约用粮食换耕牛,耕牛走到半路,皆往回跑,许褚双手擎两牛尾,倒行百余步,贼寇见状大惊,不敢取牛而走。自此,许褚威名远扬,归附曹操之后,他很少统兵作战,更多的时候是在负责保障曹操本人的安全。

文有谋臣,武有猛将,一代枭雄曹操自此纵横天下几十年,罕逢敌手。兖州作为曹操的老根据地,在他逐鹿中原的战争中起到了举足轻重的作用。袁绍在河北得知曹操日渐强盛,叹气道:"孟德今非昔比,将来和我争天下的人必然是他。"

二、败袁术征陶谦

在曹操占据兖州、努力壮大自身的同时,还有一些较为优秀的诸侯也在混战中脱颖而出,其中,袁绍占据冀州,公孙瓒占据幽州,袁术占据淮南,刘表占据荆州,陶谦占据徐州,刘焉、刘璋父子占据西蜀,孙策、孙权兄弟占据江东,马腾、韩遂占据凉州,张鲁占据汉中。

出于地缘政治的考虑,中原地区黄河两岸的军事斗争尤为激烈。当时主要有两大派系:一是袁绍、曹操、刘表交好,二是袁术、公孙瓒、陶谦等交好。袁绍和袁术虽然是亲兄弟,但他们皆有吞并天下之志,彼此不相容,因此,兄弟二人互相拉帮结派,伺机扩充自己的势力范围。袁术利用北边的公孙瓒牵制袁绍,袁绍则利用南面的刘表牵制袁术,兄弟二人各怀鬼胎。曹操占据的兖州是一个四战之地,东有陶谦,南有袁术,北有袁绍,出于政治和军事上的考量,同时也为了摆脱被包围的不利态势,曹操暂时选择与袁绍结盟,而袁绍也想利用曹操牵制袁术和陶谦,二人一拍即合,结成了战略同盟。

初平四年（193年），曹操绥靖①兖州全境，威震山东，并将兖州首府从昌邑迁到鄄城②。不久，袁术便率兵从南面打了过来。当时袁术的军队长驱直入，攻打兖州的陈留和封丘，当地黑山军见袁术势大，纷纷依附袁术。袁术又派部将刘详攻取封丘东北面的匡亭（今河南长垣县西南）。这样一来，匡亭和封丘的敌军形成了掎角之势。面对袁术咄咄逼人的攻势，曹操亲自从鄄城率领主力大军南下，一路势如破竹，先后夺回了匡亭和封丘，袁术率领残军退保襄邑（今河南睢县）。曹军连续作战，不给袁术以喘息之机，袁术一败再败，不得已放弃襄邑、宁陵等地，一直逃遁到九江郡，才勉强立住脚跟。袁术的军力在当时来说是比较强大的，曹操之所以能以摧枯拉朽之势大败袁术，主要应归功于青州兵。

曹操在兖州声威大震，便想着把父亲曹嵩接到自己的地盘上来。曹嵩自从儿子陈留起兵之后就一直在徐州境内的琅琊郡避难，听说儿子在兖州打开了局面，他很高兴，于是准备举家迁往兖州。曹嵩的家产很多，据说当时装了几十大车，结果在路上被人袭杀了。

关于曹嵩的死因，史书众说纷纭，但无外乎两种说法。一种说法是，曹嵩举家从琅琊郡迁往兖州，曹操派泰山太守应劭带兵接应。徐州牧陶谦因与曹操不和，于是抢先派兵将曹嵩一家袭杀。另一种说法是，曹嵩带着很多家产从琅琊郡迁往兖州，徐州牧陶谦出于好意，派都尉张闿带兵数百沿途护送。曹嵩和张闿一行走到华县和费县地界时，天降大雨，士兵们怨声连天，张闿乘机鼓动士兵们将曹嵩一家老幼全部杀死，然后将财物洗劫一空，往山中落草去了。

众所周知，《三国演义》中的陶谦是一个仁人君子。实际上，历史上的陶谦并没有那么好，他和其他各路军阀一样，也是唯利是图之人。陶谦先后担任过县令、议郎等职，后来因在镇压黄巾起义中立下战功，

---

① 绥靖：安抚，保地方安宁。——编者注
② 鄄城：隶属于山东省菏泽市，位于山东省西南部，西北两面跨黄河与河南毗邻。

被朝廷封为徐州刺史。袁绍、曹操等人起兵攻打董卓的时候，陶谦也参起兵响应，后升为徐州牧。

据史书记载，初平四年（193年）前后，曹操和陶谦之间关系不和，两人分别与袁绍、袁术交好，而兖州和徐州接壤，因此双方经常发生一些小规模的冲突。初平四年（193年）五月，陶谦曾经发兵攻打兖州，先后攻取了华县、费县，并掠夺了任城。据此分析，曹操的父亲曹嵩很有可能是被陶谦故意纵兵杀害的。

曹操得知父亲在徐州遇害后，哭倒于地，并咬牙切齿道："陶谦派兵杀害我的父亲，此仇不共戴天，誓必食其肉，寝其皮，挫其骨，扬其灰。"陶谦也知道曹操不会善罢甘休，于是在徐州积极备战。

很快，曹操兴兵报仇，令三军将士皆挂孝出征，5万大军白茫茫一片向徐州涌去。陶谦率兵迎战，双方大战数月，徐州军屡战屡败，丢掉了很多城池。曹操借着为父亲报仇雪恨的名义，对徐州百姓大肆屠戮。凡是被攻占的城池，均遭到屠城。据史书记载，当时徐州有数万百姓死于曹军的屠刀之下。

陶谦打不过曹操，只得率领部队且战且退，一直退到了今天的郯城①。退到郯城后，陶谦下令据城坚守，曹军攻势顿挫，无力再向前推进。尽管如此，徐州的形势依然十分严峻，陶谦派人向公孙瓒和袁术求援，公孙瓒派青州刺史田楷、平原县令刘备前往徐州驰援陶谦；袁术也在南面虚张声势，摆出一副要北伐曹军的样子。曹操也没有闲着，他派人向袁绍求援，袁绍慨然允诺，派部将朱灵率5000人驰援曹操。

田楷和刘备领兵到来后，曹操被迫分军迎敌，陶谦趁势率军从郯城杀出，里应外合，大败了曹军一阵。不久，袁绍的救兵也到了。双方在郯城附近对峙，曹操军中粮草不足，无法持久作战，只得先退兵回兖州。

---

① 郯城：位于山东省东南部、临沂市南部，为山东南大门、齐鲁之通衢，是齐鲁大地与江淮地区的重要交通要道，为鲁南"咽喉"之地。

曹军退走后，陶谦又趁机光复了之前被曹操攻占的城池。徐州既已解围，青州刺史田楷便领兵回青州去了，平原县令刘备则被陶谦挽留下来。

随后，陶谦表荐刘备为豫州刺史，给刘备补充了一些兵力，命刘备屯守小沛。小沛地处徐州西部边境，与兖州接壤。陶谦让刘备驻守小沛，以此作为自己的西部屏障。由于陶谦对自己有知遇之恩，刘备也很乐意为陶谦出力。

曹军回到兖州休整了几个月，于兴平元年（194年）再次出兵东征陶谦。曹军这次东征依然攻势凌厉，屯兵小沛①的刘备被打得节节败退。陶谦忙派校尉曹豹②领军支援刘备作战，但依然不是曹军的对手。陶谦只得将徐州的主力大军集中到郯城坚守，企图再次拖垮曹军，但曹军绕开郯城，迂回攻击琅琊郡和东海郡。

就在曹军快要征服徐州的时候，曹操的后院起火了：吕布勾结陈宫、张邈发动叛乱，兖州的大部分城池都陷落了。

兖州是曹操的老巢，不容有失，曹操下令迅速回救兖州，如此一来，徐州之围自解。

曹操两度东征徐州，皆功亏一篑。同时，他在攻城略地的同时进行屠城，残杀老百姓。这种行为应当予以谴责。

三、兖州保卫战

曹操在攻打徐州时，兖州后院起火，这是怎么回事呢？且说董卓被诛杀以后，司徒王允掌权，董卓的部将如徐荣等人都归附了王允，表示愿意听从朝廷调遣，与董卓划清界限。而董卓生前最得力的4员大将李傕、郭汜、张济和樊稠则领兵逃到陕西，与董卓的女婿牛辅合兵一处，

---

① 小沛：东汉、魏晋时期对沛县的官方称呼。——编者注

② 曹豹：陶谦的部将，其女曹氏为吕布次妻。刘备主政徐州时，曹豹联合吕布夺取徐州，后来被张飞杀死。

并联名给朝廷上了一道表章，请求赦免。王允对汉献帝说："董卓此前之所以飞扬跋扈，皆赖此4人之力，现在虽然大赦天下，但绝不能赦免他们。"汉献帝依从王允之言，决定不赦免李傕、郭汜、张济和樊稠。

求赦不成，李傕对郭汜等人说："朝廷不肯赦免我等，大家各自逃命吧。"李傕帐下的谋士贾诩不同意，说："不可，如果你们抛弃各自的军队，四散逃命，那么一个县令就能将你们抓住。事到如今，不如率军进攻长安，如果成功，我们奉朝廷以正天下；如果失败，到时候再逃命也不晚。"李傕和郭汜等人认为贾诩的建议很有道理，于是各率本部军马浩浩荡荡地杀奔长安。王允知道李傕等人兵犯长安后，命吕布前去迎敌。

吕布领兵出了长安，在离长安100多里的地方与李傕、郭汜等人的部队遭遇，双方大战一场，李傕和郭汜抵挡不住吕布的进攻，连忙撤退。

当天晚上，李傕和郭汜召集众人商议破敌之策，最后决定采用彭越扰楚的战术来对付吕布。李傕对郭汜等人说："明日我领一军与吕布正面交锋，郭汜将军领兵袭吕布之后，我们皆鸣金进兵，擂鼓收兵。张济将军和樊稠将军则领军绕道直取长安。如此一来，吕布首尾不能相顾，必然大败。"

次日，李傕依计行事，领军挑战，吕布率军迎战，战不多时，李傕的部队败退，吕布率部穷追不舍；李傕率军后退数十里，依山下寨。吕布正要攻山，忽见郭汜领一军从背后杀来，他急忙回军迎战，只听得鼓声响处，郭汜已领军退去。吕布正要追击，锣声响处，李傕又领军从背后杀来，吕布急忙回战李傕。鼓声响起，李傕领军已退，郭汜复领兵从背后杀来。一连数日，吕布的军队疲于奔命，忽然得报说张济和樊稠已经领军攻到长安城下了。吕布赶紧领军回救长安，李傕和郭汜率兵从背后掩杀，吕布大败。很快，张济和樊稠便攻陷了长安，司徒王允被杀，吕布无法立足，只得率数百骑兵落荒而逃。

吕布率军从长安狼狈出逃后，先去淮南投奔袁术，袁术知道吕布是个反复无常的人，拒绝收留他。吕布又去投奔袁绍，袁绍收留了吕布，并派他与张燕的黑山军交战，吕布大胜而归。破张燕后，吕布自以为得志，对袁绍手下的将领傲慢无礼，袁绍大怒，打算杀掉吕布，吕布事前得到消息，急忙逃走，去投奔了张邈。

当时曹操正领军东征陶谦，兖州空虚，曹操的部下陈宫找到张邈。陈宫对张邈说："现在天下大乱，你拥军10万，反而受制于曹操，不觉得很没面子吗？我以为曹操是个好人，所以迎立他为兖州牧，没想到他近日率领大军在徐州屠杀无辜的百姓，如此残暴不仁，我等岂能再帮助他？吕布是当世名将，我们不如拥立吕布为兖州刺史，起兵诛杀曹操。"张邈几经考虑，最终采纳了陈宫的建议，准备与陈宫、吕布一起夺取兖州。

张邈、曹操、袁绍都是小时候一起玩耍过的朋友，尤其张邈和曹操，关系向来很好。按说张邈不应该反对曹操，早在各路诸侯起兵讨伐董卓的时候，袁绍就担任讨董联军的盟主，很是骄狂，据说当时张邈曾当面指责过袁绍。袁绍因此记恨张邈，于是找曹操密谋杀掉张邈，但曹操坚决反对袁绍的做法，拒绝当袁绍的帮凶。曹操最早起兵的时候，就是在张邈的地盘上起家的。后来，曹操的发展势头很猛，一步步地从张邈的部下变成张邈的上级，张邈虽然心里不太平衡，但一直与曹操保持着较为融洽的关系。曹操第一次东征徐州，还特意将自己的家人委托给张邈，希望在自己发生不测时，张邈能够帮忙照料他的家人。由此可见，曹操是非常信任张邈的。然而，张邈最终还是与曹操分道扬镳了，他担心曹操日益强大之后会对自己不利。

在张邈和陈宫的资助下，吕布只用了不到一个星期的时间，便横扫兖州；整个兖州境内，除了鄄城和范县、东阿这3座城池外，剩下的地方都被他占领了。这也是因为张邈和陈宫在兖州担任了很多年的地方官，根基很深，所以他们振臂一呼，很多郡县都纷纷投入吕布的怀抱，吕布几乎没有遇到什么激烈的抵抗。

曹操东征徐州时，留荀彧和夏侯惇镇守兖州。据史书记载，当时夏侯惇被叛乱者劫持，军中一片慌乱，幸亏夏侯惇的部将韩浩拼死相救，才得以脱身。豫州刺史郭贡率兵来到鄄城，企图响应吕布，之后经荀彧晓以利害，郭贡才改变了主意。当时兖州的形势非常险恶，若不是荀彧和夏侯惇、程昱等人死守，极有可能会全部陷落。陈宫亲自率兵进攻东阿和范县，程昱临危受命，只身前往，好不容易才稳住了岌岌可危的局势。曹操事后感激地对程昱说："如果没有你和荀彧，我就真成丧家之犬了。"

曹操昼夜兼程，率军赶回兖州救急。在听取荀彧、夏侯惇等人的报告后，曹操说："吕布有勇无谋，不知运用地利，他若提前派兵切断亢父①和泰山的通道，扼守险隘，阻击我军，那我们就真的很困难了。可惜他没有先见之明，因此必然会一败涂地。"正如曹操所言，泰山和亢父与徐州接壤，两处的地形易守难攻，吕布只要派出少量兵力就可以挡住曹操的大军，至少可以迟滞曹军很长一段时间。吕布没有意识到这一点，确实是一大失策，而陈宫和张邈也没有做出相应的防御，由此可以看出，吕布、张邈等人并非曹操的对手，必然会被曹军击败。

尽管如此，局势仍然不容乐观。曹操回到兖州后，立即提兵攻打濮阳。吕布领兵出城和曹军对阵，阵门开处，吕布一马当先，左边张辽，右边臧霸。遥望曹军阵中，曹操昂然出阵，夏侯惇、夏侯渊、曹仁、曹洪、典韦、许褚、李典、乐进，8员大将簇拥其左右。曹操在马上指着吕布骂道："无耻小人，我与你素来无仇，你为什么要夺我兖州？"吕布大笑道："你的兖州？哼！汉朝的城池，大家都有份，你能取，我也能取。"曹操大怒，派典韦出马挑战，吕布阵中张辽出列，双方大战四五十回合，不分胜负，曹操暗暗称奇。许褚见典韦不能战胜，舞刀跃马而出，吕布阵中臧霸接住厮杀，4人打得难分难解。吕布兴起，麾军直杀过来，两军混战一场，未分胜负，各自收兵。

曹军攻濮阳不下，便在城外扎营。濮阳城中有个大户田氏，乃濮阳

---

① 亢父：山名，位于山东济宁城南约25公里的郊区喻屯乡城南张村北。

首富，拥有家兵千余人，在当地很有势力。曹操派人与田氏联系，田氏答应做曹军的内应。当天晚上，田氏率领家兵杀了守门将士，放曹军入城，曹操一马当先冲入城去。进城后，曹操命人在四门放火，摆出一副背火而战，有进无退的架势。当时曹操的军队多为步兵，吕布见曹军冲进城来，忙率骑兵迎战。步兵如何抵挡得住骑兵，曹军很快被杀得大败。曹操想退出城去，不料城中4个城门火势很旺，他纵马越过火场而出，身体多处被烧伤。吕布大胜，派兵将接应曹操入城的田氏诛杀，然后大摆庆功宴，犒劳将士。

曹操战败后，心中十分烦闷。这时，曹仁献计道："吕布令其部将高顺领一军在濮阳城西下寨，与濮阳城内的军队形成掎角之势。战局对我们很不利，欲攻濮阳，必须先拔掉高顺驻守的西寨。"曹操同意曹仁的意见，遂亲自率军去攻打西寨，高顺的军队渐渐支撑不住，就在这时，吕布领军从濮阳城中杀出，前来支援高顺。吕布指挥军队将曹军团团围住，幸好典韦保护曹操拼死杀出一条血路，方才得脱。之后，吕布让高顺继续镇守西寨，自己领兵回濮阳去了。

曹操屡战屡败，气愤不已，夏侯渊对他说："我军新败，今天晚上，吕布很有可能率军前来劫寨，不得不防。"曹操连忙下令虚立中军，将大部分军队埋伏于寨外。果然，二更时分，吕布率军前来劫寨，曹军伏兵四起，将吕布的军队杀得大败。终于打了一场胜仗，曹操心中略感宽慰。

曹操与吕布交战期间，当地闹起了蝗灾，无数蝗虫铺天盖地而来，把山东一带的庄稼吃了个精光，很多农民纷纷破产，甚至出现了人吃人的现象。在这种情况下，双方的军粮都十分紧缺，于是暂且罢兵，曹操领军回了鄄城，吕布则率军去山阳觅食。

曹操回到鄄城后，马上修书一封，派人送往冀州，向袁绍借粮。数日后，袁绍回信表示同意借粮，但有一个条件，曹操必须把他的家属送到冀州做人质，否则借粮一事免谈。曹操大怒，问程昱该如何应对，程昱说："袁绍要求主公把家属送到冀州，显然是想趁机控制主公，让主公向他称臣。希望主公明断，绝不可轻易受制于人。"曹操听从程昱的建议，拒绝了袁绍的要求。

就在曹操为粮食问题大伤脑筋的时候，荀彧出主意说："汝南和颍川一带尚有黄巾余党数万人，我听说他们劫掠州郡，多有钱粮，主公何不率军进剿，夺取他们的粮食？如此一来，朝廷喜，百姓悦，岂不是两全其美的事情？"曹操大喜，立即率兵攻击汝南和颍川的黄巾军。黄巾军首领何仪、何曼等人在汝南和颍川盘踞多年，十分富足，听说曹军杀来，遂领兵迎战。两军会战于野，曹操亲自擂鼓，曹军奋勇杀敌，黄巾军被打得大败。曹操不仅缴获军粮无数，还收服了降兵一万多人。

这段时间，徐州牧陶谦年事已高，渐渐病重，他派人将刘备请到徐州，想把徐州让给刘备。他对刘备说："现在天下大乱，徐州户口百万，钱粮极广，如果能够占据徐州，就可以与其他诸侯争夺天下。眼下我病重难保，愿意将徐州让给你，请不要推辞！"刘备惶恐道："您有两个儿子，为什么不传给他们呢？"陶谦叹气道："我的两个儿子都是庸才，如果传位给他们，他们会将徐州败掉。"刘备又说："袁术近在淮南，兵精粮足，您可以把徐州让给袁术。"陶谦说："你就不要再推辞了，你是汉室宗亲，我把徐州让给你，是想让你以徐州为根据地，中兴汉室。"陶谦的部下陈登、糜竺也劝刘备领徐州牧，刘备推辞不过，只得同意了众人的请求。数日之后，陶谦病逝，刘备继任徐州牧。

曹操在兖州听说陶谦已死，刘备兵不血刃便得了徐州，不由怒火中烧，打算起兵东征刘备。荀彧急忙劝阻道："昔日高祖占关中，光武据河内，皆深根固本以制天下，其间虽然多有曲折，但最终还是成就了大业。对主公来说，兖州就是你的关中和河内，如果东征刘备，多留兵则无法攻下徐州，少留兵则无法抵挡吕布的进攻。兖州一旦全部陷落，主公的根基就全毁了；届时既攻不下徐州，又失去了兖州，必将不战自败。徐州事小，兖州事大，不可弃大而就小，以安而易危。"荀彧的话说得鞭辟入里，于是，曹操放弃了东征徐州的想法，开始厉兵秣马，准备在兖州与吕布决一雌雄。

经过一段时间的休整补充后，曹操进兵濮阳与吕布决战。吕布见曹军在濮阳城东50里外下寨，遂亲自领兵出战。逼近曹军营寨时，吕布见曹军寨东有一段堤坝，寨南有一片树林，担心树林里有曹军的伏兵，于是命人放火烧掉树林，然后驱兵大进。曹军诈败，朝东南方向退去，吕布领军追赶，忽然，曹军的大量伏兵从无水的堤坝中一涌而出，截断了吕布的退路，吕布首尾不能相顾，被杀得大败。等到吕布冒死突出重围，领兵来到濮阳城下时，夏侯惇已经攻取了濮阳，吕布无奈，只得领军奔定陶①而去。曹操乘胜追击，又大败吕布于定陶，吕布如丧家之犬，率一帮残兵败将向东逃逸。

不久，陈宫率一部分败兵来与吕布会合。吕布想再去投奔袁绍，便派人到冀州探听消息。很快，探马回报说："曹操请袁绍出兵夹击我军，袁绍派大将颜良率兵数万响应曹军。"吕布和陈宫大惊，陈宫劝吕布前往徐州投奔刘备，吕布遂领军来到徐州。刘备热情接待了吕布，并让吕布暂时屯兵小沛。

张邈跟随吕布逃命去了，命其弟弟张超退守雍丘。曹军势如破竹，大败张超于雍丘。张超自杀。后来，张邈欲往淮南投奔袁术，结果在途中被部将杀死。曹操虽然和张邈有旧情，但他非常痛恨张邈背叛自己，张邈死后，他下令将张邈的家属全部诛杀，灭三族。张邈宁肯在吕布手下干，也不愿继续追随曹操，被曹操灭族可谓咎由自取。

此前曹操被陈宫、鲍信等人拥戴为兖州刺史时，朝廷不予承认，反而派了一个叫金尚的人来兖州担任兖州刺史。曹操一怒之下，将金尚逐出兖州。时过境迁，如今曹操打败吕布、杀死张邈，朝廷终于下了一道诏书，正式任命曹操为兖州牧。此时离曹操初任兖州牧已有3年的时间。

曹操和吕布在兖州争雄的过程中，曹军中有一个叫于禁的下级军官脱颖而出。于禁，字文则，原是鲍信军中的一个普通士兵，鲍信被黄巾

---

① 定陶：隶属于今山东省菏泽市辖区，地处山东省西南部，菏泽市中部。

军杀死后,于禁跟随曹操征战,曹操见他武艺高强,便不断地提拔他,并委以重任。兖州保卫战,于禁有不俗的表现,曹操破格提拔他为都尉、校尉。不久,于禁便和李典、乐进等人一样,成了曹操的心腹将领。

四、落魄皇帝双城记

夺回兖州后,曹操的实力更为强大,尽管地盘并没有扩大,但起码是完整的。而远在千里之外的长安城中,汉献帝的日子并不好过。

且说李傕和郭汜等人领兵打败吕布,杀死司徒王允之后,准备杀了汉献帝,自立为王。张济和樊稠劝阻道:"如今天下未定,不可贸然杀死皇帝,不如仍旧奉之为主,挟天子以令诸侯,此乃万全之策。"李傕和郭汜采纳了这一意见,然后向汉献帝勒要官品,汉献帝封李傕为车骑将军,池阳侯,领司隶校尉,假节钺[1];封郭汜为后将军,美阳侯,假节钺;封樊稠为右将军,万年侯;封张济为骠骑将军,平阳侯,领兵屯弘农[2]。

李傕和郭汜执掌朝政后,下令重新为董卓进行国葬,同时将追随王允害死董卓的一些朝廷官员处死。董卓的棺材迁葬郿坞当天,长安城的百姓自发举行游行示威,表示抗议。李傕和郭汜为了维持秩序,派兵镇压。

为了稳定朝政,李傕和郭汜奏请献帝征召当时德高望重的朱儁入朝辅政,献帝封朱儁为太仆,与李傕、郭汜同理朝政。

一天,李傕和郭汜正在府中饮宴,忽报西凉军阀马腾、韩遂领兵

---

[1] 假节钺:假节钺代表皇帝的出行。凡持节的使臣,代表着皇帝亲临,象征皇帝与国家,可行使相应的权力。武将"假节钺"的话,在战时不必请示,可以直接斩杀军中触犯军令的士卒。在君王所有的授权方式之中,"假节钺"的规格是极高的。拥有了"假节钺"的权力,不仅可以斩杀触犯军令的士卒,还可以代替君主出征,并拥有斩杀节将的权力。

[2] 弘农:今河南省灵宝市东北黄河沿岸,是中国古代汉朝至北宋期间长期设置的一个县级行政区划。

10余万前来攻打长安。李傕和郭汜闻报大惊，召集诸将商议退敌之策。谋士贾诩说："西凉军远道而来，粮草供应困难，我军只要坚守数月，待敌军粮尽，将不战而退。"部将李蒙、王方则说："敌军来攻，气焰嚣张，我军应奋勇出战，挫其锐气，然后坚守。"于是，李傕和郭汜一面派张济、樊稠守住关津隘口，一面让李蒙、王方领军出城迎战。

西凉军浩浩荡荡杀奔长安，被李蒙和王方领军数万截住去路，双方在离长安城200多里远的地方排开阵势，大战数日。李蒙和王方抵挡不住西凉军的凌厉攻势，节节败退。与此同时，马腾、韩遂又派人潜入长安，暗中与侍中马宇、中郎将刘范等人取得联系，企图里应外合，夺取长安。不料消息走漏，李傕和郭汜派兵将马宇、刘范等人诛杀，并将二人的首级拿到关前送给马腾和韩遂。此后，李傕和郭汜坚守长安不出，数月之后，西凉军果然粮草用尽，不得不退兵。张济和樊稠乘机率兵从背后掩杀，西凉军大败，马腾和韩遂落荒而逃。

西凉军战败后，各路诸侯无不侧目，谁也不敢再轻易兵犯长安。事后，汉献帝加封李傕为大司马，郭汜为大将军。李傕和郭汜在长安乱政数年，长安的百姓苦不堪言，而献帝受李傕和郭汜挟持，毫无自主权可言。

这一期间，朱儁和杨彪暗施反间计，不断地离间李傕和郭汜之间的关系。遇有朝廷大事，李傕经常独断专行，不与郭汜商议，久而久之，郭汜心中激愤，准备秘密起兵，除掉李傕。事情败露后，李傕大怒，率军攻打郭汜。两军对阵时，郭汜大骂李傕道："你我同时起兵，杀王允，败吕布，所有这些功绩，都有我一半的功劳，你怎么可以妄自尊大，不把我放在眼里。"李傕说："一山不容二虎，不必多言，今日我要与你一决雌雄。"两军在长安城外混战，互有胜负。

李傕和郭汜反目成仇后，率兵互相攻杀。李傕派兵入宫，将汉献帝劫持到郿坞，然后放火烧掉了宫殿。郭汜听说天子被李傕劫持到了郿坞，遂率兵杀奔郿坞，双方连战数日，未能分出胜负。朱儁和杨彪率领朝中大臣数十人到郭汜营中为两人调解，但郭汜不愿讲和，遂派兵将大臣们软禁起来，只有朱儁、杨彪二人德高望重，被放出营去。之后，朱儁忧愤而死。

汉献帝被李傕监禁于郿坞之中，大臣皇甫郦入见献帝说："请陛下下诏，臣愿意去李傕和郭汜营中进行调解。"献帝同意了。皇甫郦先来到郭汜营中，郭汜对皇甫郦说："如果李傕释放天子，我便放了百官。"皇甫郦又来到李傕营中，对李傕说："郭汜同意讲和，只要你放出天子，他便放出百官。"李傕大怒道："我誓与郭汜一决雌雄，绝不轻言讲和。"皇甫郦说："你和郭汜势均力敌，如果一直打下去，最后只会两败俱伤。"但李傕执意不听，皇甫郦无奈，只得离去。

李傕向来迷信，据史书记载，他经常命女巫在军中为自己祈祷。部将杨奉不满李傕的做法，准备领本部兵马将天子从郿坞救出来。李傕察觉后，领军讨伐杨奉，杨奉不是李傕的对手，只得领着本部兵马脱离了李傕。自此，李傕的兵力越来越弱，郭汜又经常领军来攻杀，死伤不计其数。

张济听说李傕和郭汜在长安混战，两败俱伤，于是上了一道表章，要为李傕和郭汜二人调解，让他们化干戈为玉帛。李傕和郭汜在长安城外混战了几个月，军事实力已大不如前，也同意讲和。张济请汉献帝驾幸弘农①，李傕将献帝从郿坞放出，派御林军数百人护送。郭汜也将大臣们放了。

但李傕刚刚放出皇帝不久，又萌生了劫持献帝的想法，于是连夜领军追赶献帝的车驾。李傕大军追上献帝后，四面围住，危急之时，杨奉率军杀到。杨奉手下有一员将领名叫徐晃，字公明，有万夫不当之勇。徐晃率先冲阵，李傕的军队大败，杨奉带着献帝且战且走。几天后，李傕又率大军追来，杨奉寡不敌众，渐渐支撑不住。这个时候，幸好国舅

---

① 弘农：汉朝至北宋期间长期设置的一个县级行政区，治所在今河南省三门峡市灵宝东北黄河沿岸。——编者注

董承听说献帝有难，率兵数千来救，与杨奉合兵一处，终于打败了李傕的追兵。

汉献帝在杨奉和董承的护卫下来到弘农，权且歇马。郭汜回去找李傕商议说："现在张济领军占据了长安，杨奉和董承企图保着献帝去东都洛阳。一旦献帝到了洛阳，必然会号召各路诸侯起兵讨伐我们，因此绝不能让献帝东归。"李傕认为郭汜言之有理，遂与郭汜合兵一处，准备杀去弘农劫驾。杨奉和董承得知消息后，自知无法迎敌，忙派人去请故白波帅①韩暹、李乐前来救驾。然而，韩暹和李乐的军马未到，李傕和郭汜的大军已漫山遍野而来，董承和杨奉急忙收拾车驾，护着汉献帝走陕北，快到黄河边时，韩暹和李乐率军前来保驾，汉献帝封李乐为征北将军、韩暹为征东将军，好生抚慰。

李傕和郭汜率军劫掠弘农，所过一空。听说献帝要东渡黄河，他们率兵连夜追赶，此时董承和杨奉已保着献帝渡河而去，留下韩暹和李乐率兵断后。李傕和郭汜见献帝已经渡过黄河，便不再追赶，收兵回陕西去了。

李乐本是啸聚山林之徒，蒙献帝赦罪赐官，所以率兵前来救驾，如今见献帝惶惶如丧家之犬，毫无帝王的威严，知道跟着献帝不会有前途，于是也自领兵到别处去了。杨奉、董承、韩暹3人护着献帝来到东都洛阳。

洛阳自被董卓放火烧毁之后，一直没有修葺，献帝命杨奉等盖小宫居住，之前在长安失散的大臣们听说献帝到了洛阳，纷纷前来朝贺。献帝随即诏令改年号为建安。

---

① 白波帅：黄巾军余部郭太等人在西河白波谷（今山西襄汾县永固镇）重新起义，号为白波军。李乐、韩暹、胡才三人号称白波帅。

五、帝国中心：许昌

汉献帝先后辗转于董卓和李傕、郭汜之手。在此期间，陶谦、孔融①曾想迎接献帝东归洛阳，可惜他们实力不够强大，无法从李傕和郭汜手中夺回献帝。献帝曾暗中指使侍中刘和逃出长安。刘和是幽州牧刘虞之子，献帝想让刘和去幽州说服刘虞，带兵到长安解救自己。刘和在回幽州途中碰到了袁术，于是将献帝的想法告诉袁术，希望袁术也能领兵到长安勤王。当时袁术的北方盟友公孙瓒正与刘虞闹矛盾，袁术便把刘和软禁在淮南，不让他回到刘虞身边。如此一来，献帝托付的事情也就暂时被搁置了。实际上，即使刘和回到幽州，向刘虞转达献帝的期望，刘虞也无能为力。

汉献帝虽然只是一个虚有其名的傀儡皇帝，但曹操仍然很尊重他。曹操刚被陈宫等人拥戴为兖州牧时，朝廷派使者来兖州抚慰曹操，曹操亲自率兵出迎于百里之外。使者回到长安后，盛赞曹操忠诚，献帝非常高兴。据史书记载，当时，兖州治中从事②毛玠向曹操建议说："现在天下分崩离析，皇帝为奸臣所逼，西迁长安；百姓深受战乱之苦，到处都是流民和盗贼；国库里面连一年的粮食储备也没有，老百姓大多离心离德，失去了主心骨。皇帝不能为民做主，百姓在军阀混战中不知道该依附谁。只有正义之军才能无往而不胜，我们将来应该想办法将汉献帝控制在手里，挟天子以令诸侯，然后发展经济，储备军用物资，最终必将战胜各路诸侯，一统天下。"

曹操被毛玠的话触动了，随即派从事王必出使长安，企图与献帝暗通款曲。王必在路上被张杨截住，不让过境。张杨的部下董昭劝道："曹操和袁绍都是当今屈指可数的英雄，你应该未雨绸缪，想办法与他

---

① 孔融：东汉末年文学家，"建安七子"之一。为孔子的第二十代世孙、太山都尉孔宙之子。

② 治中从事：刺史的高级佐官之一，主众曹文书，居中治事，故名治中。

们结交。现在机会就在眼前,正好可以与曹操交好,何乐而不为呢?"张杨大喜,遂放王必过境。据说,当时董昭还以曹操的名义给长安的李傕、郭汜写信,甚至送礼物给李傕和郭汜。曹操后来知道董昭的举动后,非常感激董昭,将他引为知己。

王必到了长安,先拜见天子,然后拜见李傕和郭汜。李傕和郭汜认为东方的诸侯们都想自己当皇帝,曹操也不例外,于是打算将王必扣留在长安。黄门侍郎钟繇劝阻道:"现在天下大乱,群雄割据,很多诸侯都不把皇帝放在眼里,曹操能不远千里派使者来长安朝觐,足见其忠心,应该予以表彰才对,怎么能擅自扣留他的使者呢?"李傕和郭汜被钟繇说服,便打发王必回兖州去了。从此,曹操每年都会派使者去长安给献帝送贡品。

建安元年(196年)七月,汉献帝在董承、杨奉、韩暹等人的护卫下回到洛阳。袁绍闻知消息,在冀州召集部下商议。谋士沮授对袁绍说:"汉室虽然衰微,几乎不可能再振兴了,但献帝还是很有利用价值的。现在,天下诸侯中只有我们的实力最强大,如果将军能把献帝迎到冀州来,挟天子以令诸侯,借朝廷之名征讨四方,定可收事半功倍之效。"袁绍犹豫不决,这时,谋士郭图和部将淳于琼提出了反对意见:"如果把献帝迎到冀州,多有不便,时时需要向皇帝请示,不听皇帝的是抗命;而听皇帝的,则会束缚了我们的手脚。"袁绍想来想去,也不愿意请一个皇帝来骑在自己头上,于是决定让献帝自生自灭。尽管沮授等人力劝,但袁绍始终听不进去。

与此同时,曹操也在兖州召集部下商议对策。荀彧首先发表意见说:"春秋时,晋文公接纳了周襄王,赢得了其他诸侯的拥戴;汉高祖刘邦为义帝①发丧,天下归心。现在皇帝落难,如果我们能在此时为天下诸侯做一个表率,天下人将会以我们为忠义。更重要的是,皇帝一旦

---

① 义帝:熊氏名心,楚怀王后裔,后受项梁拥立,成为反秦起义军领袖之一。——编者注

到了我们手里，我们就可以挟天子以令诸侯，以朝廷的名义讨伐其他诸侯。"程昱也说："汉朝虽然已经名存实亡，但在老百姓心目中，汉朝依然是正统。尊奉献帝，不仅对军事行动有利，在政治上也可以赢得民心。"曹操大笑道："英雄所见略同，你们和我想到一块去了。"

曹操做出决定后，立即派曹洪领兵向洛阳进发，途中遭到袁术的军队截击，董承又领兵据守关隘，曹洪滞留途中，无法前进。曹操为此非常忧心，但也无计可施。此时洛阳的情况比较复杂，汉献帝的处境仍然很窘迫，由于缺乏粮食，朝中大臣每天以野菜充饥，张杨虽然给献帝送了一些粮食，但也是杯水车薪。为了感谢张杨护驾有功，献帝封张杨为大司马。

当时汉献帝身边的军事力量主要有董承、韩暹、杨奉的几支部队，由于洛阳缺粮，杨奉带兵出屯梁县（今河南汝州市）去了，洛阳实际上由韩暹、董承的军队驻守。这几个人都护驾有功，在没有见到献帝之前，曹操不敢贸然与他们发生军事冲突。他委托在洛阳的董昭给杨奉写了一封示好的信件，在信中称赞杨奉忠义，并表示愿意给杨奉的军队提供粮食。杨奉正为粮草的事情发愁，听说曹操主动送粮上门，非常高兴，遂向汉献帝表荐曹操，朝廷先封曹操为建德将军，后升镇东将军费亭侯。曹操的祖父曹腾最早被封为费亭侯，后来曹操的父亲曹嵩袭爵，但曹操直到这时才正式承袭了祖上的爵位。

这个时候，韩暹自恃保驾有功，在洛阳横行无忌。同样护驾有功的董承看不惯韩暹的行为，同时也担心韩暹专权，威胁自己的地位，于是暗中怂恿汉献帝给曹操下诏，命令曹操率军前来洛阳。曹洪的军队早就想进入洛阳，只因董承的部队阻拦，所以迟迟无法前进。现在董承主动将他们迎进了洛阳，曹操随即也率领大军来到洛阳。曹操一进洛阳，马上上表给汉献帝，请治韩暹的罪。韩暹得到消息后，连夜逃走了。由于杨奉等人的军队都不在洛阳，曹军入驻洛阳之后，汉献帝便正式落到了曹操的手里。汉献帝加封曹操假节钺，录尚书事。在汉朝，录尚书事实际上就是总领朝政，官品虽然在三公之下，但权力却在三公之上。

曹操手握大权后，雷厉风行地办了三件事：董承护驾有功，加封为辅国将军，伏完等13人被封为列侯；前太仆朱儁在长安和李傕、郭汜周旋，殚精竭虑，嘉奖其忠义；捕杀侍中台崇、尚书冯硕等人，称其为奸佞。

曹操当时想把汉献帝接到自己的地盘，方便控制，但转念一想，杨奉、韩暹驻兵在外，可能会加以阻挠，他为此请来董昭，向其请教。董昭献计说："韩暹手下可以说是一群乌合之众，杨奉的兵力较强，只要说服杨奉，事情就好办了。"于是，曹操给杨奉写信说："洛阳残破，无法修葺，而且洛阳缺粮，从兖州往洛阳运粮很是不便，不如迁天子到许昌①，许昌离鲁阳（今河南鲁山县）很近，转运粮食方便，可以保证朝廷不再受饥饿之苦。"杨奉看了曹操的信，当即表示同意。摆平了杨奉之后，曹操在朝堂上向献帝和大臣们提出了迁都许昌的建议，汉献帝和大臣们都畏惧曹操的权势，纷纷表示同意。

随后，曹操带着汉献帝和大臣们前往许昌。这时，杨奉在韩暹的怂恿下，突然反悔，两人合兵一处，追赶曹操。曹操派曹洪率精锐部队断后，成功阻止了杨奉和韩暹。为了彻底解除杨奉的威胁，曹操将献帝迁到许昌后，亲自率领大军征讨杨奉和韩暹，杨奉和韩暹无力抵挡，只得投奔袁术去了。杨奉的部将徐晃见杨奉大势已去，率部归顺了曹操。徐晃武艺高强，是一员不可多得的大将，曹操为此非常高兴，立即予以提拔重用，徐晃后来成为曹营名将。

汉献帝移驾许昌后，总算安定了下来，再也不用颠沛流离了。由于许昌还没有宫殿，曹操命人昼夜赶工，很快建起了一座宫殿。

不久，汉献帝加封曹操为大将军、武平侯，曹操表荐袁绍为太尉。袁绍对此非常恼火，他气愤地对传达诏命的使者说："曹操是个什么东西，现在居然爬到我的头上来了。"他坚决不接受太尉的官职。

使者回到兖州，把袁绍的反应一五一十地告诉曹操。曹操知道袁绍

---

① 许昌：又称莲城，位于河南省中部，地处"中原之中"，是魏五都之一。

目前的势力要比自己强大许多，不应该为了虚名而得罪他，于是决定把大将军的位置让给袁绍。大将军的职位在太尉之上，袁绍对此欣然接受。随后，汉献帝重新任命曹操为司空，行车骑将军。

曹操的很多部下也受到了封赏：荀彧被任命为侍中、尚书令；夏侯惇、夏侯渊、曹仁、曹洪被加封为将军，李典、乐进、于禁、徐晃为校尉，许褚、典韦为都尉。

袁绍见曹操挟天子以令诸侯，心中不爽，于是给曹操写了一封信，要求曹操把汉献帝从许昌迁到鄄城。鄄城也是曹操的地盘，但鄄城离袁绍比较近，袁绍虽然不把献帝放在眼里，但也想让献帝离自己近一些，以便就近施加影响。曹操断然拒绝了袁绍的要求，而且以献帝的名义给袁绍下诏，责备袁绍兵精粮足，不思勤王，只顾与其他诸侯互相征伐，扩大自己的地盘。袁绍十分恼怒，但也无可奈何，只得写了一封虚与委蛇的辩白信，敷衍献帝和曹操。

当时，跟着汉献帝一起来到许昌的还有很多朝廷官员，这些大臣虽然没有什么实际功劳，但都声名显赫，代表人物如杨彪、张喜。杨彪是杨修的父亲，杨家和袁术、袁绍家一样，都是四世三公，家世显赫。曹操非常忌惮杨彪，汉献帝刚到许都时，宴请朝廷百官，曹操也去参加了。在宴会上，曹操见杨彪面有愠色，怒视自己，担心杨彪暗害自己，于是假称上厕所，趁机离席而去，直接回府。事后，杨彪被罢官。后来，袁术在淮南称帝，因为杨彪和袁术是亲戚，所以曹操以此为由将杨彪下狱，称杨彪私通袁术，蓄谋造反，欲诛杀杨彪。经孔融和其他朝臣力保，曹操才释放了杨彪，但始终对他耿耿于怀。

司空张喜是因病卸职。议郎赵彦因为经常在汉献帝面前针砭时弊，曹操非常厌恶他，随便拟了个莫须有的罪名将赵彦处死了。曹操这样做也是为了震慑朝中百官，进一步树立自己的威信。

六、不拘一格用人才

曹操总领朝政后，决心励精图治，他给汉献帝上了一道表章《陈损益表》，大概意思是："皇上刚到许都，就立即重用我，命我统领兖州和豫州，参与裁决天下大事。我才疏德薄，不堪重任，但既然皇上如此重用我，我愿为皇上鞠躬尽瘁，死而后已。自董卓之乱以来，国家的典章制度被破坏得荡然无存，臣为国家和百姓计，运筹出14条建议，希望可以帮助皇上兴利除弊，安邦定国。"

如此庞大的治国方略，实施起来肯定需要大量的人才，于是，曹操以朝廷的名义，不拘一格延揽人才。首先被提拔重用的是曹操的旧部，如荀彧、程昱、董昭和满宠等人。荀彧被任命为尚书令，录尚书事；每当曹操外出征伐时，荀彧就代替曹操处理军国大事。程昱被任命为东中郎将，兼任济阴太守。董昭在迎帝都许一事上帮助过曹操，曹操任命他为洛阳令，留守东都。满宠，字伯宁，曾为高平县令，曹操接任兖州牧时，聘请满宠为从事官，随军征战。汉献帝驾幸许都后，曹操表荐满宠为许县县令，负责治理京师重地。毛玠，字孝先，其人颇有韬略，曾建议曹操"奉天子以令不臣，修耕织以蓄军资"。曹操表荐毛玠为东曹掾①，和满宠一起负责朝中官员的调动。钟繇，字元常，曾劝李傕、郭汜允许曹操与长安通使，曹操执掌朝政后，表荐钟繇为御史中丞，封东武亭侯。

除了重用自己的部属和故旧外，曹操还求贤如渴，大量罗致新的人才。他下了几道求贤令，号召全国的人才到许都来，为朝廷效力。很多人慕名而来，有些人是奔着汉献帝来的，但更多的人是奔着曹操来的，他们认为曹操挟天子以令诸侯，定能成就大事——跟着曹操走，谋求荣华富贵如探囊取物。面对各方人才来归的热潮，曹操礼贤下士，虚怀若谷，对这些人一一量才任用。

在曹操任用的人才中，孔融是一个举足轻重的角色。天子都许不久，曹操便以献帝的名义，征召孔融来朝廷里做官。

---

① 东曹掾：汉制，丞相、太尉自辟掾吏分曹治事，有东曹掾，秩比400石，月50斛，初出督为刺史，后主2000石长吏及军吏的迁除。

孔融，字文举，今山东曲阜人，自幼聪明。少年时，他登门拜见当时的河南尹李膺①，大门口的卫士刁难他，他说："我和李大人是通家②。"卫士便放他进去，李膺问他："我家和你家是什么亲戚？"孔融说："我是孔子的后代，你是老子的后代，孔子曾问礼于老子，我家和你家当然是通家。"李膺大笑。不久，李膺家中又来了一个客人，李膺对那个客人说："这个小孩是个神童。"客人说："小时候聪明的人，长大后未必聪明。"孔融立即抢话说："那你小时候肯定很聪明。"李膺和客人皆大笑，赞赏孔融道："你将来可以成就大事。"孔融为了掩护朝廷的一个通缉犯，差点丧命。成年之后，孔融入朝为虎贲中郎将。董卓入京乱政时，孔融被任命为北海相，之后任青州刺史，由于遭到袁绍的儿子袁谭攻击，兵败出逃，恰逢朝廷征召，他来到许都，曹操表荐他为将作大匠③。据史书记载，孔融很喜欢交朋友喝酒，常对人说："座上客常满，樽中酒不空。"孔融当时享有很高的知名度，他应召到许都来，对曹操延揽人才起到了很大作用。

与此同时，曹操还征召了司马朗和赵俨。司马朗，字伯达，河内郡人。是司马懿的兄长，灵帝时在朝为官，董卓进京后想将他收为己用，但司马朗意识到董卓不得人心，久后必败，遂辞官回乡。曹操奉汉献帝都许后，司马朗应召而至，曹操表荐他为司空掾属④。赵俨是颍川人，素有才名，天下大乱后，他避乱荆州，建安年间带着宗族子弟数百人前来许都归附曹操，曹操任命他为朗陵长。

已故太尉杨彪之子杨修，字德祖，华阳人。其人才华横溢，恃才放旷。建安年间，杨修举孝廉，被任命为郎官，后为曹操丞相府主簿。

---

① 李膺：东汉时期名士、官员。"第二次党锢之祸"时，李膺主动自首，被拷打而死。
② 通家：指彼此世代交谊深厚，如同一家。
③ 将作大匠：古代官名，掌管宫室修建之官。战国时初置将作监，后名称多有区域性，但其职责都差不多。秦代称将作少府，至汉景帝年间改称将作大匠，职掌宫室、宗庙、陵寝等的土木营建，秩二千石。
④ 掾属：佐治的官吏。汉代自三公至郡县，都有掾属。人员由主官自选，不由朝廷任命。隋统一以后，改由吏部任免。

武将李通，字文达，江夏郡人。久慕曹操英名，率众到许都投奔曹操。曹操见李通是个将才，任命他为振威中郎将，率兵镇守汝南。

荀彧作为曹操统治集团中的中坚人物，身体力行，向曹操推荐了不少名士，如戏志才、郭嘉、杜袭等人。戏志才跟随曹操不久，便去世了，曹操对此感到非常难过，对众人叹气说："自从戏志才死了以后，再也没有比他强的人与我商议事情了。"杜袭，字子绪，颍川人，原为荆州牧刘表的部属，见刘表难成大事，遂弃官归乡，后经荀彧举荐，曹操表荐他为西鄂长。

在曹操网罗的人才中有一人不能不提，他就是祢衡，是由孔融推荐的。祢衡，字正平，平原郡人。颇有才气，但恃才傲物，不善于搞人际关系。孔融和祢衡是好朋友，他推荐祢衡时，对曹操说："祢衡乃当世奇才，文章冠绝古今，见善若惊，疾恶如仇。"曹操听了很高兴，马上让孔融将祢衡召来。当时祢衡正在荆州，收到孔融的书信后，立即赶到许都，先拜见孔融，然后入见曹操。刚一见面他就对曹操出言不逊，曹操很生气，想挫一挫他的锐气，于是让他暂且充任鼓吏①。

一天，曹操大宴宾客，命祢衡击鼓助兴。当时规定，鼓吏击完一通鼓后，必须更换衣服。祢衡击鼓完毕后，走到曹操面前，当众脱得一丝不挂，然后慢慢地换上新衣。在场之人无不愕然，曹操虽然恼怒，但还是强颜欢笑，自我解嘲了一番。

曹操的一些部将觉得祢衡过于无礼，劝曹操杀了祢衡。孔融对祢衡的处境感到很担心，亲自向曹操道歉，并要求祢衡也向曹操道歉。祢衡也觉得自己做得有些过分，于是主动登门给曹操赔不是。曹操宽宏大量，对祢衡的过失一笑了之，并不打算治祢衡的罪。然而，祢衡并没有就此收敛，而是不停地给曹操惹是生非。祢衡喜欢随便品评人物，有人请他褒贬一下曹操身边的主要人才。祢衡毫不客气地说："荀彧可使吊丧问疾，荀攸可使看坟守墓，程昱可使关门闭户，郭嘉可使白词念赋，

---

① 鼓吏：掌鼓的官吏。——编者注

许褚可使牧牛放马，乐进可使取状读诏，李典可使传书送檄，满宠可使饮酒食糟，于禁可使负版筑墙，徐晃可使屠猪杀狗。其余的人都是饭桶，不值一提。"众人见祢衡胡言乱语，都来找曹操告状。曹操找到祢衡，责怪他信口雌黄，但祢衡却毫不留情地大骂曹操。

由于祢衡三番五次地忤逆曹操，诋毁曹操手下诸将，曹操本想直接杀掉祢衡，但考虑到祢衡有一定的名气，如果杀了他，可能会给自己带来负面影响，影响自己延揽人才，所以他对祢衡一忍再忍。后来，曹操实在是忍无可忍，便打发他出使荆州，不准他再回许都。祢衡到了荆州，仍然"恶习不改"，经常当面顶撞刘表。刘表很不高兴，又把他打发给自己的部将江夏太守黄祖。黄祖脾气暴躁，与祢衡很快便发生了冲突。黄祖一气之下，把祢衡给杀了。曹操在许都听说祢衡遇害的消息后，幸灾乐祸地对众人说："腐儒舌剑，终于自杀了。"

据说祢衡离开许都去荆州时，曹操让一些官员在城门外送他。祢衡出城后，见众人皆端坐不动，随即放声大哭。众人不解其意，问他哭什么，祢衡说："我行走于死尸之间，如何不哭？"由此可见，祢衡才思敏捷。祢衡来到荆州后，刘表问他许都有哪些人物，祢衡说："大儿孔文举，小儿杨德祖，除此之外，再无他人。"祢衡清高傲世，目中无人，屡次羞辱曹操，但曹操都没有杀他，真正做到了宰相肚里能撑船。

七、曹氏屯田，富民强国

从地方诸侯到朝廷重臣，曹操实际上成了大汉帝国的当家人。权力越大，意味着责任也越大，要担当、要忧心的事也就越多。在延揽人才的同时，他必须解决大多数人的吃饭问题。

曹操刚领兖州牧时，他的部下毛玠曾经建议"奉天子以令不臣，修耕植以蓄军资"。当时曹操的根据地兖州还很不稳固，内忧外患，矛盾重重，危机四伏，想要立即践行毛玠的建议是不可能的。建安元年（196年），曹操在兖州的统治得到了进一步的巩固，恰逢汉献帝东返洛阳，他立即抓住机会，把献帝迎接到许都，随后又将豫州纳入自己的势力范围。这样一来，"奉天子以令不臣"的条件已经成熟，但攘外必先安内，因此，"修耕植以蓄军资"也就迫在眉睫了。

中国自古是农耕社会，农业是社会经济的基础，农业一旦崩溃，天下必然大乱。早在汉桓帝时，汉王朝就出现了"田野空、朝廷空、仓库空"的三空之厄。及至汉灵帝时，豪强地主巧取豪夺，肆无忌惮地兼并土地，社会上出现了很多流民，黄巾军趁势而起，纠集100多万农民跟着造反，大汉王朝岌岌可危。后来，起义虽然被镇压下去，但整个社会经济的基础却被摧毁了。大量的农业劳动力死于战火，很多流民仍然啸聚山林，做起了流寇，"饥则寇略，饱则弃余"。各地军阀也拥兵自立，互相征伐。老百姓为了保命，四处逃亡，于是出现了大量的荒地，随着农业经济的崩溃，接踵而来的便是粮荒——上至诸侯，下到百姓，再到流寇，无不缺粮。军队没有粮食就无法打仗，百姓没有粮食就得饿死，流寇没有粮食就会四处劫掠，整个社会乱成一团。

根据史书记载，当时由于缺粮，袁绍的军队在冀州不得不以野果充饥；袁术的军队在淮南一度以打捞江中的鱼虾为生；刘备的军队在广陵无以为食，甚至出现了人吃人的现象。曹操的军队也不例外，曹军第一次东征徐州就因为断粮而不得不退兵；后来与吕布争夺兖州时，又因为缺粮而停战。就在迎汉献帝都许途中，曹军也几度断粮，曹操命程昱筹集粮草，程昱在自己的家乡东阿（今山东东阿县）费了很大的力气才筹到了3天的军粮，其中还杂有不少人肉干。曹操虽然很感激程昱为自己解了燃眉之急，但也从此对程昱产生了成见。后来，无论程昱如何效忠，曹操都没有让他成为三公。

粮食问题成了首先要解决的一个重要问题。建安元年（196年），献帝都许不久，曹操的部下羽林监枣祗[①]向曹操提出了"屯田"的建

---

① 枣祗：曾任东阿令、羽林监、屯田都尉、陈留太守等职，他首倡的"屯田制"，在中国社会的政治、经济和军事发展史上占有极其重要的地位。

议。所谓屯田，就是用强制手段把流民集结到一起，垦荒种地。曹操采纳了枣祗的建议，不久便正式发布《屯田令》。他在《屯田令》中说："要想强兵足食，就必须兴置屯田。秦孝公和汉武帝曾经通过屯田使国家变得强盛起来，是值得我们现在学习的榜样。"

当时的一些客观条件也为曹操实施屯田提供了便利。首先，由于连年战争，百姓们为了避难而流离失所，在曹操的辖区内出现了大量无人耕种的荒地。其次，曹操在镇压黄巾军的过程中得到了大量的降兵、农具以及耕牛，通过精兵简政，他让精壮者从军，老弱者种地，如此一来，劳动力便有了保障。

既然实施屯田的主客观条件都已经成熟，曹操决定先在许都附近屯田。他通过各种方式招募了很多流民，用一种准军事化的组织形式把他们集中到一起，给他们发放耕牛和农具，让他们开垦荒地。

为了方便管理，曹操在屯田地区设立了堪称严密的管理体系。按规定，每60人为一屯，由屯田司马负责管理。屯田司马之上设屯田都尉和屯田校尉。屯田都尉负责管理一个县的屯田事宜，屯田校尉负责管理一个郡的屯田事宜。在朝廷中，屯田事宜由司空掾属负责。曹操规定，各级屯田官吏和当地的地方官互不统属，一切屯田事宜均由朝廷负责协调。

时任弘农太守贾逵是曹操的亲信，有一次，贾逵在自己的地盘上和当地的屯田官发生了冲突，屯田官对贾逵出言不逊，贾逵大怒，命人殴打了那个屯田官。事情传到曹操耳中后，曹操立即下令罢免了贾逵的官职。由此可见，曹操对于屯田的重视程度。

刚开始曹操只是在许都附近屯田，规模不大。枣祗因首倡屯田，被曹操任命为屯田都尉。不久，曹操又任命自己的妹夫任峻为屯田校尉，主管屯田事宜。任峻既是曹操的亲戚，又是曹操的亲信，早在曹操陈留起兵时便追随左右，曹操对他非常信任，所以让他总管屯田的一切事宜。任峻没有辜负曹操的期望，把屯田工作干得有声有色。

在实施屯田的过程中，如何向屯田客收租的问题一度让曹操感到十分困扰。大部分人主张使用"计牛输谷"的方法收租，也就是根据屯田客使用官牛数量的多少来决定收租多少。曹操开始也同意采用这种方式向屯田客收租；但枣祗强烈反对，不断上书要求废除"计牛输谷"的收租方式，改用"分田之术"。所谓"分田之术"，即根据每年粮食收成的多少，按一定比例向屯田客收租，丰收了多收，歉收了少收。曹操一时难以决断，于是让枣祗去找尚书令荀彧商议。荀彧认为，如果采用"计牛输谷"的方式，有利于充分调动屯田客的积极性，促使屯田客扩大种植面积；如果采用"分田之术"，收成增加了，地租也会跟着增加，不利于调动屯田客的积极性，但有利于增加政府的收入。最终，曹操决定采纳枣祗的建议，实行"分田之术"。

确定以"分田之术"收租后，曹操又确定了具体的收租比例：凡是使用官牛来耕种的，十分之六归国家，十分之四归屯田客；凡是用屯田客自己的牛来耕种的，国家和屯田客五五分成。

自这以后，轰轰烈烈的屯田运动开始了，在许都附近的荒地和原野上，屯田客热火朝天地耕种着。几年下来，曹操便解决了自己辖区内的粮荒问题。

曹操不仅重视屯田区域的农业生产，对于非屯田区域内的农业生产也抓得很紧。他规定，要根据郡县人口的多少来确定开垦荒地的多少，用每年农作物收成的多寡来衡量地方官是否称职。此外，为了发展农业生产，他还在辖区内修建了不少水利工程，引水灌溉农田，增加粮食产量。

一般来说，屯田分为民屯和军屯两种，曹操实行的屯田制度属于民屯，同时也带有浓厚的军事色彩。屯田客是被朝廷强制集中起来的，后来才慢慢地改为募集。当时参加屯田的主要是来自外地的流民，他们被朝廷固定在一个区域内，自由受到了很大限制。在这种情况下，不时会有一些屯田客逃亡，严重的时候甚至聚众起义。

不过，总体而言，屯田制度利大于弊，它使很多衣食无着的流民有了安定的工作，自力更生，丰衣足食。为了进一步兴利除弊，曹操后来还规定将屯田客职业化，不让他们服兵役，减少他们的负担，让他们全心全意地当农民。

当然，曹操因为仅占据兖州、豫州两个州，刚开始屯田的规模很有限。而且屯田制度也不是曹操的专利，袁绍在河北一带也实施过屯田，刘表在荆州积极发展农业生产，袁术在淮南则募集流民进行垦荒。

不管怎样，屯田不仅增加了国家收入，也在一定程度上抑制了豪强地主们的发展。当时，很多地主乘着天下大乱之机，大量招纳流民，扩大自己的私人庄园，很多地主还趁机大搞私人武装。曹操无法容忍国中之国的出现，因而果断下令，严禁地主私自招募流民，并且将很多土地强制收归朝廷所有。

许都屯田初战告捷之后，第二年，曹操迅速把屯田的范围扩大到自己统治区域的每一个地方。一年又一年的大丰收使得粮食堆满了仓库，困扰曹操多年的军粮问题终于迎刃而解了。这也为曹操南征北战，实现统一大业提供了经济方面的保障。

而曹操的屯田事业之所以能够取得成功，与枣祗、任峻两人的贡献是分不开的。枣祗去世得比较早，建安六年（201年），曹操在官渡之战中打败袁绍后，追思枣祗的功绩，追赠其为陈留太守。不久，曹操又给枣祗的儿子封了个爵位。任峻在世时，曹操便封他为都亭侯，建安九年（204年），任峻去世，曹操闻讯痛哭流涕，下令让他的儿子继承都亭侯的爵位。

八、狮儿难与争锋

在曹操大力实施屯田、积蓄力量以便日后消灭群雄一统天下之际，南方出现了一股新的势力。这股势力虽然暂时看起来弱得不为人所重视,却是曹操荡清寰宇的劲敌,它的出现成了曹操一辈子的梦魇。

话说孙坚战死之后,他的大儿子孙策尚且年幼,因此孙坚的部下大多离散,最后只剩下心腹将领程普、黄盖、韩当3人愿意继续追随孙策。在这种情况下,孙策不得已率领残部投奔了袁术,袁术封孙策为怀义校尉,命他率兵攻打泾县大帅祖郎。不久,孙策领兵得胜而归。袁术又派他带兵去讨伐庐江太守陆康。不久,孙策又高奏凯歌而回。袁术见孙策英勇善战,非常喜欢,经常对众人说:"我要是能有孙策这么一个儿子,就是死了,也没有什么好遗憾的。"

孙策在袁术帐下效力时,袁术的态度甚为傲慢,这让孙策心里很不是滋味,想想父亲生前是何等英雄,如今自己却落到这般寄人篱下的地步。袁术帐下有一个谋士叫吕范①,见孙策的勇略不在其父孙坚之下,知道他将来必然能够成就大事。当时吕范在袁术帐下也是郁郁不得志,对袁术颇为怨恨,因此,他和孙策平日里走动频繁。一天,吕范请孙策喝酒,酒至半酣,吕范说:"将军英勇盖世,为何不自立为业,而要在屈居袁术之下呢?"孙策趁着酒劲,愤然说道:"大丈夫立于天地之间,岂能郁郁而久居人下?我早就想自立了,只是苦于没有军队。"吕范笑着说:"将军若举大事,我愿助一臂之力。将军可以向袁术借兵,然后到江南一带发展自己的势力。"孙策说:"袁术多疑,我怕他不肯借兵给我。"吕范说:"你手里不是有一块传国玉玺吗?袁术绞尽脑汁,一心想要得到这个宝贝,如果你肯将传国玉玺送给袁术,他肯定会同意借兵马给你的。"孙策叹气道:"我父亲因玉玺而死,这玉玺是祸不是福呀!先生的话说到点子上了,袁术有称帝之意,我把玉玺送给他,他定会借兵马给我的。"

次日,孙策去见袁术,托词说:"我母亲及其他家人都在曲阿②,

---

① 吕范:汉末三国时期东吴重臣。在避难寿春时结识孙策,随孙策、孙权征伐四方,为稳定江东做出了杰出的贡献,孙权将其比之于吴汉。

② 曲阿:今江苏省丹阳市的古称。

近日被扬州刺史刘繇所逼，危在旦夕。我想向你借三五千兵马，下江南去攻打刘繇，一来可以救难省亲，二来也可以为主公开疆拓土。"袁术听了面无表情，沉默不语，孙策继续说道："我这里有父亲留下的传国玉玺，愿献给主公，请主公不要多想。"袁术一听到传国玉玺，立即喜笑颜开，孙策见状，当即把玉玺献给袁术。袁术拿着玉玺，哈哈大笑道："好吧，我借你3000步兵，2000骑兵。刘繇被我赶过江东后，已是强弩之末，5000兵马足以将他打败了。战胜之后，你马上回来。这块玉玺呢，先留在我这里。"随后，袁术加封孙策为折冲校尉、殄寇将军，令他率5000将士，下江南去征讨刘繇。

孙策向袁术借了5000兵马，带上吕范，会集程普、黄盖、韩当等旧将，径直向江东进发。行至半路，他们遇到一位老朋友周瑜。周瑜，字公瑾，庐江舒城人。孙坚讨伐董卓时，他曾经搬家到舒城。周瑜和孙策同岁，两人交情很好。孙策见到周瑜十分高兴，告诉他自己欲自立一事，周瑜当即表示愿效犬马之劳，于是跟着孙策随军同行。

进入江东地界后，周瑜向孙策推荐了张昭、张纮两个名士。这两人皆有经天纬地之才，因为避乱隐居江东。周瑜把两人推荐给孙策后，孙策派人去请他们出山，但他们没有答应，后来孙策亲自去请，他们方才答应出山，帮助孙策成就大业。

孙策率军进入刘繇的地盘后，探马飞报刘繇。刘繇也是汉室宗亲，是原兖州刺史刘岱的弟弟。他本来是扬州刺史，率军屯于寿春，后来被袁术赶过江东。现在听说孙策率军前来攻打自己，刘繇立即派部将张英领兵防守牛渚（今安徽当涂县西北二十里）。孙策和张英在牛渚对阵，张英出马挑战，孙策部将黄盖前去迎战，两人正在酣战，忽然，张英的部队被一队军马从后面冲散，孙策见状，趁机驱兵掩杀，张英大败。

从后面袭扰张英的是蒋钦和周泰。蒋钦，九江人；周泰，字幼平，也是九江人。两人皆弓马娴熟，武艺高强。因天下大乱，他们在扬子江以劫掠为生。他们久闻孙策乃当世英雄，所以率部下数百人前来投奔，恰逢孙策和张英交战，他们便率兵从背后攻击张英。蒋钦和周泰皆有大将之才，孙策一下子又得了两员得力部将，心中大喜。

张英本想凭借牛渚险要的地势阻击孙策，没想到被孙策一击而溃。孙策占领牛渚后，缴获了大量的粮食和军械，遂进兵神亭。

张英丢了牛渚，回去向刘繇禀报。刘繇大怒，想杀了张英，在诸将的劝阻下才作罢。孙策抵达神亭（吴郡的西郊外）后，在神亭岭北安营扎寨，刘繇也亲自率领大军在神亭岭南下营。是日，孙策带程普、黄盖等十数人上山察看刘繇营寨，不料被刘繇部将太史慈撞见。太史慈，字子义，武艺高强。他见到孙策，声言要单挑，孙策大笑，出马迎战，二人大战百余回合，不分胜负，程普和黄盖等人暗暗称奇。不久，刘繇亲率大军来接应太史慈，周瑜也率领大军来接应孙策，两军混战一处，未分胜负，各自收兵。

双方对峙数日后，孙策亲自率军来到刘繇营寨附近，刘繇整兵出迎。太史慈唤孙策出马，孙策正要应战，却被程普抢先出马。他们二人战30余回合，程普有些招架不住了，黄盖急忙赶去助战。就在这时，刘繇突然传令退军，原来周瑜领军袭取了曲阿。刘繇后路被抄，不得不赶紧撤退。

周瑜之所以能这么顺利地攻破曲阿，还有赖于庐江人陈武的接应。陈武，字子烈，作战勇猛，本为刘繇部将，因怨恨刘繇不肯重用，所以临阵反戈，帮助周瑜攻占了曲阿。事后，周瑜领着陈武拜见孙策，孙策当即拜陈武为校尉，作为先锋攻打刘繇的部将薛礼。陈武组织敢死队，身先士卒，突入敌阵，左冲右突，如入无人之境，大败薛礼。

随后，孙策在曲阿设宴为诸将庆功，众人正喝得痛快时，忽然得到消息说：刘繇带着军队攻打牛渚去了。孙策大怒，立即披挂上马，亲自赶往牛渚。刘繇见孙策到来，马上摆开阵势。孙策先出马，大骂刘繇，刘繇大怒，派部将于糜迎战孙策。孙策和于糜只战了5个回合，便将于糜生擒于自己马上，然后拨马回本阵。刘繇的另一个部将樊能见于糜被孙策擒住，挺枪骤马从背后赶来。孙策回头大喝一声，声如巨雷，樊能惊骇不已，倒撞下马，破头而死。孙策回到本阵，将于糜扔在地上，发现于糜已经死了。不过一会儿工夫，敌将一个被孙策吓死，另一个被孙策在马背上挟死，双方将士都极为震骇。自此，人皆称孙策为"小霸王"。

刘繇被孙策的神勇吓破了胆，狼狈地带着部分军队走豫章①投刘表去了。当时刘繇部将笮融仍据守秣陵，孙策亲自领军攻打，城墙之上箭如雨下，孙策腿上中了一箭，翻身落马。回到营寨后，孙策命人在营寨中举哀，诈称自己已经中箭身亡。笮融听说孙策已死，连夜率军出城劫寨，结果发现孙策营寨中虚立旌旗，只有少量兵马。笮融知道中计，急令退军，这时突然喊声震天，伏兵四起，笮融全军覆没。孙策领军进入秣陵，出榜安民，对老百姓秋毫无犯，秣陵城内欢声雷动。

刘繇的部将太史慈兵败后逃到泾县（今安徽宣城泾县）坚守。孙策曾与太史慈大战数百回合，不分胜负，觉得太史慈是一位不可多得的大将，于是想收降他。泾县小城被孙策领军围住，太史慈率领余部拼死守城。孙策命令部队三面围城，网开一面，留东门让太史慈出逃。太史慈内无粮草，外无救兵，只好弃城而走，他单枪匹马逃出城外数十里，人困马乏，被孙策的部下生擒，送到孙策那里。孙策见到太史慈，大喜，亲自为太史慈解开绳子，劝他归顺自己。太史慈也知道孙策是英雄，于是同意下来。

灭掉刘繇之后，孙策随即进军吴郡②，当时吴郡被当地军阀严白虎占据着。孙策兵临吴郡，两军混战多日，严白虎不敌，遂派弟弟严舆到孙策营中求和，想和孙策平分江东。孙策命人杀死严舆，然后将严舆的

---

① 豫章：即江西南昌地区，是南昌的别称、古称。
② 吴郡：东汉永建年间，在原会稽郡的浙江（钱塘江）以西部分分设吴郡，治所在原会稽郡的治所吴县（今苏州姑苏区），而会稽郡仅保留浙江以东部分，徙治山阴（今绍兴越城区）。

首级送给严白虎。严白虎乘孙策的军队还没有将吴郡围住，连夜出逃，投奔会稽①太守王朗②去了。随后，孙策分兵攻取吴郡各地，黄盖攻取嘉兴，太史慈攻取乌程③。余杭人凌操、凌统父子率兵千余归顺孙策，孙策见二人皆有将才，加封他们为从征校尉。

严白虎逃到会稽后，求助于会稽太守王朗，王朗的部下虞翻劝王朗归顺孙策，但王朗不听。孙策率军来到会稽，王朗和严白虎坚守不出。孙策见王朗固守不战，心生一计，命周瑜领一队人马直取查渎④。查渎是王朗军队屯粮的地方，王朗得知周瑜领军攻打查渎，忙率军杀出城来。孙策率领主力大军进行截杀，王朗和严白虎大败，王朗辗转逃往江北，严白虎则在逃亡途中被董袭杀死。董袭割下严白虎的首级，到孙策营中献功。孙策大喜，厚赏董袭。

自刘繇和严白虎败于孙策后，江东各郡望风而降，孙策势力盛极一时，他的部下蒋钦、周泰、陈武、凌统、董袭、太史慈等都是名将，张昭、张纮、虞翻等人也是智谋之士，可谓文有谋臣，武有猛将。

曹操在许都听说孙策雄踞江东，不禁叹道："狮儿难与争锋了！"袁术得知孙策已经尽得江东之地，传令孙策回军，却遭到拒绝，袁术竟一时无可奈何。

---

① 会稽：中国古代郡名，位于长江下游江南一带。
② 王朗：汉末至三国曹魏时期重臣、经学家，其孙女王元姬嫁给晋王司马昭，生司马炎、司马攸。著有《周易传》《春秋传》《孝经传》《周官传》等。
③ 乌程：古县名，在今浙江湖州。
④ 查渎：又名查浦、柤渎、柤塘。在今浙江萧山市西南。——编者注

第四章　挥师荆楚

曹操虽然成功控制住汉献帝，可以挟天子以令诸侯；但是，要想让人听从命令，关键在于实力。事实上，曹操的地盘仍然只有一个兖州，而且还是四战之地。群雄在侧，稍微不注意，就可能被群起攻之。面对这种微妙的局势，曹操决定先灭张绣，后打吕布，再打袁术，最后攻袁绍。于是，硝烟再起。

一、降服战将张绣

在各路诸侯互相争斗、抢占地盘之际，曹操也开始"奉天子以讨不臣"，而他第一个征讨的对象就是张绣，这倒不是因为张绣有多大罪过，只是张绣驻扎的宛城距离较近，而且相对来说，张绣是地方割据势力中实力较弱的一个。

张绣，武威祖厉①人，是骠骑将军张济的侄子。张济和李傕、郭汜同为董卓部将，董卓死后，张济随李傕和郭汜杀入长安，打败吕布，杀了王允，献帝封张济为骠骑将军，命他领兵出屯弘农。数年后，李傕和郭汜互相争雄，两败俱伤，张济从中调解，李傕和郭汜才各自罢兵。张济的军队在弘农，因军中缺乏粮草，于是领兵侵犯刘表的属地南阳②，

---

① 祖厉：古县名，在今甘肃靖远西南。
② 南阳：古称宛，河南省辖市，位于河南省西南部、豫鄂陕三省交界地带，因地处伏牛山以南，汉水以北而得名。曾孕育出"科圣"张衡、"医圣"张仲景、"商圣"范蠡、"智圣"诸葛亮、"谋圣"姜子牙、名相百里奚等历史名人。

在攻打穰城①时，张济被刘表的军队用箭射死。张济去世后，张绣被推为首领，指挥张济旧部。

当时，因为张济被射杀，刘表帐下的很多人纷纷向刘表道贺，但刘表的反应出乎众人意料，他说："张济穷乏，所以才率兵来到我的地盘，我没有对他以礼相待，反而在混战中把他给杀了，这绝非待客之道。今天我只接受吊唁，不接受任何祝贺。"众人皆愕然。随后，刘表派人到张绣军中，表示愿意收留张绣，让他长期屯守南阳，同时答应为张绣的军队提供粮草。张绣孤客穷军，正发愁没有地方去，接到刘表的邀请后，他非常高兴，随即领军进驻南阳城。

南阳离许都比较近，同时也是荆州的北大门。刘表这样做可谓一举两得，一方面与张绣的军队化干戈为玉帛；另一方面又可以让张绣成为自己的北部屏障，抵御曹操南下的威胁。

张绣入据南阳后，派人去华阴请谋士贾诩。贾诩原为李傕帐下谋士，董卓死后，李傕、郭汜等人欲散伙，贾诩劝李傕等人带兵攻打长安，奉朝廷以正天下。李傕用了贾诩的计谋，果然打败了王允和吕布，成功入主长安。后来，李傕和郭汜互相残杀，贾诩居中调停，李傕不听，贾诩便跑到华阴，投靠了将军段煨。张绣一直很仰慕贾诩，因此一掌权就立即派人去华阴请他为自己效力，并对他言听计从。张绣派贾诩到荆州答谢刘表，回来后，贾诩对张绣说："刘表很有才干，只是野心不大，将来成不了什么气候。"

建安二年（197年），曹操率10万人马亲征张绣，张绣欲联合刘表，北拒曹操，但贾诩认为刘表非成大事之人，力劝张绣投降曹操。张绣听从贾诩的意见，决定投降。曹操的大军刚到淯水②，张绣便派贾诩到曹操营中求和请降，曹操久闻贾诩之名，知道他足智多谋，很想把他拉拢过来，二人相谈甚欢。

---

① 穰城：今河南邓州。
② 淯水：今白河的古称，发源于河南南召县境内，在湖北襄阳市襄州区与唐河交汇，称唐白河。——编者注

曹操兵不血刃，进入南阳后，请张绣及其部将喝酒，猛将典韦跟随曹操左右。当天晚上，曹操偶遇张济的妻子邹氏，见邹氏长得很漂亮，顿时起了色心，密令典韦将邹氏请到自己营中，欲将邹氏纳为小妾。张绣得到消息后不由怒火中烧，马上找贾诩商议对策，贾诩劝他暂且隐忍。

张绣麾下有一名悍将叫胡车儿，曹操非常欣赏胡车儿，经常请胡车儿饮宴。张绣得知后惶惶不安，怀疑曹操会联合手下之人杀死自己。为了自保，张绣决定先下手为强，贾诩也支持张绣反叛曹操。一天夜里，曹操正在营帐里看书，忽然帐外喊声震天，张绣突然领军杀来，曹军事先毫无准备，顿时阵脚大乱，四处奔逃。曹操在典韦的拼死掩护下，得以逃脱。这一战，曹操的战马被射死，猛将典韦战死，曹操的长子曹昂、侄子曹安民也被张绣的部下杀死，可谓损失惨重。

淯水一战，曹军被打得落花流水，只有于禁从容应战，且战且退。败退途中，于禁见夏侯惇的青州兵沿途肆意劫掠，为了保护百姓，他毅然领兵赶杀青州兵。夏侯惇向曹操报告说于禁造反，赶杀自己的部队。曹操找来于禁责问，于禁把青州兵劫掠百姓的行为告诉曹操，曹操知道实情后并没有怪罪于禁。当时，张绣的军队正在掩杀曹军，于禁在退军途中，利用有利地形有效地阻击张绣的军队。张绣的攻势被遏制住以后，曹营诸将纷纷率军反击，张绣大败，曹军反败为胜，趁势夺取了南阳，张绣领兵退守穰城。

战后，曹操称赞于禁说："于将军能够在败阵之际整兵坚垒，使得我军反败为胜，即使是古代的名将也不过如此啊！"因青州兵劫掠百姓，曹操治夏侯惇治军不严之罪。典韦是曹操阵营中非常勇武的一名大将，素来以忠勇著称。他战死后，曹操非常伤心，命人找回典韦的遗体，送回其老家安葬。下葬时，曹操亲临祭奠。

关于淯水战败的原因，曹操口是心非地对诸将说："我这次之所以会遭到张绣的暗算，主要是因为张绣当初投降时，我没有及时向他索取人质。大家看着吧，以后不会再发生这样的事情了。"实际上，这次失败是由曹操个人造成的——如果他不纳张济的妻子为妾，不在那个敏感的时候拉拢张绣的部将胡车儿，张绣便不会降而复叛。

曹操先封典韦的儿子典满为郎中，后拜为司马，曹丕时又任典满为都尉，于禁因在淯水之战中表现突出，被封为益寿亭侯。

曹操大军北返不久，张绣再次联合刘表，率军攻取南阳等地，并在边境地区不断寻衅滋事。曹操派曹洪领军退敌，但曹洪和张绣的军队打了几仗，皆不能取胜。曹操恼羞成怒，亲自率军南征张绣和刘表，大军行到淯水时，曹操下令祭奠上次在淯水之战中阵亡的将士。

曹军这次南征可谓势如破竹，一连攻下刘表的好几座城池，张绣龟缩在穰城不敢出战。曹军分兵将南阳四面围住，贾诩在城中为张绣运筹谋划，预测曹军将从城东南角攻入，于是建议张绣把大部分精兵埋伏于城东南角的民房之内，然后派一部分老弱残兵虚守城西北角。正如贾诩所料，是夜，曹军主力从城东南角破城而入，这时，张绣预先埋伏在民房内的伏兵突然杀出，曹军抵挡不住，大败退出城去，很多将领在这场战斗中受了伤。

曹军久攻穰城不下，时值冬春季节，天寒地冻，不利于用兵，曹操决定先撤兵回去。

建安三年（198年）春，曹操再议起兵之事，谋士荀攸劝道："张绣依托刘表，形成了一股比较强大的势力，但他们二人只是互相利用，没有什么交情。张绣在刘表的地盘上屯兵，时间长了，二人之间必然会发生矛盾和摩擦，我们现在应该按兵不动，等刘表和张绣反目时再趁机出兵，各个击破，此为上策。"但曹操没有采纳荀攸的建议，毅然率兵南征张绣。

张绣听说曹军又来，急忙派人向刘表求助。曹军和张绣的军队大战于穰城一带，张绣渐渐支撑不住。就在这时，荀彧从许都给曹操送来一封书信，信中说袁绍即将发兵南征许都，准备劫走汉献帝，曹操闻报大惊，慌忙退军。这时，刘表的军队抢先一步占领了安众[①]。安众是曹军

[①] 安众：汉及三国时城名，属南阳郡，在今河南省邓州市东北。

回许都的必经之地，刘表的军队据险防守，截断了曹军归路，张绣又率军从背后追来，曹军受到前后夹击，形势非常险恶。曹操一到安众，便命令部队连夜挖掘地道，将伏兵藏于地道之内。天亮之后，刘表和张绣合兵一处，见曹操兵少，怀疑曹军已经逃跑，遂率军进击，不料预先埋伏于地道之内的曹军突然杀出，打了他们一个措手不及。

曹操恐袁绍袭击许都，不敢恋战，从安众突围后便星夜兼程往许都赶。张绣想要追击曹军，贾诩劝阻道："不可，追之必败。"张绣执意不听，会合刘表追击曹军，曹军奋力接战，张绣和刘表大败。这时，贾诩笑着对张绣说："现在可以追击曹军了。"张绣说："我军刚刚战败，不可轻动。"贾诩说："这次追击必能获胜。"张绣遂领军再次追击曹军，果然大胜而回，缴获了曹军很多辎重。

事后，张绣和刘表设宴庆功。席间，张绣问贾诩："第一次，我军追击曹军，你说必败；第二次追击曹军，你说必胜。最后皆应验，这到底是怎么回事呢？"贾诩笑着说："其实很简单，曹操撤军回许都，必然会派精兵强将断后，所以我军第一次追击曹军会失败。曹操于慌乱之中撤军，许都必有急事，打败我们的追军之后定然不复殿后，轻装速回，所以我军第二次追击曹军可以大获全胜。"张绣和刘表都很佩服贾诩的神机妙算。

在这次战役中，曹仁和李通功劳不小。曹仁当时分兵在别处作战，曹操传令退兵，曹仁听说刘表率军在安众截住了曹操的退路，赶紧率领本部兵马赶到安众，帮助曹操解围。李通驻守汝南一带，听说曹操与张绣交战，星夜率军前来支援，恰好碰上张绣追击曹操，李通率部打退了张绣的追击。回到许都后，曹操加封李通为神将军、建功侯。

且说曹操南征张绣时，袁绍帐下谋士田丰劝袁绍派精锐骑兵偷袭许都，劫夺汉献帝。袁绍正欲起兵，忽然得到消息说曹操已经率军返回许都，只好作罢。

官渡之战前夕，袁绍派使者到南阳见张绣，想与张绣联合，共同消灭曹操。当时袁强曹弱，曹操和张绣还有仇，所以，张绣准备站在袁绍一边；但贾诩突然站出来，当着众人的面对袁绍的使者说："袁绍连自家兄弟都容不下，又如何能容得下我等！"张绣听了贾诩的话，顿时目瞪口呆，不知如何是好。袁绍的使者走了以后，张绣对贾诩说："你刚才是不是疯了，为什么要拒绝袁绍呢？"贾诩说："袁绍连他的弟弟袁术都容不下，又怎能容得下我们呢！"张绣忧愁地说："袁绍和曹操将在官渡决一雌雄，我们该怎么办呢？"贾诩说："不如去投奔曹操。"张绣愕然道："我们杀了曹操的儿子、大将，他岂能容得下我们？"贾诩笑着说："首先，曹操是个干大事的人，必然不会计较过往的恩怨情仇；其次，曹操挟天子以令诸侯，以朝廷之名征伐四方，名正言顺，所以我们应该去归附他。再说了袁绍实力强大，我们以少量的兵力去投奔，袁绍必然不会看重我们；而曹操实力相对弱一些，得到我们这样一支部队，肯定会非常高兴，自然也就更尊重我们。"张绣听了贾诩的分析，如同拨云见日，决定去许都投奔曹操。

曹操听说张绣率数万军队来投，不由又惊又喜，他亲自到许都城外50里处迎接张绣和贾诩。见到张绣后，他拉着张绣的手，非常恳切地说："以前我有一些过失，请你不要放在心上。"张绣心里本来非常忐忑，见曹操果然不计前嫌，总算放下心来。曹操知道张绣是因为贾诩力劝才来归顺，所以对贾诩格外照顾，表荐贾诩为执金吾，封都亭侯。张绣则被曹操任命为扬武将军[①]。为了让张绣彻底放下心来，曹操还让自己的儿子娶了张绣的女儿。从此，他们从仇家变成了儿女亲家。

曹操之所以对张绣宽宏大度，并不是因为曹操本人不记仇。当初他的父亲曹嵩遇害，他讨伐徐州时，不惜屠杀徐州的百姓以泄愤；如今，张绣杀了他的儿子，他竟然既往不咎！其实他这样做，主要是为大局着想，他需要借张绣一事向天下表明：他是一个有王霸之志的人，一切以天下为重。

张绣对曹操的宽宥也很感恩戴德，进入曹操阵营后，他每次作战都

---

① 扬武将军：武官名。东汉始置，掌征伐，三国魏沿置，秩四品。

很英勇。官渡之战时，他力战有功，被加封为破羌将军；后随曹操北征乌桓①，病逝于途中。

贾诩自从投奔曹操后，一直深受曹操重用，曹操的很多旧臣都很嫉妒贾诩。而曹操的儿子曹丕则很敬重贾诩，把贾诩当成老师相待。

二、剿灭称帝者袁术

在众多割据势力中，袁术的实力也很强大，他雄踞淮南，虎视天下。建安元年（196年），汉献帝刚刚都许不久，曹操就以献帝的名义诏令徐州牧刘备讨伐袁术。刘备接诏后，不敢怠慢，随即领兵3万出征袁术。袁术听说刘备带兵来攻打自己，马上派大将纪灵率军抵御刘备，两军对峙于盱眙②一带。

当时，刘备带着关羽出征袁术，留张飞守徐州。张飞嗜酒，酒后鞭打士卒，部下对张飞不满，于是暗中联络屯守小沛的吕布，乘夜袭取徐州，张飞狼狈而逃。随后，吕布取代刘备成了新的徐州牧。袁术听说吕布占据了徐州，派人与吕布联络，合兵攻打刘备，刘备在东取广陵③途中被袁术打败。事后，吕布感恩刘备曾经收留过自己，便派人将刘备接回徐州，让刘备带着少量部队去小沛屯守。

袁术是个很记仇的人，他听说吕布又把刘备接回小沛驻守，便想用反间计离间他们之间的关系。他派出使者韩胤出使徐州，想与吕布结为儿女亲家。韩胤到了徐州后，对吕布说："将军有个女儿，已经长大；我家主公有个儿子，尚未婚配，如果我们两家能够结亲，彼此互相支援，那么曹操和袁绍就不敢轻易对徐州和淮南用兵了，这岂不是两全其美的事情吗？"吕布觉得韩胤言之有理，便答应下来。韩胤又进一步向

---

① 乌桓：今西拉木伦河两岸及归喇星河西南地区。
② 盱眙：江苏省淮安市下辖县，地处长江三角洲地区，位于淮安西南部，淮河下游，洪泽湖南岸，江淮平原中东部。
③ 广陵：今江苏省扬州市广陵区。

吕布交底说："袁术有玉玺在手，早晚必将称帝，你的女儿早晚会成为皇后。"吕布闻言大喜。

吕布的部下陈珪认为事有蹊跷，极力反对吕布和袁术结亲，他说："袁术有称帝之心，袁术一称帝，你就成了反贼的家属，天下人人得而诛之。"吕布恍然大悟，于是不顾陈宫等人的劝告，断然拒绝了袁术的建议，同时派人将袁术的使者韩胤押送到许都，交给曹操发落。曹操大喜，下令将韩胤斩首。

果不其然，袁术正式在淮南称帝。早在众诸侯一起讨伐董卓时，袁术就产生了自己做皇帝的想法，尽管当时各方面的条件还很不成熟，他还是迫不及待地称帝了。据史书记载，袁术欲称帝，召集部下商议，他说："如今刘氏天下已经衰微，海内鼎沸，我们袁家4代都是朝中重臣，百姓们都愿归附于我。我想秉承天意，顺应民心，现在就登基称帝，不知诸君意下如何？"众人听了，谁也不敢再说什么。主簿阎象劝道："昔日周文王三分天下有其二，犹以服事殷商；主公家世虽然显赫，未若有周之盛，汉室虽然衰微，但也没有像殷纣那样残暴。称帝之事，绝不可行。"但袁术听不进去，在一小撮人的支持下悍然称帝，建号仲氏（又称仲家），立皇后和太子，并置百官公卿。

即位之初，袁术想拉一些有名望的人到自己的朝廷里来任职。前兖州刺史金尚被曹操赶出兖州后，到淮南投奔了袁术。袁术称帝后，想任命金尚为太尉，但金尚不肯接受，袁术大怒，把金尚给杀了。之后，袁术又派人到徐州请自己的老朋友陈珪来淮南任职，不料陈珪大骂袁术是反贼，并将其使者驱逐。由此可见，袁术当时称帝是很不得人心的。

之前派出的使者韩胤被曹操杀了以后，袁术大怒，并将其归罪于吕布，于是派张勋为大将，分兵7路讨伐吕布。当时，吕布只有不到一万人的兵力，听说袁术起兵数万来攻，非常害怕，部将陈登建议道："袁术的兵马都是一些乌合之众，其中，杨奉和韩暹的部队不是袁术的嫡系，我们可以想办法策反杨奉和韩暹，让他们临阵倒戈。"吕布采纳了这一计策，派人暗中联系杨奉和韩暹，劝他们弃暗投明，不要跟着袁术一起造反，使得昔日的关中保驾之功化为乌有。杨奉和韩暹被说动了，同意临阵倒戈。随后，吕布的军队攻于外，杨奉和韩暹的军队攻于内，袁术的几万大军很快就被打垮了。

袁术战败后，吕布和杨奉、韩暹等人率兵追击，一直追到钟离①，袁术亲自率兵退守淮水南岸。吕布等人率部在袁术的地盘上劫掠一番后，便率兵回徐州去了。

袁术不甘心失败，便派人到江东找孙策，欲向孙策借兵报仇。曹操听说袁术想要联合孙策，急忙派使者到江东，以朝廷的名义封孙策为讨逆将军，命令孙策起兵讨伐袁术。孙策当年是靠着袁术的部队起家的，对袁术多少有一些感激之情，不愿率兵去攻打袁术，于是便假意答应曹操，实则按兵不动。不过，孙策也不可能帮助袁术，他给袁术写了一封很长的信，劝袁术去掉帝号。袁术求助无门，真的成了孤家寡人，势力日渐衰败。

据史书记载，袁术在淮南缺粮，派人向陈国国王刘宠借粮，刘宠不借，袁术大怒，亲自率兵杀入陈国，诛杀刘宠，掠夺了不少粮食。

得到陈国战报后，曹操率军讨伐袁术。袁术派部将桥蕤等迎战，双方大战于寿春（今安徽寿县寿春镇）。历时数月，曹军终于打败袁术的军队，袁术再次带着残兵败将渡过淮水避难。同年冬天，曹操率领得胜之军返回许都。

袁术在军事上一败再败，元气大伤，部下纷纷叛逃。袁术走投无路之下，打算到潜山投奔昔日的部将雷薄和陈兰，但却遭到了拒绝。绝望之际，袁术想起了自己的兄长袁绍，于是给袁绍写了一封信，大意是想归帝号于袁绍，他在信中一面极力吹捧袁绍；一面实事求是地分析天下大势，认为当今天下只有袁绍配做皇帝。袁绍无法对自己的弟弟见死不救，于是派长子袁谭南下接应袁术。袁术听说袁绍派袁谭来接自己，十分高兴，遂率军向徐州进发，企图走徐州，北上青州，去往袁谭的地

---

① 钟离：地名，出自《太平寰宇记》，位于今安徽省凤阳县临淮关。

盘。曹操听说袁术要与袁绍联合，非常惊恐，立即派刘备拦截袁术。袁术的军队打不过曹军，只得退回淮南。

建安四年（199年）夏，袁术孤立无援，粮草断绝，众叛亲离。据史书记载，当时，淮南的天气很热，袁术命人找蜂蜜止渴，结果无法找到，遂大叫一声，吐血斗余。临死前，他仰天长叹道："没想到我袁术会落魄到这种境地！"

正所谓枪打出头鸟，袁术急功近利，忙于称帝这种虚名，结果成了众矢之的，陷入四面楚歌的境地，最早失去了角逐的资本，使曹操又少了一个劲敌。

袁术死后，其部下数万人由他的堂弟袁胤领导，袁胤在淮南待不下去，便带着部下去庐江（今安徽合肥庐江县）投奔袁术的老部下庐江太守刘勋。后来，孙策领兵征讨刘勋，刘勋战败，袁术的大部分军队被孙策兼并，刘勋只带着少数人逃往许都投奔曹操，曹操表荐刘勋为列侯。

三、荡平第二猛将吕布

袁术的势力被削弱以后，曹操在中原地区主要有两个劲敌——袁绍和吕布。此前曹操屡次征伐张绣，皆无功而返，袁绍在冀州笑话曹操说："孟德连一个张绣都打不赢，真是个无能之辈啊！"有一次，袁绍给曹操写了一封信，用词极为傲慢，根本没把曹操放在眼里。曹操为此非常恼火，打算出兵北伐袁绍，谋士郭嘉劝阻道："袁绍是一块硬骨头，没有几年是打不下来的。现在应该乘袁绍北伐公孙瓒之际，出兵东征吕布，否则，一旦我们起兵与袁绍决战，吕布必将趁机袭取兖州。"谋士荀攸也说："袁绍强大得很，现在我们根本不是他的对手，只有兼并徐州，我们才会有足够的力量与袁绍对抗。"曹操觉得郭嘉和荀攸分析得很有道理，遂决议东征徐州。

此前吕布在兖州被曹操击败，失去了立足之地，于是前往徐州投奔刘备。张飞和关羽劝刘备不要收留吕布，关羽说："吕布是一个无情无义之人，反复无常，如果收留他，恐为后患。"刘备辩解道："我也知道吕布不是什么好人，但是，为了对付袁术、袁绍和曹操的威胁，我们应该与吕布联合，让吕布率领他的部队帮助我们保卫徐州。"于是，刘备亲自出城迎接吕布，吕布对刘备深表感谢。刘备将吕布的军队安排在小沛驻扎。小沛临近兖州，是徐州的西部屏障。刘备这样安排，就是想让吕布替他阻挡曹操的进攻。

曹操听说刘备和吕布合二为一，便知徐州不容易攻取，于是召集众谋士商议对策。荀彧向曹操献了一个"驱虎吞狼"之计，曹操大喜，遂以天子的名义诏令刘备率军出征袁术。吕布听说刘备远征淮南，徐州有隙可乘，便乘夜袭取了徐州。刘备在淮南与袁术相持一段时间后被袁术打败，吕布念及刘备对自己有恩，遂派人将刘备接回徐州，假意欲将徐州仍然交还给刘备，但刘备知道自己大势已去，于是领着自己所剩不多的部队到小沛驻扎去了。曹操的"驱虎吞狼"之计，取得了预期的效果，从此，吕布和刘备之间变得面和心不和。

刘备到了小沛之后，四处招兵买马，积极发展个人势力，很快又聚集起一万多人。吕布知道后有些坐不住了，担心刘备有异心。陈宫也劝吕布除掉刘备，于是，吕布派部将高顺、张辽领军到小沛攻打刘备，刘备抵挡不住，很快就战败了。事后，刘备逃到许都投奔曹操，曹操表荐刘备为豫州刺史，并给刘备补充了 3000 人的生力军，想让刘备充当自己的马前卒。

曹操起兵数万攻打徐州，夏侯惇和刘备为先锋。吕布在彭城（今江苏徐州市区）听说曹军来攻，派大将高顺前去迎战，高顺勇猛善战，轻易便击退了夏侯惇和刘备的进攻。随后，曹操亲自率领主力来战，高顺主动撤退到彭城与吕布会合，双方在彭城发生大战，吕布渐渐支撑不住，只得放弃，逃到徐州的治所下邳（今江苏徐州邳州市）坚守。曹军攻破彭城，曹操下令屠城，很多无辜的百姓被杀害。

曹军取了彭城后，马不停蹄，直取下邳。陈宫建议吕布以逸待劳，主动出击，于是，吕布亲自领军出城与远道而来的曹军交战，双方打了个平手。吕布见打不赢曹军，遂领军入城坚守。陈宫又劝吕布领一军出屯于外，和城内形成掎角之势，迟滞曹军的进攻。吕布犹豫不决，数日后，曹军分兵将下邳围得水泄不通。陈宫建议吕布重新与袁术交好，共拒曹操。吕布赶紧派人往淮南，请袁术出兵解围，但此时袁术已是强弩之末，自顾不暇，根本无力分兵救援吕布，只好在淮南假意起兵，遥做声势，声援吕布。吕布见袁术的军队迟迟不到，越发沮丧。

广陵太守陈登①听说曹军围住下邳，吕布将败，遂率兵前来归附曹操，曹操封陈登为伏波将军，命陈登率部加入战斗序列。河内太守张杨听说徐州危急，遂出兵东市，与吕布遥相呼应。张杨的部将杨丑杀了张杨，想要投奔曹操，结果被张杨的另一个部将眭固杀掉，几经折腾，终是远水解不了近渴。

下邳是徐州的首府，城防坚固，曹操久攻不下，遂萌生了退军之意。谋士郭嘉和程昱劝阻道："三军以将为主，将衰则军无斗志。今吕布屡败，锐气已堕，若不乘机将其消灭，一旦他与袁术结合，纵横淮泗一带，就很难将他制服了。"刘备也说："如今南边的刘表和张绣没有什么动静，北边的袁绍正在幽州与公孙瓒交战，无暇南顾，不抓住这个机会消灭吕布，更待何时？"曹操听取刘备等人的意见，攻城愈急。

下邳附近有泗水和沂水两条河流，曹操命令部队决水灌城，河水泛滥，弄得下邳城内一片汪洋，给守军造成了很大的困扰。吕布见自己已经陷入绝境，于是产生了投降曹操的想法，但是部将陈宫极力反对，吕布一时犹豫不决。

吕布困守下邳一个多月后，城中的粮草渐渐不支，为了节省粮食，他下令全城戒酒。部将侯成私自酿了些酒与诸将会饮，吕布知道后大怒，欲杀侯成，被众将苦苦劝阻，方才作罢。侯成遭到责罚后，心中怨

---

① 陈登：东汉末年将领、官员。为人爽朗，性格沉静，智谋过人，少年时有扶世济民之志，并且博览群书，学识渊博。向曹操献灭吕布之策，被授广陵太守。因灭吕布有功，加伏波将军。

恨，遂勾结吕布的两个部将宋宪和魏续，临阵倒戈，将忠于吕布的陈宫和高顺生擒，开城出降曹操。下邳城破后，吕布无法突围，只得硬着头皮投降了曹操。

曹军大获全胜，曹操和刘备等人坐在白门楼上，见吕布被押了过来，他大声叫道："你们把我绑得太紧了，稍微松一点儿。"曹操笑道："你是天下第一猛虎，能不绑紧点儿吗？"吕布说："我愿意归降，你为大将，我为副将，天下不难平定。"曹操爱才，命令左右给吕布松绑，但曹操部将王必却说："不可，吕布骁勇，他的部下就在白门楼下，千万不能给他松绑啊。"曹操向旁边的刘备征询意见，刘备对曹操说："你忘了丁原和董卓是怎么死的吗？"曹操顿时醒悟过来，命人将吕布拉下去处死，吕布临死时对刘备骂不绝口。

过了一会儿，陈宫被押上白门楼，曹操问道："你当初为什么要背叛我？"陈宫回答说："因为你是一个假仁假义的奸贼，攻打徐州之时，你动不动就屠城，九江太守边让无端被你杀害。我当时看穿了你的丑恶嘴脸，所以离你而去。"曹操说："今天的事情该怎么办？"陈宫镇定地说："今天不过一死罢了。"曹操说："你死了，你的老母亲和妻儿怎么办？"陈宫淡定道："以孝治天下者，不害人之亲；施仁政于天下者，不绝人之祀。我家人的死活，你自己看着办吧。"陈宫说完，径直向刑场走去。曹操有意挽留，但见陈宫态度如此坚决，没有办法，只好成全了他。

吕布和陈宫相继被处死，接下来就轮到高顺了。曹操见了高顺，问他愿不愿意投降，高顺缄口不答。据史书记载，高顺为人清白有威严，治军严谨，善战无前。东汉末年，高顺统领着一支700人的陷阵营①，跟着吕布征战，屡立战功。曹操在白门楼上问谋士郭嘉该怎么处置高顺，郭嘉偷偷地对曹操说："高顺是一名非常优秀的将领，其军事才能胜过主公手下的任何一个将军，如果留用高顺，将置诸将于何地呀？"

---

① 陷阵营：东汉末期一支独特的军队，人数不多，但作战极为勇猛。——编者注

曹操听取了郭嘉的意见，依依不舍地命人将高顺推出斩首。高顺自始至终没有说一句话。

徐州被曹操兼并后，吕布的部将张辽、臧霸归顺了曹操。前徐州刺史陶谦的部将孙观、吴敦、尹礼和昌豨活跃在泰山一带，成为当地的一大势力。曹操派臧霸前去招安，孙观、吴敦和尹礼都表示愿意归顺曹操，只有昌豨不肯，后被杀。

徐州的大局定下来之后，曹操任命车胄为徐州刺史，镇守徐州。徐州百姓请留刘备为地方官，但曹操没有同意，而是将刘备带回许都去了。

四、误放枭雄刘皇叔

曹操之所以不愿让刘备留在徐州而带回许都，是因为他对刘备存有戒心。刘备，字玄德，据说是汉景帝之子中山靖王刘胜的后代。到了刘备这一代，家道已经衰落，与平民无异。刘备的父亲早亡，他和母亲相依为命，曾以织席贩履为生。15岁时，刘备曾和公孙瓒一起游学，拜卢植为师。据史书记载，刘备不怎么爱读书，而喜欢结交豪杰，弓马熟娴，武艺不凡，不怎么爱说话，喜怒不形于色。刘备的手臂很长，可以摸到自己的膝盖；耳朵很大，只要把眼睛一斜，就能看到自己的耳朵。

灵帝末年，黄巾起义爆发，刘备得到当时的大商人张世平、苏双等人资助，拉起了一支私人武装，之后因镇压黄巾起义有功，他被朝廷封为安喜尉。后来，他辗转多地，最后去幽州投奔公孙瓒，公孙瓒任命他为别部司马，让他协助青州刺史田楷镇守青州，因功升平原令，后任平原相。曹操东征徐州时，刘备奉命前去支援陶谦，陶谦表荐刘备为豫州刺史。陶谦病死后，把徐州交给了刘备，由此，刘备兵不血刃，坐领徐州6郡。

吕布在兖州被曹操打败后，无处容身，只得前往徐州投奔刘备。刘备不顾张飞、关羽等人的反对，毅然收留了吕布，把吕布安置在小沛，企图利用吕布来抵御曹操和袁术的威胁。

为了拉拢刘备，曹操表荐刘备为镇东将军、宜城亭侯。占据淮南的袁术一直对徐州垂涎三尺，多次派兵攻打刘备，但都没有达到目的。有一次，刘备带兵出征，吕布趁机袭取了徐州，然后反客为主，将刘备安置在小沛驻扎。后来，吕布担心刘备谋害自己，遂将刘备驱逐，刘备只得到兖州投奔曹操，曹操表荐刘备为豫州牧。

当时，曹操手下的很多谋士都劝曹操杀掉刘备。程昱说："刘备是个英雄，有雄才大略，而且深得人心，不会甘心久居人下，最好现在把他杀掉，否则，他将来必定会成为我们的一个劲敌。"郭嘉则提了不同意见，他对曹操说："如今天下大乱，正是用人之际，刘备素有英雄之名，走投无路来投奔我们，如果我们杀了他，天下英雄会认为我们没有容人的气度。这样一来，就等于将人才拒之门外，没有足够的人才，我们靠什么来平定天下呢？杀掉刘备事小，失掉天下民心事大。"曹操觉得郭嘉的分析更有道理，遂厚待刘备。

袁术在淮南称帝后，曹操发兵征讨袁术，刘备随征。打败袁术后，曹操又东征吕布，刘备也随曹军一同出征，立下了不少功劳。之后，曹操带着刘备回到许都参见汉献帝，献帝听说刘备是汉室宗亲，便拿出家谱，与刘备论资排辈，并认刘备为皇叔。自此，世人皆称刘备为"刘皇叔"。

天子认刘备为皇叔后，曹操更加忌惮刘备，经常派人监视刘备。刘备在许都寄人篱下，如履薄冰，战战兢兢。为了消除曹操对自己的戒心，他不问政事，每天都在后院种菜。关羽和张飞知道刘备的难处，但也无可奈何。

一天，曹操请刘备饮宴，两人一边喝酒，一边聊天。曹操问道："依你看，当今天下，谁可以配得上英雄的称号？"刘备不假思索地回答道："淮南袁术，兵多粮广，可谓英雄！"曹操笑着说："袁术的能力撑不起他的野心，不能算是什么英雄。"刘备又说："冀州袁绍，强大无比，是现在诸侯中最有实力的一个，可谓英雄！"曹操说："袁绍的确是个人才，但若论英雄，他只能算是半个英雄。"刘备继续说："荆州刘表，占据着昔日楚国的地盘，兵精粮足，可谓英雄！"曹操说："刘表只知道自守，没有兼并天下的大志，不算英雄。"刘备说："江东孙策，号称'小霸王'，与项羽类似，可谓英雄！"曹操说："孙策年轻，将来是不是英雄还很难说。"刘备说："除了这些人，其他的，我就不知道了。"曹操大笑道："如今天下只有两个英雄，那就是你和我。"刘备闻言吃了一惊，不觉将手中的匕箸掉到了地上。这时恰巧雷声大作，即将下雨，曹操问刘备为何吃惊，刘备赶紧掩饰说："刚才天上打雷，把我吓了一跳，所以吃惊。"刘备一边说，一边从容地将地上的匕箸捡起来。曹操质疑道："大丈夫还怕打雷吗？"刘备笑着说："圣人说，迅雷风烈必变，很正常嘛。"曹操仍将信将疑。

还有一次，曹操和刘备一起去许都郊外打猎。曹操周围的人都跑散了，关羽劝刘备趁机杀掉曹操，然后出逃，但刘备没敢下手。后来，曹操领军南征荆州，刘备败走夏口，关羽责怪刘备说："如果当年你听我的话，在打猎的时候将曹操杀掉，就不会发生今天这种事了。"刘备也只能叹息不已。

且说袁术在淮南过着穷奢极欲的生活，部下纷纷反叛。他先后被吕布、曹操打败，从此一蹶不振。穷途末路的袁术欲前往冀州投袁绍，有人报知曹操，刘备趁机对曹操说："绝不能让袁术和袁绍合兵一处，袁术去河北，徐州是必经之路，我愿领军去徐州截杀袁术。"曹操当即表示同意，于是点兵数万，让刘备领兵去攻打袁术。程昱和郭嘉听说曹操派刘备出征，急忙找到曹操，对曹操说："刘备此去，必然一去不复返，一日纵敌，万世之患。"曹操听了不由忐忑不安。

袁术北上青州，经过徐州下邳时，被刘备领兵截住，双方大战数日，袁术败退。不久，袁术病逝于淮南。袁术既死，曹操命刘备回军，刘备遣部将朱灵、路昭率军回许都，自己则留在徐州，不肯回去。曹操见状，让徐州刺史车胄①暗杀刘备，不料事情败露，刘备抢先动手，把车胄给杀了。之后，刘备自领徐州牧。

曹操听说刘备杀了车胄，拥兵自立，非常震怒。建安五年（200年），曹操起兵数万，东征刘备。刘备一面派人向袁绍求助，一面整兵迎敌。曹操担心袁绍领军趁机袭许都，遂以雷霆万钧之势压向徐州，企图速战速决。然而，刘备没有等到援军。此时的曹军十分精悍，刘备很快就被打败，逃到冀州投奔袁绍，袁绍亲自出城迎接，把刘备留在自己帐下听用。张飞无处可去，只得逃往山中落草去了。关羽镇守下邳，被曹军八面围住，守也守不住，突围也突不出去，万般无奈，只得暂时投降曹操。曹操爱惜关羽之才，三日一小宴，五日一大宴，热情款待关羽。

五、屠杀保皇派

俗话说，亡羊补牢，未为迟也。曹操将刘备放虎归山后，果断出兵打败刘备，只可惜还是让刘备逃脱了。这个时候，曹操没有进一步追击，因为他的后院起火了。

话说随着吕布、袁术的覆灭，曹操兼有兖州、豫州、徐州和扬州4州之地，威震天下。一天，谋士程昱进言道："如今主公声威大震，远近诸侯莫不畏惧，何不趁此时行王霸之事？"曹操沉吟道："现在朝廷里忠于汉朝的人并不少，不可轻动，我打算借打猎来试探众人。"

主意已定，曹操入朝请天子田猎。汉献帝说："如今天下大乱，朕没有心情去打猎。"曹操说："天下大乱，正是用武之时，正好可以借田猎以讲武。"汉献帝见曹操坚持要去，不敢不从，只得同意下来。打猎那天，文武百官也各自上马，紧随銮驾之后。曹操与汉献帝并马而

---

① 车胄：东汉末年武将，官至徐州刺史，奉曹操之命加害刘备，结果被关羽所斩，全家亦被张飞杀尽。

行,只争一马头。到了许都郊外,一万大军早已排开围场,方圆百里皆枪刀森布。忽然,围场中赶出一鹿,曹操请献帝射鹿,献帝连射三箭皆不中。曹操要过献帝的宝雕弓和金鈚箭,张弓搭箭,一箭射去,正中鹿身,鹿应声而倒。将士们见了金鈚箭,以为是天子射中,皆高呼"万岁"。献帝目瞪口呆,曹操纵马直出,迎受众贺,随驾的文武百官无不愕然。

汉献帝回宫后闷闷不乐,伏皇后见状,关切地问道:"陛下何事烦闷?"献帝哀叹道:"朕自继位以来,董卓、李傕、郭汜等奸贼并起,玩弄朕于股掌之中;来到许都后,又被曹操控制。朕这个皇帝,当得窝囊呀!"伏皇后说:"满朝公卿皆食汉禄,竟然没有一个能救国难的?"正说话间,伏皇后之父伏完走了进来,拜见献帝说:"今日许都郊外射猎,足见曹贼僭越,我举荐一人,可除国贼。"献帝急问何人,伏完说:"车骑将军董承。"献帝大喜。

次日,汉献帝宣董承进宫,哭诉道:"曹贼僭越,国舅想必也知道吧。"董承说:"曹操弄权,欺君罔上,天下皆知,只是朝廷里到处都是他的心腹。"献帝说:"朕夜来咬破手指,写了一封密诏,国舅请看。"董承接过密诏看了一遍,愤然说道:"臣愿奉诏讨贼,请陛下宽心。"献帝让董承将密诏藏于衣服之内,携带出宫。

董承的女儿嫁给献帝,被献帝封为贵人,所以董承也算是皇亲国戚。董承回府后,将侍郎王子服、议郎吴硕、长水校尉种辑、将军吴子兰等好友请到自己家中,屏退下人,向4人宣读了密诏:

> 朕闻人伦之大,父子为先,尊卑之殊,君臣为重。近日,操贼弄权,欺压君父,结连党伍,败坏朝纲,敕赏封罚,不由朕主,四百年大汉将毁于一旦。请诸位忠义两全之烈士,诛除曹贼,护卫社稷,朕不甚欣慰之至!

王子服等人闻诏,皆涕泪横流。董承让4人表决心,4人皆高呼道："我等愿各自舍弃三族，为国除贼。"董承见他们如此忠义，于是拿出义状，请他们署名。

董承奉诏之初，刘备尚未离开许都，董承遂夜探刘备。刘备将董承接入内堂，董承问刘备是否愿意共讨曹操。刘备一开始担心董承有诈，不愿奉诏，后来见董承言辞恳切，遂同意与董承等人一起诛杀曹操。董承大喜，拿出密诏和义状请刘备签名。

鉴于曹操势大，而董承和刘备等人皆没有兵权，很难成事。因此，董承暗中派人联络西凉太守马腾，请马腾率西凉兵为外应，准备里应外合，剿灭曹操，中兴大汉王朝。

且说王子服等4人奉了密诏，经常出入董承府中，商议如何剿灭曹操。董承府中有一家奴叫秦庆通，与董承的一个小妾有染，曾被董承责罚过，一直怀恨在心，他暗中探听到董承和王子服等人欲谋杀曹操，于是向曹操告密。曹操大怒，然后在府中设一宴席，请董承、王子服等人赴宴。董承托病未去，王子服等人恐曹操生疑，不得已奉命来到曹操府上。曹操趁机将他们拘押，严刑拷打。王子服等人熬不过，只得供出了董承。

曹操马上率兵来到董承府上，将董承收押，并从董承府中搜出了献帝的密诏和诸人的义状。曹操大怒，下令将董承和王子服等人斩首，灭三族。此时，刘备因带兵出征徐州，截击袁术，得以幸免。

杀了董承等人后，曹操余怒未消，又率兵入宫捕杀董贵人。汉献帝请求曹操放过董贵人，曹操大怒道："你这个狗皇帝，我把你接到许都来，好吃好喝供养着，你却暗中想要谋害我。要不是因为你还有些利用价值，我连你一块杀掉。"献帝惧怕，不敢再说话。曹操押出董贵人，斩首号令，朝廷内外无不震惊。

经董承一事后，曹操挑选了3000名御林军，由曹洪统领，宿卫皇宫。汉献帝从此被彻底软禁起来了。

第五章 北方霸主之争

消灭了一部分保皇派，曹操的地位更加稳固了。当然，内部稍微稳定不代表可以高枕无忧。事实上，在曹操征讨之际，北方的袁绍已经坐拥4州，准备对曹操下手。一场争夺北方霸主的战争随即拉开了序幕。

一、袁绍南征

在曹操征讨四方之际，袁绍也扫平了幽州悍将公孙瓒，之后，他再也按捺不住那颗蠢蠢欲动的心，决定发起南征。

袁绍出身于官宦世家，他的高祖父袁安曾任司徒，祖父袁汤在桓帝时任司空、司徒、太尉，父亲袁逢在灵帝时任司空。袁绍是袁逢之子，袁氏一门四世三公，门生故吏遍于天下，很多地方官员都是袁氏家族的党羽。袁绍起事后，很多人都愿意追随他。

幽州刺史刘虞被公孙瓒杀害后，其旧部鲜于辅等人联合袁绍，攻打公孙瓒，乌桓①人也来助战。公孙瓒屡战屡败，退守易京②。建安三年（198年），袁绍率军大举进攻公孙瓒，公孙瓒派人向黑山军求援，黑山军首领张燕率兵10万驰援公孙瓒，双方约定举火为号，共同夹击袁绍的军队。没想到公孙瓒送给张燕的书信被袁军截获，袁绍将计就计，如

---

① 乌桓：中国古代民族之一。原为东胡部落联盟中的一支，其族属和语言系属有突厥、蒙古、通古斯诸说，未有定论。东汉末年，因曹魏政权的征讨，除部分乌桓人远迁辽东地区外，"其余众万余落，悉徙居中国"。此后，这个古代民族逐步在历史中消失。

② 易京：古城名。在今河北省雄县县城西北。

期举火，公孙瓒率军杀出，结果被袁绍的伏兵打得大败。张燕前来救援，也被袁军打败。公孙瓒势穷力孤，又无法突围，绝望之下自杀了。

兼并公孙瓒的势力后，袁绍完全占据了冀州、幽州、青州和并州，军队也发展到数十万人。袁绍任命长子袁谭为青州刺史，任命次子袁熙为幽州刺史，任命外甥高干①为并州刺史，自领冀州牧，坐镇河北。

袁绍在河北声势大振，于是召集诸将商议，想南征曹操。沮授劝道："我们刚刚打败公孙瓒，军队很疲惫；老百姓因为连年征战，也很贫困。当务之急是偃旗息鼓，集中精力发展农业生产；同时派使者去许都上表，向朝廷报告剿灭公孙瓒之事。如果曹操隔我王路，我们再起兵攻打，也就名正言顺了。届时可先进兵黎阳，震慑河南，不时派出骑兵骚扰曹操的边境，让他顾此失彼，疲于奔命。3年之内，大事可成。"

审配②反对沮授的意见，他说："现在我军的兵力是曹军的2～3倍，应该尽快以优势兵力打击曹操。"

崔琰③劝袁绍说："天子在许都，我们发兵攻打曹操，就等于是攻打天子。"郭图针锋相对道："曹操托名汉相，实为汉贼，我们攻击许都是替天行道。"

袁绍觉得审配和郭图说得更有道理，于是决定南征。当时，沮授统率三军，权力很大，郭图和审配劝袁绍适当削弱一下沮授的权力。袁绍也忌惮沮授，遂命郭图和淳于琼各掌一军，削弱了沮授的权力。

袁绍一面命三军备战，一面命主簿陈琳起草讨曹檄文。陈琳，字孔璋，早期与袁绍是同僚，担任过大将军何进的主簿。袁绍在河北起事后，陈琳前来投奔。

陈琳这篇讨曹檄文洋洋洒洒千余字，大意是：汉朝衰败，曹操专权，祸国殃民，袁绍举义兵讨伐曹操。陈琳在檄文中把曹操三代骂了个

---

① 高干：东汉末年官员、将领，蜀郡太守高躬之子、大将军袁绍的外甥。
② 审配：东汉末年袁绍帐下谋士，后因拒绝投降曹操，慷慨赴死。——编者注
③ 崔琰：东汉末年名士，最初跟随袁绍，后为曹操所用，担任魏国尚书令、迁中尉。最后坐罪下狱，被赐死。——编者注

遍，同时历数曹操之罪行，分析曹军的军势，策动曹操阵营中的反对派倒戈，最后重金悬赏曹操的首级。

袁绍看完陈琳写的檄文，命人各处张榜悬挂。檄文传到许都，曹操正患头风。据说，左右将陈琳的檄文奉上，曹操读完后出了一身冷汗，不觉头风顿愈，遂一跃而起，对左右侍从说："有文采者，必须以武略济之。陈琳文事虽佳，可惜袁绍武略不足。"

袁绍起兵的消息传到许都，曹营上下一片惊慌，很多将领认为无法与袁军争锋。为了打消部下的失败主义情绪，曹操非常乐观地说："我和袁绍从小一起长大，袁绍有几斤几两，我比任何人都清楚。他色厉胆薄，志大才疏，若胆敢带兵南下，我将杀他个片甲不留。"诸将听了曹操的开导，心中稍安。

孔融听说袁军南下，慌忙跑到曹操那里，对曹操说："袁军势大，不可与战，只可与之讲和。"荀彧在一旁听了，对孔融说："我看你是在青州的时候被袁军给打怕了，依我看，袁绍就是一只纸老虎，一战可胜。"孔融反驳道："袁绍的兵力数倍于我军，其手下审配、逄纪、田丰、沮授、郭图、许攸等都是智谋之士，颜良、文丑勇冠三军，张郃、高览、淳于琼等都是当世名将。袁军一旦南下，我军如何抵挡？"荀彧笑道："审配专横独断，逄纪果而无用，田丰刚而犯上，许攸贪而不智，郭图唯利是图，不顾大局。这几个人之间矛盾重重，内部不稳，岂能一致对外？颜良和文丑等人都是匹夫之勇，一战可擒。"孔融听了无言以对，曹操大笑道："皆不出荀彧之料啊。"

当然，曹操得知袁绍欲南下的消息后，心里还是很害怕的，但在诸将面前他不得不强装乐观，私下里则显得忧心忡忡。郭嘉是曹操的心腹谋士，他看出了曹操的烦闷，便鼓励曹操说："你在 10 个方面胜过袁绍，破绍不难。"曹操问郭嘉是哪 10 个方面，郭嘉说："袁绍繁礼多仪，你自然随性；袁绍不尊重朝廷，你奉朝廷以正天下；汉朝末年，政失于宽，袁绍以宽济，你以猛纠；袁绍外宽内忌，所用多为亲戚，你用人不疑，唯才是举；袁绍多谋少决，你随机应变，当机立断；袁绍好虚名，你比他务实；袁绍恤近忽远，你虑无不周；袁绍的部下互相诋毁，袁绍往往不能迅速辨明是非，你浸润不行，流言蜚语在你这里不管用；袁绍好为虚势，不知兵法要领，你临机制敌，应变无穷。"曹操听了郭嘉的分析，大笑道："我哪有你说得那么厉害啊！"

郭嘉和荀彧对于敌我双方战略态势的分析，虽然对曹操多有溢美之词，对袁绍多有贬抑之处，但这些论调在曹营传开之后，在一定程度上坚定了曹军必胜的信心和决心，无形之中打击了袁军的士气。

在地缘政治方面，荆州的刘表和西凉的马腾、韩遂都对曹操构成威胁，曹操不得不分兵防守。当时，袁绍派人拉拢刘表，想让刘表起荆州之兵，从背后袭击曹军，但刘表拿不定主意，遂派使者韩嵩去许都探查曹操的动静。曹操一方面故意虚张声势，另一方面以献帝之名封赏韩嵩。韩嵩回到荆州后，极力夸赞曹操，助长其声势。刘表十分生气，以为韩嵩不再效忠于自己，下令将韩嵩押入大牢。刘表最终决定既不帮助袁绍，也不帮助曹操，他的中立态度使得曹操没有了后顾之忧。

二、层层阻击

面对袁军的入侵，曹操高瞻远瞩，建立了纵深防御体系：第一道防线设在黄河以北的射犬①和黎阳②，第二道防线设在黄河以南的白马③和延津④，第三道防线设在官渡⑤。这三道防线由北往南，梯次配置。

袁绍命原河内太守张杨的旧部将眭固屯兵射犬，曹操派大将曹仁和徐晃渡河攻打眭固，眭固抵挡不住，兵败被杀。事后，曹操任命魏种为河内太守，管理黄河北岸的占领区。曹军攻下射犬，在黄河北岸建立起

---

① 射犬：地名。野王县的一个聚邑，在今河南沁阳市东北，是黄河北岸的一个战略要地。
② 黎阳：河南浚县的古称，自古以来为兵家重地。
③ 白马：今河南滑县东北。
④ 延津：位于黄河北部，隶属于河南省新乡市。
⑤ 官渡：今河南中牟县东北。

了一个桥头堡，可以在一定程度上牵制和掣肘袁绍。

很快，曹操率军逼近黎阳。黎阳在黄河北岸，是当时的一个军事重镇。一旦占据黎阳，就可以与西面的射犬遥相呼应。此外，黎阳离冀州的腹地很近，是袁绍南下必须扫除的一个障碍，曹军在黎阳附近活动，可以迟滞袁军南下。

当时，曹操派东郡太守刘延驻守白马，派得力大将于禁驻守延津，派程昱驻守鄄城。程昱手里只有700人，曹操打算给他补充2000人的部队，程昱却说："鄄城的守军越少越好，兵力太多的话，袁军反而会前来进攻，一旦袁军发动攻击，就是再多2000人也守不住。反之，如果不增兵，袁绍见鄄城兵少，可以随时攻取，就不会把它作为优先攻取的对象了。"曹操十分佩服程昱的高见，后来战事的发展也确实如程昱所料，曹操禁不住对众人赞道："程昱以700士兵守鄄城，他的胆量不次于古代名将啊。"

延津、白马、鄄城都在黄河南岸，由西往东一字摆开，与射犬、黎阳隔河相望，构成了抵御袁军南下的第二道防线。根据曹操的军事部署，曹军的主力并没有放在第一、第二道防线上，而是放在了第三道防线——官渡一带。官渡地处许都以北，延津以南，是袁军攻取许都的必经之地。曹军把主力部署在官渡，就是要扼守住袁军南下的咽喉要道，使袁绍无法攻取许都。

战争一触即发，凉州①牧韦端派手下从事杨阜②到许都查看情况。杨阜回去后，关中诸将询问情况，杨阜说："袁绍阵营内的情况比较复杂，手下的谋士争权夺利，急功近利，因此，袁军虽然强大，但内部却危机重重。曹操有雄才大略，能够知人善任，其麾下各将领之间关系和睦，能够顾全大局。因此，曹军虽然较弱，但胜算却比袁军

---

① 凉州：今甘肃省武威市。自古以来就是"人烟扑地桑柘稠"的富饶之地，"车马相交错，歌吹日纵横"的西北商埠重镇，古时素有"通一线于广漠，控五郡之咽喉"的重地之称，丝绸之路节点之一。

② 杨阜：三国时期曹魏名臣，德才兼备、刚正不阿。原甘肃天水市甘谷县文昌宫西侧尚有杨氏家祠，内悬"两代尚书"匾额，即指杨阜、杨豹。

要大。"

建安五年（200年）初，袁绍聚集诸将，商议进兵。谋士田丰谏阻道："曹军刚刚击败刘备，士气正盛，曹操又善于用兵，不可轻敌。不如将大军屯于边境，不断派出小股部队骚扰曹军的薄弱之处，在运动战中寻机歼敌。"袁绍听了很不高兴地说："曹操的势力都发展到黄河北岸来了，你还在这里畏缩不前。"田丰说："你若不听我的话，必然出师不利。"袁绍大怒，命人将田丰收监下狱。

二月，袁绍亲率大军进驻黎阳，黎阳附近的曹军被迫撤退到黄河南岸。随后，袁绍派大将颜良率2万人马，渡河攻打白马。谋士沮授对袁绍说："颜良脾气暴躁，遇事不冷静，不可让他打头阵。"袁绍不听，沮授回家后，对家人说："袁绍志得意满，刚愎自用，下面的将领狂妄自大，轻敌冒进，一旦败于曹操，河北必然不保。"

颜良率军攻打白马，白马守将刘延向曹操告急，荀彧建议曹操用声东击西的策略救援白马。于是，曹操命令驻守延津的守军向北佯动，摆出一副要北渡黄河的架势。袁绍得报后命颜良分兵向西，阻击曹军北上。曹操见袁绍上当，命张辽、关羽星夜率军直趋白马。等曹军离白马还有10多里时，颜良有所察觉。关羽马不停蹄，率轻骑突袭颜良的军队，颜良被打了个措手不及。关羽在乱军中望见颜良的麾盖，趁颜良不备，突然杀到颜良面前，将颜良一刀刺于马下。颜良的武艺本不在关羽之下，被关羽轻易击杀，纯属意外。

袁军没有了主将，顿时阵脚大乱，曹军趁势掩杀，袁军大败。曹操解了白马之围后，主动撤退，将白马城中的百姓向延津方向转移。

袁绍听说大将颜良阵亡，悲痛欲绝，对诸将说："颜良随我征战多年，所向披靡，如今因为疏忽大意，被关羽斩杀，这实在是我军的一大损失啊！"

白马战败后，袁绍恼羞成怒，下令全军渡河，与曹军决战。沮授谏阻说："一旦全军渡河，就成背水之战了，战事不利时，有可能全军覆没。不如派一部分军队过河，留一部分军队在北岸接应。"袁绍仍然听不进去，说："置之死地而后生，况且我军强盛，没有必要怕曹军。"于是，袁绍亲自率领大军渡河，先派刘备、文丑领军进攻延津。曹操见文丑兵来，命令士兵将白马之战中缴获敌人的辎重散布路旁，文丑的部队纷纷争抢财物，队形大乱。曹操乘文丑的军队散乱之机，率骑兵出击，发动猛攻，袁军大败，文丑死于乱军之中。

面对袁军咄咄逼人的攻势，曹操派于禁领一军在延津的西南面渡过黄河，袭击袁军的后方；同时又派大将臧霸领一军进攻青州。臧霸攻势凌厉，很快攻下了青州的北海郡等地，袁绍不得不分兵据守。

于禁和臧霸发起的侧翼攻势减轻了曹军主力的压力，使得曹操能够有条不紊地在官渡一线布防。

因为关羽在白马之战中斩杀了袁军大将颜良，曹操表荐关羽为汉寿亭侯。不久，关羽听说刘备在河北袁绍军中，便想辞别曹操，去找刘备。曹操极力挽留关羽，但关羽去意已决，曹操也知道强扭的瓜不甜，于是就把关羽给放了。

曹操派于禁和臧霸在侧翼骚扰袁军，袁绍也派刘备前往汝南（今河南驻马店），联络黄巾余部刘辟和龚都。刘辟和龚都手下有万余人，愿意归附袁绍，帮助袁军袭扰曹军后方，于是，刘备和刘辟、龚都一起攻打汝南一带的郡县。曹操派将军蔡阳前往征讨，蔡阳兵败被杀。随后，曹操又派大将曹仁前去讨伐，刘辟和龚都惨遭失败。刘备见状，不想再回袁绍军中，遂会合关羽、张飞，一同前往荆州投奔刘表。

三、生死之战：官渡会战

尽管白马和延津之战以袁军的失败而告终，但是论总体军事力量，目前还是袁强曹弱，曹操不敢轻易与袁绍决战；相反，袁绍损兵折将之后，很想恢复军队的士气，迫不及待地想与曹军决战。

由于袁军在兵力上占优势，袁军主力渡过黄河后，曹军从延津向南撤退，一直退到官渡，然后扎营坚守。袁绍亲率10万大军逼近官渡，而当时曹军在官渡一线布防的军队只有3万人。袁军刚刚逼近官渡时，曹操乘袁军远来疲惫，立足未稳之机，果断率军出击，双方大战一场，曹军寡不敌众，败退回营。之后，袁军经常派兵挑战，曹军不敢应战。双方在官渡一线形成了对峙的态势。

袁绍见曹军坚守不出，遂命部队在靠近曹军营寨的地方筑起很多土山，然后登高放箭，这使曹营士兵在营寨内往来行走都得举着盾牌，处境十分狼狈。曹操召集众谋士问计，荀攸建议曹操制造发石车以应对。于是，曹操命令军中工匠制造了很多发石车，用来攻击袁军的土山，土山上的袁军士兵无处躲避，有很多被曹军发射过来的石头打死。

由于发石车发射石头时声音很大，震耳欲聋，所以袁军皆称其为"霹雳车"。袁军的攻势被霹雳车挫败后，袁绍又派部队暗中挖掘地道，直通曹营。曹操知道后，急忙让士兵在自己的营寨内掘壕沟。袁军将地道挖到曹营，却发现被壕沟阻截，徒劳无功。

一天，曹操接到密报，说袁军将领韩猛正押送一批粮草前往袁军大营，曹操立即派部将徐晃领5000人马前去劫粮。徐晃率兵扮作袁军，绕到袁军后方，截住韩猛的押粮部队，大杀一阵。两军混战时，徐晃的部队趁势放火，烧毁了袁军的大部分粮草和辎重。最后，韩猛只押着少数粮草解送到袁军大营。袁绍见韩猛折损了很多粮草和辎重，十分恼怒，欲斩韩猛，在众将的劝阻下才作罢。

双方在官渡相持数月，曹军的粮草渐渐供应不上，士兵也很疲劳，士气比较低迷。曹操想打破僵局，多次率兵出战，但都不能取胜。袁绍的谋士沮授建议袁绍以持久战来拖垮曹军，他对袁绍说："我军的勇猛不如敌军，敌军的粮草不如我军，若能够拖延时间，曹军缺粮，将不攻自破。"但袁绍则认为曹军在兵力和粮草方面都处于劣势，大局已定，曹军必败，袁军必胜。

曹操在官渡大营心急如焚，渐渐产生了退军的念头，他给留守许都的荀彧写信说："袁军势大，我军的处境很危险，再坚守下去，有全军覆没的可能；不如暂且退军，在靠近许都的地方设置一道防线，进一步拉长袁军的补给线，然后再伺机破敌。"

荀彧反对曹操的想法，他给曹操写了一封很长的信，说："袁军的主力大部分在官渡一线，袁绍此次南征，势在必得。我军以劣势兵力据守官渡数月，扼守住袁军南下的咽喉，袁军虽然势大，却迟迟不能将我军攻破。我军若在此时撤退，袁军必然趁势追击，绝不能给袁军以任何机会。现在别无他途，只能险中求胜，袁军内部本来就不是很团结，我军若能死守到底，袁军阵营必然会发生分裂，届时我军就有取胜的机会了。"曹操看了荀彧的信，认为他说得有道理，于是亲自到各军鼓舞士气，决心与袁军周旋到底。

日复一日，战场上的形势对曹军越来越不利。袁绍帐下的谋士许攸献计说："曹军的主力都在官渡与我军相持，许都定然空虚，我军应该趁机分兵掩袭许都，曹军首尾不能相顾，必然大败。"大将张郃也赞成许攸的意见，劝袁绍分兵偷袭许都，但袁绍不为所动，他对二人说："曹军势弱，不久将撤退，到时我军乘胜掩杀，定可大败曹军，何必画蛇添足，多此一举。"许攸和张郃见袁绍不听，都很无奈。

袁绍的谋士许攸是一个很贪财的人，经常利用职务之便贪污受贿。一天，留守河北的审配给袁绍写了一封信，说许攸的家人仗着许攸的势力在河北巧取豪夺，犯下了很多罪行，现已将其家属收监下狱。袁绍看了审配的信件，召来许攸，严加斥责。许攸听说自己的家人已被审配下狱收监，一气之下叛变投敌，连夜跑到曹操的大营里。曹操听说许攸来投，喜出望外，来不及穿鞋就飞奔出营，将许攸接入营中。

许攸和曹操本是少年时的朋友，曹操一见他，就大声笑道："子远来投，我大事将成，袁绍必败。"许攸开门见山地问道："你的军粮还有多少？"曹操回答说："粮草将尽，已派人前往许都催粮，不日将到。"许攸说："袁绍兵力强大，你能跟他耗多久？"曹操无奈地说："我也知道久守非良策，但实在是没办法。"许攸说："持久战对你没有好处，拖下去只会把你给拖垮，何不寻求速战速决之法？"曹操说："你有何良策，快快说来。"许攸笑道："我有一计，可使袁绍10万之众于一周之内崩溃。"曹操忙问何计,许攸加快语速说:"袁军的粮草都囤积在官渡以北50里处的乌巢①,你若能领一军奇袭乌巢,将袁军的粮草付之一炬,袁绍10万之众将不战自败。"曹操问许攸该如何行计,许攸说:"你可领一军扮作袁军的护粮部队,乘夜绕到袁军后方,将乌巢付之一炬就可以了。"

听完许攸的计策,曹操随即召集诸将,准备夜袭乌巢。但是曹军诸将仍心有疑虑,劝曹操说:"乌巢是袁绍大军囤积军粮的地方,岂会毫无防备,不可轻举妄动。"谋士贾诩和荀攸则赞成曹操采取行动,他们力排众议,对诸将说:"从正面硬碰硬,我们不是袁军的对手,如果不出奇兵,又怎么能够取胜呢?"曹操也对诸将说:"许攸曾经是袁绍的心腹谋士,对袁军的情况了如指掌。现在他因为家人犯法,惧罪而来投奔我们,何必多疑。"于是,曹操亲自率领5000名骑兵,星夜赶往乌巢行动。

半夜时分,曹军扮作袁军绕到袁军背后,袁军的巡逻兵问曹军是哪个部分的,曹军回答说是将军蒋奇的部队,奉袁绍之命前往乌巢护粮。黎明时分,曹军赶到乌巢,四面放火,乌巢守将淳于琼仓促迎战。曹操身先士卒,率兵杀入乌巢,将乌巢的粮草全部纵火焚毁,袁军将领淳于琼等兵败被杀。

袁绍听说曹军偷袭乌巢,急忙聚众商议,最后决定派少量部队去救援乌巢,张郃等率领主力大军则直接进攻曹军在官渡的营寨。然而,袁绍围魏救赵的战术没有取得成功,曹军不仅击败了守卫乌巢的袁军,而且还大败救援乌巢的袁军。而张郃等人率军攻打曹军营寨,亦迟迟未能攻下。

关键时刻,袁军内部又开始钩心斗角了。谋士郭图对袁绍说:"张郃和高览素来对曹操很友善,如今主公派他们率兵去攻打曹营,他们故意不肯用力,要不然,曹营空虚,怎么会攻不下呢?"袁绍听了郭图的

---

① 乌巢:今河南延津县僧固乡东史固村,因其南临乌巢泽而得名。

话，将信将疑，遂派人到官渡召张郃和高览二人回营。张郃和高览提前得到了消息，不由怒火中烧，于是阵前倒戈，率兵归顺了曹操。曹操得知张郃和高览前来投降，忙亲自出营迎接，高兴地对张郃说："将军此来，如韩信归汉，我非常高兴。"

乌巢被烧毁，粮草尽失，大将淳于琼战死，张郃和高览又临阵倒戈，投降了曹操，袁军上下一时惶惶不安，军心动摇。曹操趁势率领全军向袁军展开猛攻，袁军士气低落，根本抵挡不住曹军的进攻，四处溃逃。袁绍和长子袁谭率亲随800余骑渡过黄河逃命去了。

曹军大获全胜，俘虏袁军7万多人，曹操觉得这些投降的袁军士兵靠不住，下令将降兵全部坑杀。袁绍帐下谋士沮授没来得及逃跑，也被曹军俘虏。曹操爱才，想让沮授为自己效力，但沮授宁死不降，最后被曹操杀死。

官渡一战，袁军大败，在逃跑途中遗弃了很多辎重和文书，均被曹军缴获。张辽对曹操说："在被缴获的文书中，有很多是我军将领私通袁绍的信件，可逐一点对姓名，核而杀之。"曹操思索了一会儿，对张辽说："袁绍强大的时候，我自己尚不能自保，何况是其他将领？他们有反叛之心不足为怪，把缴获过来的文书都烧掉吧。"这使那些通袁的曹军将领大大松了一口气，继续留在曹营为曹操效力。

袁绍兵败后，一路狂奔，一直跑到黄河以北的黎阳才停了下来。驻守黎阳的袁军大将蒋义渠出城迎接，袁绍非常狼狈，命部将召集失散的士兵。士兵们听说袁绍在黎阳，纷纷跑来相聚。袁绍收拾残兵败将，准备再战。

田丰在冀州的牢狱中听说袁绍兵败，不幸被自己言中，感到在劫难逃。谋士逢纪从冀州赶来迎接袁绍，对袁绍说："田丰听说主公兵败，放声大笑。"袁绍大怒，派人到冀州狱中取田丰首级。当时，狱吏对田丰说："主公不听先生之言，果然大败；主公这次回来，一定会重用先生的。"田丰冷笑道："袁绍外宽内忌，如果打赢了，得胜回来，一定会赦免我。现在打败了，必然羞于见我，我必死无疑。"狱吏不信。数日后，袁绍果然派人来狱中杀田丰，狱吏大惊，田丰仰天大笑道："我早就知道自己必死无疑。"狱吏叹息不已！

官渡一战，袁绍的主力部队被曹操消灭，而且主要将领也非死即降——张郃、高览投降曹操，淳于琼被曹军杀死，许攸叛变，沮授被曹操杀死，田丰则被袁绍自己杀死。从此，袁绍阵营中的谋臣武将越来越少，而曹操阵营中则是人才济济，袁绍的失败结局已经不可避免了。

《三国志·魏书·武帝纪》中记述说，在官渡之战中，袁军10万，曹军不到1万。历代史学家普遍认为，当时的兵力对比应该是，袁军10万，曹军3万~4万。《三国志·魏书·武帝纪》中之所以把曹操的兵力说得很少，目的是为了夸赞曹操的雄才大略，贬低袁绍。

不管怎样，曹操在关键时刻赢了，而且还是以少胜多。他没有在角逐中被淘汰，意味着他马上就要坐上北方霸主的宝座。

四、攻陷冀州

为了让自己的霸主之名更加名副其实，曹操很快便对冀州动手了。

建安六年（201年），曹操与袁绍正在官渡相持，孙策见此情形，想趁机发兵攻打许都。可惜他尚未起兵，就被前吴郡太守许贡的门客刺杀，伤势过重，不治身亡。官渡之战结束后，曹操欲起兵南下征讨江东，侍御史张纮劝曹操说："孙策虽然死了，但孙权继立，江东并没有出现动乱，不可贸然南征。"曹操认同张纮的意见，遂表荐孙权为讨逆将军。

与此同时，为了削弱孙权在江东的实力，曹操假借献帝之名，征召豫章太守华歆。华歆是一个很有才华的人，主动归顺孙策，孙策死后，华歆继续在孙权手下任职。朝廷下诏征召华歆入朝，孙权有些舍不得，但最终还是放他走了。华歆到了许都后，被拜为议郎。曹操非常器重华歆，不久，华歆升任侍中，后来又取代荀彧为尚书令。

官渡之战后，曹军非常疲惫，曹操下令班师回许都。当时昌豨在徐州一带割据称雄，曹操派大将张辽前去征讨。昌豨原为徐州刺史陶谦的部将，陶谦死后，他割据州郡，在吕布为徐州牧时曾短暂归顺吕布。吕布死后，昌豨没有投靠曹操，后来在官渡大战时趁机起兵作乱。张辽率军攻打昌豨数月，均不能取胜，就在张辽准备撤军时，有人报告张辽说昌豨有投降的念头。于是，张辽单枪匹马去昌豨家里拜访昌豨，劝他归降曹操。昌豨觉得张辽很有诚意，遂投降。

曹操听说张辽以身犯险，只身入虎穴劝降昌豨的事情后，特地把张辽叫到跟前，责备他作为一名大将，不应该如此唐突行事。张辽解释说："主公打败袁绍，威震四方，我是借助你的声威，才敢冒险去劝降昌豨的。"曹操关切地说："尽管如此，以后做事一定要慎重。"

建安七年（202年）四月，曹操亲自率领大军渡过黄河，攻打河北的军事重镇仓亭①。袁绍集结重兵在仓亭布防，曹操设下十面埋伏之计，与袁军大战于仓亭，袁军再次被曹军打败，袁绍只能逃回冀州，坚守不出。曹军则班师回许都。

仓亭之战失败后，袁绍感到十分耻辱，一时急火攻心，不久就病死了。袁绍有3个儿子，长子袁谭，镇守青州；次子袁熙，镇守幽州；三子袁尚，镇守冀州。袁绍在世时，偏爱袁尚，于是在临死时立袁尚为继承人。袁绍死后，谋士审配和逢纪奉袁尚为主。据史书记载，袁尚的母亲刘氏在儿子继位后，下令将袁绍生前宠爱过的几个小妾全部杀死。袁尚又恐那些被杀小妾的家属有不臣之心，遂将那些小妾的家属也全部杀死。

袁谭听说父亲病故，星夜率兵赶往冀州争夺爵位，但他还没赶到冀州，袁尚就已经被审配和逢纪拥立为冀州之主了。袁尚继位后，加封袁谭为车骑将军。袁谭见大局已定，也没有马上和袁尚反目，而是选择隐忍待机。

曹操在许都听说袁绍病死，喜极而泣，百日之后便发兵攻打黎阳。

---

① 仓亭：今河南管县东北。

黎阳是冀州的门户，不容有失，袁谭受命驻守黎阳。当时曹军兵力强盛，袁谭派人到邺城①，请袁尚派兵支援自己。袁尚恐袁谭趁机吞并自己的人马，于是不发救兵。袁谭大怒，斩杀了袁尚派来的监军逢纪，然后与辛评、郭图商议，准备投降曹操。袁尚得到消息，忙亲自率兵到黎阳增援袁谭。兄弟二人合力，共拒曹军。曹军一连攻打了几个月，都没有将黎阳攻下。

为了转移曹军的视线，袁尚命部将郭援和并州刺史高干出兵河东，大举进攻曹军的西部防线。曹操派钟繇领兵拒敌，钟繇联络关中诸将，将郭援和高干打败。南匈奴单于栾提呼厨泉②领兵驰援高干和郭援，也被钟繇打败。郭援战败被杀，南匈奴的部队向曹军投降。

刘备依附刘表于荆州，听说曹军和袁军在黎阳相持不下，便劝刘表乘虚袭击许都，刘表遂派刘备领兵数万北伐。曹操派大将夏侯惇、李典率兵阻击刘备，很快就将刘备打败了。

建安八年（203年）二月，曹军对黎阳发起总攻，袁军大败，袁谭和袁尚狼狈逃回冀州。诸将劝曹操乘胜追击，一举攻下冀州的首府邺城。谋士郭嘉说："邺城的守备比黎阳更加坚固，很难在短时间内攻下来，不如收兵回许都，待袁谭和袁尚自相残杀，再趁机进军，攻取邺城。"曹操笑道："你说得对，袁绍废长立幼，袁谭不服袁尚，兄弟二人之间的矛盾难以调和。我军攻紧了，他们会合力死守；我军要是撤走了，兄弟二人必然会兄弟阋墙。"

果然不出所料，曹军刚刚撤回许都，袁谭就要求袁尚给自己的部队补充军需物资；但袁尚害怕袁谭的势力超过自己，拖着不给办。郭图和辛评分别劝袁谭、袁尚兄弟争夺冀州，于是，袁谭率兵攻打袁尚，袁尚亲自领兵迎敌，打退了袁谭的进攻。青州别驾王修劝袁谭不要与袁尚相争，为他们讲和，但袁谭不听，继续领军和袁尚的军队交战。不久，袁

---

① 邺城：古代著名都城。包括今河北临漳县西、河南安阳市北郊一带。
② 栾提呼厨泉：中国东汉末年、三国时期匈奴单于，南匈奴单于栾提羌渠之子，栾提于夫罗之弟。于夫罗死后继任成为单于，曾派右贤王去卑帮助汉献帝东归，其后还于本国。后曹操借栾提呼厨泉入朝朝见之际，将他留在邺城，派去卑去管理匈奴。

尚再次打败袁谭，袁谭率领残兵败将退守南皮，袁尚紧追不舍，袁谭只得向平原撤退。袁尚率兵将平原城围住，四面攻打。

刘表听说袁氏兄弟互相攻伐，分别给袁谭、袁尚各自写了一封信，劝他们不要忘记袁绍和曹操之间的仇恨，应当以大局为重，不要中了曹操的计策，两败俱伤。袁谭和袁尚虽然知道其中的轻重得失，但谁也不肯向对方示弱。袁谭被袁尚包围在平原城内，岌岌可危，谋士郭图劝他投降曹操："你是长子，却被袁尚赶得到处跑，是可忍孰不可忍，不如假意投降曹操，借曹操的力量消灭袁尚，到时再兼并袁尚的兵马，与曹操争锋。"袁谭虽然不想引狼入室，但又没有更好的办法，只得采纳郭图的计策，派辛毗为使，去向曹操搬救兵。

当时曹操正屯军西平（今河南西平县），准备南征刘表。辛毗连夜赶到西平，恳请曹操驰援袁谭。曹操聚众商议，谋士荀攸说："长期以来，刘表坐拥荆州，不思进取，可以看出他是一个没有大志的人，不足为虑。袁氏兄弟据有4个大州，若他们兄弟和睦，是很难剿灭的。现在袁氏兄弟互相残杀，我军正好可以趁机进取河北，河北定，则天下定。"曹操又找来辛毗，问道："袁谭是真降还是诈降？"辛毗回答说："不需要考虑袁谭是真降还是诈降，只需要洞察一下河北的局势，就能看出端倪来。河北的老百姓久经战乱，人心离散，大不如袁绍活着的时候了。曹公若领军直取邺城，袁尚必然回救，而袁谭肯定会趁势踵袭于后，袁尚被彻底打败后，袁谭就成了一个孤立之敌，不费吹灰之力就可以将他消灭。天下之患，莫大于河北，河北平定了，也就离平定天下不远了。"曹操见辛毗言语投机，便将他召为己用。

同年（203年）十月，曹军开拔到黎阳，准备进攻邺城。袁尚听说曹军来救袁谭，急忙率兵撤了平原之围，回到邺城坚守。袁尚手下大将吕旷和吕翔见袁尚势穷，率领本部兵马投降曹操。袁谭跑到曹营拜见曹操，请曹操派兵攻灭袁尚，但曹操不想马上进兵，遂一再拖延。

建安九年（204年）二月，袁尚再次率兵攻打袁谭，企图速战速决，打败袁谭之后全力抗拒曹军。曹操接到袁谭的求援信后，立即领军将邺城包围起来。当时守邺城的是审配和苏由。曹军每日发兵攻打，并挖掘地道，直通邺城城内，不料被审配察觉，马上命人在城中掘壕沟，阻断了曹军的地道。曹军没有得逞，曹操又派部队掘开漳河，放水淹城。审配亲自登城，巡视各处，指挥守城部队坚守。

此外，袁尚部将尹楷驻守毛城，沮授的儿子沮鹄驻守邯郸，两处与邺城形成了掎角之势。曹操分兵数路，进击毛城和邯郸，二城很快就被曹军攻下，尹楷、沮鹄战败被杀。

这样一来，邺城孤立无援，审配派人向袁尚求救，袁尚正在攻打袁谭，听说邺城危急，连忙弃了袁谭，回救邺城。曹操得报后，对诸将说："若袁尚从大路来，我军应该避开他；若他从西山小路来，我军则应全力截杀他。"诸将说："兵法上说，归师勿遏，我军应该避其锋芒。"曹操笑着说："你等只知兵法，却不知道兵法中的变化，袁尚的军队若从大路来，说明他想以最快的速度回救邺城，并与我军决战；若袁尚从小路来，则说明他心怯，害怕和我军遭遇。"

正如曹操所料，袁尚势穷力孤，不敢走大路，抄西山小路而来，在离邺城17里远的地方扎下营寨，与城中的袁军遥相呼应。审配见救兵来了，遂打开北门，率兵杀出城来。曹操立即派精锐部队截杀，很快又把审配的军队逼回城去。与此同时，曹军分兵与袁尚的军队大战，袁尚无法抵挡，只得派人前往曹营向曹操请降。曹操不同意，派兵追袭袁尚的败军，袁尚的部将马延、张凯临阵倒戈，投降了曹军，袁军溃散。袁尚带着少数败兵投中山（今河北定州市）去了。

袁尚的军队被击溃后，邺城成了真正的孤城，内无粮草，外无救兵。不数日，审配的侄子审荣打开南门，接应曹军入城。审配闻曹军入城，率军与曹军死战，被曹军俘虏。曹操劝审配投降，审配不从，曹操无奈，只好将他杀了。

进入冀州后，曹操下令将袁绍的住宅保护起来，任何人不得侵犯。随后，曹操又下令优恤袁绍的家属，所有的费用和开支由朝廷承担。第二天，曹操亲临袁绍墓前祭奠，痛哭流涕，并颇为感伤地对诸将说："我和本初在年轻的时候就是很好的朋友，我们曾经同朝为官，灵帝设西园新军时，本初为中军校尉，我为典军校尉。我们当年都是西园校尉，交情深厚。我相信，如果我败于本初，本初也会到我的墓前祭奠我的。"文臣武将闻言皆叹息不已！

这一次，先前为袁绍起草讨曹檄文的陈琳也被曹军俘虏。曹操责问陈琳："你之前为本初作檄文，谴责我一个人就可以了，为什么还要骂到我的父亲和祖父呢？"陈琳辩解道："箭在弦上，不得不发，希望曹公能够理解。"曹操大笑，赦免了陈琳的罪过。

审配率军坚守邺城，致使攻城的曹军伤亡惨重。破城后，诸将请杀审配的家属，曹操不同意，对诸将说："审配忠于袁氏，是忠臣，怎能杀忠臣之亲属！你们都应该向他学习。"

邺城是一座历史名城，始建于春秋战国时期。战国七雄争霸时，邺城是魏国的领土。曹操占领邺城不久，冀州的很多郡县纷纷向他投降。考虑到冀州是中原的腹地，曹操逐渐将邺城发展为自己集团的政治中心和经济中心。此后多年，直到曹操去世，邺城一直被曹操苦心经营着——许都从此降格为第二首都，而邺城逐渐取代许都成为曹氏政权真正的首都。

汉献帝在许都听说曹操已经攻占冀州，遂任命曹操为冀州牧。曹操兼任冀州牧不久，主动辞去了兖州牧的职位。曹操领冀州牧不久，有人便建议曹操恢复古制，设置九州，扩大冀州的管辖范围。曹操犹豫不决，荀彧劝道："现在天下扰攘，很多地方尚未平定，不可使冀州独大；否则，周边的割据势力定会不服，不服就会发生叛乱。"曹操听了荀彧的提醒，非常感激地说："你总是能够在关键时刻给我提出正确的意见，简直就是我的张良、萧何啊！"

五、攻克并州

就在曹操进攻邺城的时候，袁谭趁机攻取了渤海、河间、甘陵等地，实力大增。之后，袁谭听说袁尚逃奔中山，便领军攻打中山，袁尚战败，被迫逃往幽州投奔袁熙。袁谭攻破中山后，兼并了袁尚的一些人马。

曹操得知袁谭率兵攻打冀州的郡县，马上兴兵讨伐袁谭于龙凑（今山东德州市东北）。袁谭抵挡不住，退守南皮（今河北沧州南皮县），曹军追至南皮，袁谭抱定必死的决心，领军出城与曹军激战，双方从早晨一直打到下午，曹操见不能取胜，下令收军回营。次日，曹军和袁谭的军队酣战，曹操亲自擂鼓助威，曹军士气大振，袁军大败，袁谭在混战中被曹军杀死。

袁谭被杀后，冀州和青州很多尚未归附的郡县纷纷易帜，表示愿意依附曹操，只有东莱太守管统据城坚守，不肯归顺。曹操派青州别驾王修前去游说，管统遂举城投降，曹操大喜，设宴庆贺。史书记载：曹操平定冀州和青州后，得意忘形，在马上手舞足蹈。

绥靖冀州和青州后，曹操又提兵攻打幽州。幽州刺史袁熙惶惶不安，其部将焦触、张南趁袁熙不备，突然叛变，将袁熙和袁尚赶出了幽州。袁尚和袁熙被逼无奈，带着少数军队投奔辽西乌桓去了。焦触自领幽州牧，率部向曹军投降，曹操封焦触和张南二人为列侯。不久，幽州将领赵犊、霍奴等起兵叛乱，杀死幽州刺史，袁熙、袁尚兄弟又怂恿辽西乌桓人率兵进攻幽州，曹操为此亲自领军到幽州平叛。双方激战一番后，赵犊和霍奴被打败，辽西乌桓的军队敌不过曹军，只能退回辽西。

且说曹军攻破冀州后，并州刺史高干担心曹军乘胜攻打并州，不得已投降了曹操，曹操仍然任命他并州刺史。高干表面上投降了曹操，但内心并不服气，他自恃有精兵5万，足可纵横一时。

曹操率军北伐袁熙和袁尚时，高干见邺城空虚，便派一支军队偷袭邺城，结果被曹军挫败。高干降而复叛，曹操命李典、乐进率军讨伐，高干不能取胜，于是将自己的主力部队集结到壶关①，闭关坚守。李典

---

① 壶关：隶属于山西省长治，位于山西东南部，东与河南省林、辉二市相连，西与长治为邻，北与平顺隔界，南与陵川县壤。

和乐进围城攻打，历时数月，未能攻下。

见李典和乐进久攻壶关不下，曹操亲自率军西征，大军来到壶关城，曹军奋力攻打，壶关城依然岿然不动。曹操命令诸将打破壶关后屠城，部将曹仁劝道："现在城未破，就先下令屠城，高干的军队知道后，定会拼命死守。"曹操其实也是一时赌气，听了曹仁的话，忙撤销了屠城的命令。

后来，壶关城终于被曹军攻破，高干逃到平阳向南匈奴求援。南匈奴单于不想与曹操结怨，拒绝了高干的请求。高干走投无路，遂往荆州投奔刘表，途中被部将杀死。至此，袁绍之前占据的冀州、青州、并州和幽州全部落入曹操手中，曹军军威大振，曹操成为当时实力最强大的一方诸侯。

平定并州后，曹操任命梁习①为并州刺史，任命杜畿为河东太守。梁习，字子虞，为官多年，深受百姓爱戴。曹操任命梁习为并州刺史时，并州境内百业凋敝，梁习到任后，大刀阔斧地改革，很快就将并州治理得井然有序。杜畿，字伯侯，早年举孝廉入仕，董卓乱政时，他避乱荆州，建安年间来到许都，荀彧发现他是个人才，于是推荐给曹操。高干举兵造反时，杜畿临危受命，负责经略河东，他设计剪除了响应高干的乱党，为曹操平定河东做出了很大贡献。

河北被曹军平定后，黑山军统帅张燕率兵归降曹操，曹操封他为平北将军。张燕的部队是一支劲旅，长期活跃于河北一带。袁绍生前非常忌惮张燕，多次派兵围剿，张燕率兵进入深山老林与袁军打游击战，直到曹军攻破冀州时，张燕的实力仍然很强大，散布在各地的黑山军有10多万人。

东汉末年天下大乱，东部一带的地方割据势力十分猖獗，尤其是青州和徐州的东部地区，很多小军阀盘踞在那里，每当有强大的外部势力入侵时，这些小军阀就纷纷表示归附，而局势一旦有变，他们又纷纷拥

---

① 梁习：字子虞，陈郡柘人，初为郡主簿，后任并州刺史，封关内侯。——编者注

兵自立。曹操占领青州和徐州后，决心彻底荡平该地区的小军阀，使国家的政令和军令归于统一。

前面提到徐州东部的小军阀昌狶被张辽招安，可惜好景不长，曹操率军与高干相持于壶关城时，昌狶又趁机起兵反叛。曹操派于禁和臧霸进剿，没有成功，于是又派夏侯渊增援，昌狶抵挡不住曹军的猛攻，遂往于禁处请降，被于禁斩杀。战后，曹操封于禁为虎威将军、夏侯渊为典军校尉。

为了实现东部沿海地区的长治久安，曹操任命吕虔为泰山太守。吕虔，字子恪，颇有胆略。当时袁氏残余势力流窜到泰山郡一带，占山为王，吕虔率领官兵进剿，经大小数十战，终于剿灭了山贼。另有黄巾余部在济南和乐安①一带烧杀抢掠，曹操命吕虔协助夏侯渊平叛，不久诸郡皆平。曹操对吕虔的表现很满意，通令嘉奖。

兼并了袁绍的4州之地，曹操的版图骤然间扩大，但是志得意满的曹操显然并不满足于割地自立这样的小诸侯心态，于是决定挥师北上，攻打乌桓，降服辽东。

六、绥靖塞北

从建安六年（201年）到建安十二年（207年），曹操花了6年时间才彻底消灭袁氏一族，基本上统一了北方。袁谭和高干战败被杀，袁熙和袁尚率数千骑兵逃到塞外，投奔了乌桓，企图借助乌桓的力量东山再起。

乌桓是我国古代的一个少数民族，生活在现在的东北地区，历史上被称为东胡。乌桓为东胡之一，在东胡众部族中，乌桓和鲜卑是两个比较大的少数民族。西汉初期，乌桓被匈奴击败，举族逃到乌桓山。自

---

① 乐安：东汉后期，范围包括今山东省滨州市东部、淄博市西北部、东营市南部及寿光市一带。治所在临济（今山东省高青县高苑镇西北），三国时移治高苑（今山东博兴西南）。

此，人皆称其为乌桓族。

乌桓人世代遭受匈奴人的压榨和迫害，一度沦为匈奴的附庸。匈奴规定，乌桓人必须每年向匈奴上贡，如果拒不上贡，就会受到匈奴的武力讨伐，乌桓人民不堪其苦。

汉武帝年间，汉朝军队不断对匈奴用兵。元狩年间，汉武帝派霍去病领军讨伐匈奴，霍去病成功打败匈奴左贤王部，解除了匈奴长期以来对乌桓人的残酷统治。汉朝下令将乌桓人迁徙到上谷①、渔阳②、右北平③、辽东④和辽西⑤郡附近地区居住，设置"护乌桓校尉"一职，对乌桓人进行管制和监护。乌桓人从此摆脱了匈奴的统治，开始与汉人杂居。汉朝廷命令乌桓人随时侦察匈奴人的动向，及时向朝廷报告。乌桓首领每年觐见汉朝皇帝一次。

西汉末年天下大乱，乌桓遂生反叛之心，经常与匈奴联合攻打中原地区，纵兵烧杀抢掠，汉朝的许多边境州郡惨遭荼毒，老百姓伤亡无数。东汉光武帝刘秀中兴汉朝后，采取怀柔政策招安乌桓，乌桓也重新归附汉朝。光武帝分封了一大批乌桓贵族，让他们率领族人迁居内地，防守边境地区，侦察匈奴人和鲜卑人的动静——东汉朝廷也仿效西汉，设置护乌桓校尉，对乌桓进行管制和督抚。在此后很长一段时间内，乌桓与汉朝相安无事。

东汉末期，汉朝国力衰弱，而乌桓日渐强盛。汉灵帝时，上谷乌桓首领难楼和辽西乌桓首领丘力居自立为王，辽东乌桓首领自称峭王，右北平乌桓首领乌延自称汗鲁王。中平四年（187年），中山太守张纯造反，自称弥天安定王，他联合各郡乌桓侵扰内地，寇略青州、幽州、并州和冀州等地。后来，幽州刺史刘虞设计杀死了张纯，乌桓被打败，北

---

① 上谷：今河北省张家口市宣化区。
② 渔阳：今北京密云一带。
③ 右北平：今内蒙古宁城县。
④ 辽东：今辽宁省辽阳市。
⑤ 辽西：今辽宁义县西。

方边境逐渐趋于安宁。

汉献帝初平年间，辽西乌桓首领丘力居病死，他的儿子楼班年纪还小，丘力居的侄子蹋顿英勇善战，被推选为首领。蹋顿纵横捭阖，很快成为辽东、辽西、右北平三郡乌桓的首领。不久，蹋顿又将自己的势力扩张到上谷乌桓，对中原虎视眈眈。

建安初期，袁绍和公孙瓒互相争雄。当时公孙瓒镇守幽州，与乌桓不睦。为了抵御乌桓的入侵，他经常和乌桓人作战。袁绍趁机拉拢乌桓，乌桓人仇恨公孙瓒，愿意为袁绍效力，多次派兵帮助袁绍打击公孙瓒。建安四年（199年），公孙瓒被袁绍击败。为了答谢乌桓，袁绍矫诏，封蹋顿为乌桓单于、辽东乌桓首领苏仆延为左单于、右北平乌桓首领乌延为右单于。而且，袁绍还将亲戚的女儿当作自己的女儿，嫁给乌桓单于，进一步笼络乌桓。

前辽西乌桓首领丘力居的儿子楼班成年后，上谷乌桓首领和辽东乌桓首领尊奉楼班为单于，以蹋顿为王，三郡乌桓的实权仍然掌握在蹋顿手里。袁绍表荐阎柔①为护乌桓校尉，协调乌桓和中原政权之间的关系。阎柔倾心曹操，官渡决战时便暗中派人和曹操交好，曹操也表荐阎柔为护乌桓校尉。阎柔希望乌桓能够倒向曹操的阵营，但乌桓人没有和曹操打过交道，因此依然与袁绍保持着友好关系。

曹操和袁谭在南皮决战时，袁谭派遣使者到柳城②向乌桓首领苏仆延求助，苏仆延曾受过袁绍的恩惠，因此打算率5000名骑兵去支援袁谭。曹操得到消息，立即派牵招③为使，星夜赶到柳城，阻止苏仆延出兵。恰巧辽东太守公孙康也派使者到柳城来，欲加封苏仆延为乌桓单于。苏仆延问牵招："过去袁绍曾奉大汉皇帝的旨意封我为单于，现在

---

① 阎柔：三国时期曹魏名将，官渡之战时归曹操，拜乌丸校尉，封关内侯。——编者注
② 柳城：今辽宁省朝阳市。
③ 牵招：字子经，安平观津（今河北武邑东）人。三国时期曹魏名将，初从袁绍，袁绍死后跟随袁尚，后因高干加害而投奔曹操，与田豫常年镇守边陲，功绩次于田豫。

曹操又派你来加封我为单于；辽东太守公孙康自称平州牧，也派使者来加封我，我到底该接受谁的加封呢？"牵招说："袁绍加封你是矫诏，大汉朝廷在许都，出自曹操的加封才是正统。至于辽东太守公孙康，他不过是一个小小的郡守，有什么资格加封你呢？"苏仆延说："我打算亲自率兵去救援袁绍的儿子袁谭。"牵招说："曹军神勇，袁绍的几十万大军都被打败了，还怕你这点救兵吗？"苏仆延审时度势，决定不救袁谭。

在乌桓诸部中，蹋顿的实力最强，袁熙、袁尚兵败后，跑到辽西依附了蹋顿。兄弟二人出奔辽西时，有十几万户冀州和幽州的百姓跟随。刘虞为幽州牧时，蹋顿寇略幽州，也劫得汉朝百姓十几万户。袁氏兄弟企图以这数十万户百姓为依托，与蹋顿修好，养精蓄锐，之后再进取中原，恢复河北。

为了彻底消灭袁熙和袁尚，斩草除根，曹操召集诸将商议北征乌桓之事。大部分将领认为袁熙和袁尚已不足为虑，乌桓地处塞外，路途艰险，万一不能速胜，刘表又派兵袭击许都，那就大事不妙了。谋士郭嘉则持不同意见，他力排众议道："袁绍有恩于乌桓，袁熙和袁尚在幽州和冀州一带仍然拥有很大的号召力，如果蹋顿与袁熙、袁尚联合，幽州和冀州必然会叛乱迭起。我们刚刚打败袁氏，河北一带的百姓对我们还怀有仇视心理，收服民心需要很长一段时间。为今之计，我们必须讨伐乌桓，消灭袁熙和袁尚，巩固北疆。至于刘表，他长期坐拥荆襄9郡，不敢向四方展足，刘备去投靠他，他若重用刘备，怕控御不住；不重用，刘备则不会真正为他效力，所以我军大可放心北征，不必顾虑刘表和刘备。"曹操最终决定采纳郭嘉的意见，挥师北伐，征服乌桓，彻底歼灭袁熙和袁尚的残余力量。

建安十二年（207年）五月，曹操率领大军北伐，走到易县（今河北易县）时，郭嘉见行军速度缓慢，建议曹操轻装急进。曹操又一次采纳郭嘉的计策。乌桓地处塞外，没有官道，因此，曹军急切需要一名熟悉当地地形的人做向导，有人向曹操推荐了田畴。田畴，字子泰，文武双全，智勇兼备，早期在幽州牧刘虞手下任职，刘虞被公孙瓒杀死后，田畴率宗族数百家避乱徐无山中。后来，袁绍打败了公孙瓒，派人请田畴出山，被田畴拒绝。曹军打败袁绍后，田畴也没有出来归顺曹操。

这次曹军北伐乌桓，缺乏向导，有知情人向曹操举荐田畴，曹操便派使者去徐无山中请田畴。田畴随使者来到曹操军中，对曹操说："从幽州去塞外有两条路，沿海的这条路在这个季节经常被水淹，无法通行；还有一条小路可以从卢龙塞①插过去，这条卢龙小路已经有200年没有人走了，就连本地人也没有几个知道的。"曹操闻言大喜，忙叫田畴带路。

在田畴的引导下，曹军上徐无山（今河北遵化市东），出卢龙塞，逢山开路，遇水架桥，前后行500多里，皆险峻之处。当时乌桓蹋顿的大本营设在柳城，曹军行至离柳城只有200多里远的地方时，才被蹋顿的部队发现。蹋顿听说曹军突然出现，急忙整军备战。曹军趁乌桓军惊慌失措之机，大举进攻柳城，蹋顿领着数万骑兵迎敌。曹操命张辽为主将，以排山倒海之势杀入乌桓军中，乌桓军大败，蹋顿被乱军杀死。袁熙和袁尚兄弟二人逃到辽东，投奔辽东太守公孙康。

辽东太守公孙康自恃天高皇帝远，不服朝廷号令，早就想拥兵自立。他的父亲公孙度在世时，被朝廷加封为武威将军、永宁侯。但公孙度对朝廷的任命不屑一顾，自封为平州牧，辽东侯。建安九年（204年），公孙度病死，公孙康继位，想自立为辽东王。

袁尚和袁熙投奔公孙康后，诸将劝曹操趁势拿下辽东，谋士郭嘉则认为："现在袁氏兄弟投奔公孙康，千万不可加兵，如果我军贸然发动进攻，公孙康必然会联合袁氏兄弟迎战我军。反之，如果我军回撤，袁

---

① 卢龙塞：位于迁西与宽城接壤处，是燕山山脉东段的隘口，现名喜峰口。清末隶属于直隶省永平府，因府治在卢龙，因此得名。几千年来均为军事要塞，兵家必争之地。

氏兄弟和公孙康必然会自相残杀。"曹操说："公孙康不服从朝廷，为何不趁势将他拿下呢？"郭嘉说："辽东地狭民稀，不足为患，等我们剿灭了其他地方，辽东自然会顺服。"曹操大笑，于是撤军回河北。

果然，袁氏兄弟投奔辽东后，公孙康一直未予接见，只是派人打探曹军消息。他的计划是：若曹军来攻，则与袁氏兄弟并力拒敌；若曹军撤走，则杀掉袁氏兄弟，向朝廷献媚。不久，公孙康听说曹军已经南撤，遂设一宴席，请袁氏兄弟饮宴，趁机将袁尚和袁熙斩杀，随后命人将袁氏兄弟的首级送给曹操。

当时，曹操刚回到邺城不久，得知公孙康派人送来袁氏兄弟的首级，心中大喜，马上设宴庆贺。

回军途中，郭嘉不幸染病身亡，曹操为此非常伤心，对其他谋士说："你们的年纪都跟我差不多，只有郭嘉年纪最小，我还准备百年之后托孤给他呢，没想到他这么早就去世了，还有比这更让人肝肠寸断的吗！"

这里还有一个花絮。据史书记载，公孙康杀袁氏兄弟时，先把二人绑了起来，扔在地上。时值冬天，天气严寒，袁尚对公孙康说："天气太冷，我还没死呢，能给我一张席子坐吗？"同样被绑着的袁熙对袁尚说："我们兄弟二人的头颅即将远行千里，还要什么席子呢！"少顷，公孙康命令武士将二人斩杀。

曹操这次北伐，各郡乌桓的势力都被击溃。战后，曹操下令将之前被乌桓人掳走的数十万汉人百姓全部迁回中原地区。当地的乌桓百姓愿意到中原定居的，也可以迁到内地居住。与此同时，曹操还俘虏了不少精锐的乌桓骑兵，他将这些乌桓骑兵编入自己的军队中，为自己打天下。

第六章　赤壁败，三国立

消灭袁绍，打败乌桓，降服辽东，曹操的实力已经远远超过其他诸侯，拥有了统一天下的雄厚资本。在这种大好形势下，曹操率常胜之师挥师南征，准备剿灭刘表、孙权，一统天下。然而，久受上天眷顾的曹操却兵败赤壁……

一、小霸王与曹操结仇

平定北方后，曹操终于可以腾出手来南征了。是时孙策自霸江东，兵精粮足。早先孙策领军征讨庐江，庐江太守刘勋兵败，孙策趁机兼并了庐江。不久，孙策派使者招安豫章太守华歆，华歆自知无力抵敌，遂举城投降了孙策，孙策自此声势大振。

打败刘勋和华歆后，孙策遣使到许都向朝廷报捷，曹操为了笼络孙策，将曹仁的女儿许配给孙策的四弟孙匡。之后，孙策致书曹操，求取大司马一职，曹操没有答应，孙策大怒，常有袭许都之心。

原吴郡太守许贡倾慕曹操，遂暗中修书一封，派人送往许都，送信人在过江时被巡江军士截住。军士将许贡写给曹操的书信转送给孙策，孙策拆开信件，只见信中说："孙策骁勇，与项羽类似，朝廷宜外示荣宠，将其召到京师，不可使据外镇，以为后患。"孙策十分愤怒，派人将吴郡太守许贡押来，许贡无法抵赖，被孙策斩杀。

许贡死后，他的家人皆逃散，另有门客3人，发誓要为许贡报仇。一天，孙策单枪匹马入山打猎，途中遭到许贡家客的刺杀，伤势非常严重，数日后不治身亡，终年26岁。

孙策临死前，将二弟孙权、大臣张昭等人唤到床前，对他们说："如今天下大乱，以吴越之众，三江之固，足可驰骋天下，建立万世不朽的伟业。"众人闻言都十分伤感，孙策又对孙权说："我死之后，由你统领江东，内事不决，问张昭；外事不决，问周瑜。"孙权听了不禁痛哭流涕，孙策又说："论行军打仗，你不如我；论治国理政，我不如你。我死之后，你要好好干。"孙权说："大哥放心，我知道大哥创业之艰难，我一定会竭力兴盛江东的。"

嘱咐完孙权，孙策又对母亲吴氏说："儿子命在旦夕，以后不能孝敬母亲了。"吴氏哭道："恐你弟弟孙权年幼，不能任大事。"孙策说："弟弟的才能胜我十倍，足以承担大事；况且他已经长大，母亲不必忧虑。"孙策又把三弟孙翊、四弟孙匡叫到跟前，对他们说："我死之后，你们要齐心协力辅佐孙权。"二人受命。

据史书记载，孙策临死之前，张昭等人曾推举孙策的三弟孙翊为继承人，认为孙翊勇烈果断，颇像孙策和孙坚；但孙策觉得二弟孙权沉鸷、稳重，文武双全，更适合做继承人。事实证明孙策的判断是正确的。后来孙翊出任丹阳太守，因脾气暴躁、性情刚烈，与部下不和，被自己的部将刺杀。

当时周瑜屯兵巴丘（今湖南岳阳西南），听说孙策去世，便连夜赶回来奔丧。孙权将孙策的遗命转告周瑜，周瑜说："我与孙将军情同手足，愿效犬马之劳。"孙权问周瑜安邦定国之策，周瑜说："自古得人者昌，失人者亡，曹操和袁绍之所以强大，就是因为他们手下有众多人才。"于是，孙权请周瑜为自己举荐人才，周瑜向孙权推荐了鲁肃。

鲁肃，字子敬，临淮（今安徽滁州市定远县）人，富有谋略，是当地的豪门大族。孙权派周瑜去请鲁肃。鲁肃被请来后，孙权问鲁肃王霸之道，鲁肃说："如今汉室倾危，诸侯各霸一方，互相争雄，将军应该鼎足江东，以观天下之衅。今趁北方多务，进兵剿除刘表，全据长江，然后建号帝王，徐图天下。"孙权笑着说："你的见解很精辟嘛。"

此后，孙权开始招贤纳士，鲁肃向他推荐了诸葛瑾。诸葛瑾，字子瑜，琅琊阳都（今山东沂南）人，是诸葛亮的哥哥。其人博学多才，被孙权拜为幕宾。张昭则向孙权推荐了顾雍。顾雍，字元叹，吴郡吴县（今江苏苏州）人，是蔡邕的学生。其人为官清廉，被孙权拜为郡太守。自此，孙权手下文武兼备，人才济济，威震江东。

曹操打败袁绍后，派使者前往江东，请孙权把他的儿子送到许都做人质。孙权为此问计于张昭和周瑜。张昭说："如果不答应曹操的要求，恐其兴兵下江东。"周瑜愤然道："我江东六郡，兵精粮足，又有长江天险，足以自守。人质一旦送到许都，必然受制于曹操。"孙权便依周瑜之言，决定不送人质去许都。曹操大怒，欲兴兵下江东，怎奈当时北方未平，无暇南顾。

建安八年（203年），孙权起兵攻打刘表的部将黄祖，黄祖镇守江夏郡①，双方大战于长江之中，黄祖大败。孙权随即收兵回江东。不久有两名良将来投孙权：一个是吕蒙，字子明；还有一个叫潘璋，字文珪。两人皆弓马娴熟，武艺高强，孙权封吕蒙为校尉、潘璋为都尉。

建安十三年（208年）春，孙权趁曹军北伐乌桓之际，再次出兵进攻江夏的黄祖，时有黄祖部将甘宁②帮助孙权击破江夏，骑士冯则斩杀了江夏太守黄祖。孙权得了江夏郡后，打算分兵坚守，张昭建议道："江夏是一座孤城，不可久守，不如先撤兵回江东。刘表知道黄祖被杀的消息后，一定会起兵报仇，到时我军以逸待劳，打败刘表后，即可趁势将荆州一并拿下。"孙权遂撤军回江东。

孙权虽然杀了黄祖，取得了一定的胜利，但是曹操大军已有席卷天下之势。孙权面临着前所未有的压力，他原本可以联合刘表抗击曹操，

---

① 江夏郡：中国湖北古代地方行政区名。
② 甘宁，三国时期孙吴名将。先后随孙权破黄祖据楚关，随周瑜攻曹仁取夷陵，随鲁肃镇益阳拒关羽，守西陵、擒朱光，率百余人夜袭曹营，战功赫赫。陈寿盛赞他"江表之虎臣"。

但刘表早死，荆州局势骤变。在战与和的摇摆中，刘备异军突起。

二、刘备终得高人

众所周知，曹操一生叱咤风云，但始终未能实现统一中国的宏愿。曹操的两大对手——刘备和孙权，刘备更像是曹操的天敌。刘备的个人能力与曹操相差甚远，他之所以能与强大的曹操抗衡，主要是仰赖其军师诸葛亮的力量。

诸葛亮，字孔明，出生于书香世家，世居北方。汉末北方战乱不断，诸葛亮为躲避战乱，举家迁往荆州。史书说诸葛亮喜好结交文人雅士，与当时4位知名人士关系甚笃，这4人分别是崔州平、石广元、孟公威和徐元直（即徐庶），都是荆州的社会贤达。有一次，4人结伴去诸葛亮家中拜访，酒酣耳热之时，诸葛亮问4人的志向如何。4人回答说："希望在这乱世之中拼出一个刺史或郡守来。"诸葛亮听了，哈哈大笑，4人反问他志向如何。诸葛亮乘着酒兴对4人说："我平生之愿就是希望能成为管仲、乐毅、张良那样的旷世伟人。"管仲、乐毅和张良分别是春秋战国时期和汉代的盖世英才，功勋卓著，诸葛亮自比这3个人，着实让崔州平等人大为惊异。

刘备败退到荆州后，在刘表手下经营着一两个县，诸葛亮的好友徐庶自愿加入刘备的阵营之中，为刘备效力。曹操在北方也时刻关注着刘备在荆州的动向，他听说荆州名士徐庶在刘备手下供职，有意要挖刘备的墙角，遂派人将徐庶的母亲抓到许都，监禁起来，然后亲自写信给徐庶，请他来许都投奔自己。徐庶是个至孝之人，听说母亲被曹操囚禁，只得离开刘备，到许都投奔曹操去了。同时，为了报答刘备的知遇之恩，徐庶临走时将诸葛亮推荐给刘备，并在刘备面前盛赞诸葛亮的才能。

刘备一向求贤若渴，他听徐庶说诸葛亮是个旷世奇才，非常高兴，准备亲自去请诸葛亮出山。刘备的两个结义兄弟关羽和张飞很不高兴，对刘备说:"诸葛亮不过是一介村夫,何必亲自上门去请,派个小兵去请就行了。"刘备不同意关羽和张飞的意见,他说:"诸葛亮是大贤,是旷世奇才,召肯定是召不来的,必须亲自去请。"

随后,刘备毅然踏上了求访诸葛亮的征程。据说刘备第一次拜访诸葛亮时,诸葛亮正好不在家中,而是到外面巡游去了。在返回的路上,刘备遇到了诸葛亮的好友崔州平,两人一见如故,席地而坐,畅谈国家大事。崔州平问道:"你找孔明有什么事?"刘备如实说道:"现在天下大乱,我想向孔明先生求取安邦定国之策,并请他出山辅政。"崔州平笑着说:"你以治乱为目的,虽然是出于仁心,但自古以来,治乱无常,天下的大乱和大治是一种自然循环。秦朝末年,天下大乱,汉高祖刘邦挺身而出,率众起义,最终灭了秦朝,恢复了国家的稳定;后来,王莽篡逆,天下再次大乱,光武帝刘秀和王莽苦战数年,中兴了大汉王朝,天下也再次由大乱进入大治。你刘皇叔虽然有和刘邦、刘秀一样的志向,但天命难测,你未必能如愿。"刘备听了喟然长叹道:"我身为汉室子孙,身上流着汉高祖和光武帝的血,不管匡济天下的目标最终能否成功,我都必须尽力而为,誓死方休。"崔州平非常欣赏刘备身上这种豪迈之气,临别时,刘备请崔州平出山相助,但遭到了婉言谢绝。

过了一段时间,刘备带着关羽、张飞再次前往卧龙岗拜访诸葛亮,事有凑巧,诸葛亮又不在家。刘备两次求访,都未能见上诸葛亮一面,心中非常惆怅,于是挥笔作书一封,内容大概为:"刘备久仰先生大名,两次拜访均未得一见。如今天下大乱,汉室倾危,百姓涂炭,刘备虽有匡扶社稷之诚意,却没有经天纬地的策略,希望下次来访时能够见到先生,听取先生治国安邦的良策。刘备相信先生一定有像张良和姜子牙那样的才能。"

诸葛亮回到家中后,家人将刘备的书信奉上,诸葛亮阅后,感慨万千,直觉告诉他,刘备就是他命中的真主。不久刘备第三次拜访诸葛亮,这一次,两人终于见面了,诸葛亮给刘备献上了历史上著名的《隆中对》,关于隆中对的内容,下文会有专门的叙述。

刘备自从得了诸葛亮，如鱼得水，从此开始了自己辉煌的创业之路。也正是从这一刻起，历史给曹操的统一大业制造了最大的障碍。

三、杀孔融，下江南

从建安元年（196年）到建安十三年（208年），曹操先后攻灭了袁术、吕布、袁绍等大军阀，基本上实现了北方的统一。北方既平，曹操的下一个目标就是荆州的刘表。

刘表，字景升，山阳高平人（今山东邹城西南），史书上说他身长八尺有余，姿貌温伟，与张俭等人号称"八顾"，是当时的知名人士，曾经在大将军何进手下任过职。

董卓废少帝，立献帝，天下诸侯多有起兵讨伐董卓者，长沙太守孙坚也率军北上讨伐董卓，被荆州刺史王睿阻挡，孙坚逼死王睿，继续率兵北上。王睿死后，朝廷下诏委任刘表为荆州刺史。刘表刚上任时是一个"光杆司令"，他单马入宜城（今湖北宜城），找荆州名士蒯良、蒯越、蔡瑁做帮手。蒯越和蔡瑁答应帮助他平定荆州的内乱。当时，荆州境内宗贼①猖獗，小军阀很多，蒯越用计策把小军阀的首领召集到一起，然后发起突然袭击，将这些人杀死，并收编了他们的部队。当时江夏人张虎、陈生割据襄阳，蒯越亲自跑到襄阳，利用自己在当地的影响力，劝降了张虎、陈生。随后，刘表和蒯越、蔡瑁等人进入襄阳，传檄荆州各郡，各郡皆表示愿意归附。

割据南阳的大军阀袁术派孙坚进攻襄阳，刘表派部将黄祖率军迎敌。孙坚打败了黄祖，进逼襄阳，在争夺襄阳的战斗中，孙坚被刘表的军队乱箭射死。孙坚战败后，刘表在荆州的势力进一步得到了巩固和加强。袁术被曹军消灭后，刘表派兵入驻南阳。后来，张济领军攻打穰城，也被刘表的军队射杀。张济死后，由张绣统领张济的军队，刘表派

---

① 宗贼：指以宗族、乡里关系而组成的武装集团。

人去招安张绣，张绣遂率军入驻南阳，充当了刘表的羽翼。这之后，曹操多次南征张绣，刘表每次都派军队支援张绣，抵抗曹军的进攻。

曹操与袁绍在北方相持不下时，长沙太守张羡纠合零陵郡①和桂阳郡②，举兵反抗刘表，同时写信给曹操，表示愿意归附曹操。曹操接到张羡的投诚信后十分高兴，命他在南面牵制刘表，使刘表无法北上支援袁绍。得知张羡叛变的事情后，刘表亲自率兵攻打张羡，张羡据守长沙、零陵和桂阳，刘表的军队久攻不下。后来，张羡病死，其子张怿继续举兵与刘表对抗。不久，张怿等战败，刘表平定了叛乱，长沙、零陵和桂阳三郡复归刘表。

此后，刘表在荆州励精图治，使得荆州呈现一片欣欣向荣的景象。与中原地区相比，荆州地区的战事比较少，所以当时很多北方的士人和百姓都跑到荆州来避乱。诸葛亮一家就是从北方避乱来到荆州的。之前，袁术任命诸葛亮的叔叔诸葛玄为豫章太守，诸葛玄正打算到豫章就任，不料朝廷又任命朱皓为豫章太守，诸葛玄只得到荆州投奔刘表。诸葛亮自幼父母双亡，由诸葛玄抚养长大。诸葛玄到荆州不久，诸葛亮也举家搬迁到荆州，住在襄阳以西20里的隆中。

刘备汝南兵败之后，也逃到荆州依附刘表，刘表让他驻扎在新野。经徐庶、司马徽等人推荐，刘备三顾诸葛亮于隆中，以求取安邦定国之策。诸葛亮对刘备说："袁绍的势力比曹操大，而曹操竟能打败袁绍，不仅在于天时，也在于人谋。如今曹操兼并了袁绍的部队和地盘，实力更强，不可与其争锋；孙权占据江东，兵精粮足，民众归附，我们可以与他结为外援；刘表年老，荆州的军政被蔡瑁等人把持，不久必生内乱，我们届时可趁势夺取荆州；益州刘璋虽然是汉室宗亲，但他并非明主，益州人心离散，我们取得荆州后，可领军西征益州。若大事可成，

---

① 零陵郡：辖域最大时包括今湘中到湘西南到桂东北的永州、桂林、邵阳、衡阳、湘潭、娄底等地区。治所在今湖南省永州市零陵区城区。
② 桂阳郡：郡治在今郴州市区，范围包括今天的郴州各个区县，以及广东北部的一部分，如阳山、曲江、浈阳、桂阳等县。

我们就三分天下有其一了。"这就是著名的《隆中对》，刘备闻言如拨云见日，于是请诸葛亮出山帮助自己成就大业。

刘表和刘备之间一直是互相利用的关系。刘表意识到曹军早晚要南下，所以让刘备驻军新野，帮助自己抵御曹军南侵。刘备则想借助刘表的力量东山再起，与曹操争夺天下。

一天，刘表请刘备到襄阳赴宴。饮酒间，刘表见刘备脸上有泪痕，便问他有何苦衷。刘备伤感地说："我起兵20多年，屡战屡败，今年快50岁了，仍功业未成，身无立锥之地，能不难过吗？"刘表劝慰刘备说："连曹操都不敢小看贤弟，何愁大事不成啊！"刘备借着酒劲说："我若有资本，天下碌碌之辈，诚不足为虑。"刘表闻言沉默不语，自此怀疑刘备有觊觎荆州之心。

刘表有两个儿子，长子刘琦，次子刘琮。起初，刘表见长子刘琦长得很像自己，很喜欢刘琦；次子刘琮和刘琦非一母所生，刘琮的妻子是刘表后妻蔡氏的侄女，所以，刘琮和蔡氏走得比较近。蔡氏的弟弟蔡瑁是荆州的上将，蔡氏乃荆州的名门大族，在荆州颇具影响力。刘表宠信后妻蔡氏，蔡氏和蔡瑁经常鼓动刘表立次子刘琮为继承人，而刘琮本人也非常聪明伶俐。刘表一时不知道该立哪个儿子为继承人，便向客居荆州的刘备征求意见，刘备说："废长立幼，自古以来就是取乱之道，如果忌惮蔡氏一族的势力，可以想办法慢慢削弱蔡瑁的权力。"很显然，刘备反对刘表立次子刘琮，而支持立长子刘琦。刘表听了仍犹豫不决。

曹操北伐乌桓得胜不久，准备南征刘表，并在邺城开凿玄武池以训练水军。当时关中尚未平定，马腾和韩遂成了曹操的心头之患。为了消除来自侧翼的威胁，曹操以汉献帝的名义征召马腾为卫尉，马腾没有推辞，带着部分家人到许都就任卫尉；曹操又表荐马腾之子马超为偏将军，留在关中统领马腾的部队。

曹操又上表给汉献帝，请求罢免三公之官，设置丞相和御史大夫，汉献帝不得不准奏。根据曹操的意思，献帝任命曹操为丞相，总摄朝政。这样一来，曹操在政治上进一步增强了自己的权力。

孔融听说曹操打算起兵南征，上表启奏汉献帝，竭力反对曹操下江南。曹操大怒，命御史大夫郗虑暗中搜集孔融的罪证。不久，郗虑弹劾孔融结党营私、图谋造反，曹操下令将孔融下狱，然后处死。孔融有两个孩子，尚年幼，孔融被抓时，他们正在下棋，军士见两个孩子如此镇定，惊讶地问道："你们的父亲即将被处死，你们怎么还能够镇定自若呢？"两个孩子从容答道："覆巢之下，岂有完卵！"有人将此事报于曹操，曹操下令将孔融全家处斩，斩草除根，永绝后患。

孔融是汉末名士，他被曹操处死后，举国皆惊。为了平息社会舆论，曹操可谓绞尽脑汁。他让郗虑等人集齐孔融的文章和诗句，从中断章取义，罗织罪名，说孔融是浮华交会之徒、不忠不孝之辈。

孔融在政治上是绝对忠于大汉王朝的，所以他和曹操势不两立，处处与曹操作对。曹军破邺城时，曹操的儿子曹丕娶了袁熙之妻甄氏。孔融听说后，给曹操写了一封信，信中说："武王伐纣，以妲己赐周公。"讽刺曹操为儿子曹丕娶了袁绍的儿子袁熙的老婆为妻，曹操虽然恼怒，但也无可奈何。后来，曹操欲北伐乌桓，孔融又上表谏阻，说乌桓是草芥小患，没有必要大动干戈，劳师远征。但曹操对孔融的谏阻置若罔闻，毅然决定出征。

据说孔融还上过一道表章，建议由汉献帝直接控制京师附近千里以内的地方。孔融忠于献帝，一直想削弱曹操的权力，曹操对他恨之入骨。所以，当孔融站出来反对曹操南征刘表时，曹操终于忍不住大开杀戒，灭了孔融三族。

且说刘备自从得了诸葛亮，对其十分恭敬，把诸葛亮当作自己的老师对待。一天，刘表的长子刘琦找到诸葛亮，哭诉道："继母不能相容，性命旦夕难保。"请诸葛亮给他想个办法。诸葛亮对刘琦说："昔日，申生在内而亡，重耳在外而安。"意思是让刘琦出镇外郡，刘琦同意了。不久，江夏太守黄祖被东吴攻杀，刘琦上表给刘表，请求出任江夏太守，刘表于是任命刘琦为江夏太守。从此，刘琦出镇江夏郡，与刘备保持着良好的关系。

荆州内部的权力斗争刚刚告一个段落，曹操的铁骑便踏着尘土滚滚而来，荆州上空又开始弥漫着死亡的气息。

四、兵不血刃，入主荆州

曹操踏平冀州后，常有取荆州之意，于是派曹仁、李典领兵数万屯于樊城，虎视荆州。曹仁的部将吕旷、吕翔对曹仁说："刘备屯兵新野，不停地招兵买马，必为后患，不如先发制人，攻取新野，生擒刘备。"曹仁便派吕旷、吕翔领5000人攻打新野。刘备听说曹军来攻，率军迎战。吕旷、吕翔出马挑战，刘备阵上赵云和张飞出马，双方战了10余个回合，张飞一矛刺吕翔于马下，赵云一枪刺吕旷于马下，刘备麾军掩杀，曹军大败，退回樊城去了。

曹仁折了二将，心中愤怒，于是倾巢而出，一心想要踏平新野。李典劝曹仁不可轻动，但曹仁执意不听，领兵数万，直取新野。刘备见曹军势大，坚守不出。曹仁在新野城外布下了一个八门金锁阵①，请刘备出城破阵，刘备问计于军师徐庶。徐庶将破阵之法详细进行了说明，刘备遂领军出城，赵云和张飞率先冲阵，两军酣战多时。刘备大军运用徐庶的破阵之法，将曹仁的八门金锁阵击破，曹军大乱。刘备等率军掩杀，曹仁领着败军奔到樊城城下，只听城上一声鼓响，关羽站在樊城之上，大喝道："我已经袭取樊城，还不快快下马受死！"曹军皆胆寒，曹仁大怒，想要攻城，被部将李典劝住，二人领着残兵败将回许都去了。

很快，曹操又派夏侯惇领兵10万，前往新野征讨刘备。此时，刘备已得诸葛亮，当夏侯惇领军进攻新野，路过博望坡时，被诸葛亮用火攻击败。刘备趁势率军掩杀，夏侯惇损失了很多人马，领着败军狼狈逃

---

① 八门金锁阵：根据"奇门遁甲"中的八门方位、星象、地形等因素所作用于古代战场上的战阵。

回许都。

樊城之战和博望坡之战是曹军攻下荆州的前哨战，结果曹仁和夏侯惇相继战败，曹操大怒，起兵20万，南征刘表，兼讨刘备。曹军出征前，荀彧向曹操献计说："之前数次用兵，刘表对我们已经有所防备。这次丞相可亲自领军大张旗鼓地向宛城和叶县推进，同时派一支劲旅抄小路，轻装急进，攻其不备，杀刘表一个措手不及。"曹操抚掌称善。

此时刘表病卧在床，病情越来越严，刘琦听说父亲病重，忙从江夏来到襄阳，想探视刘表。蔡瑁恐刘表和刘琦见面后节外生枝，于是派兵将刘琦挡在门外。刘琦找蔡瑁理论，蔡瑁声色俱厉地对他说："你受命镇守江夏，责任很大，如今未奉上命，擅离职守，主公见了你，必然发怒，反而更不利于主公养病，你速回江夏。"刘琦执意要见刘表，蔡瑁大怒道："东吴孙权早就对江夏垂涎三尺，你耗在这里不走，倘若东吴兵偷袭江夏，如何迎敌？"刘琦在襄阳待了数日，最终没能见到父亲，只得闷闷不乐地回到江夏。

刘琦走后不久，刘表就病死了。之后，蔡瑁、张允等人拥立刘表次子刘琮为荆州刺史，并对刘表的死秘不发丧，既不通知刘琦，也不通知刘备。

刘琮刚刚继位，就收到了曹军大举南征的消息，连忙召集文武官员商议对策。谋士傅巽说："现在荆州可谓内忧外患，新野的刘备和江夏的刘琦皆觊觎荆州，前来兴兵问罪是迟早的事，此时不如归顺曹操。"刘琮大怒，责备傅巽道："我刚刚继承父亲的爵位，统领荆州，你就劝我投降曹操，你到底安的什么心？"傅巽闻言缄默不语，蒯越对刘琮说："自古以来，逆顺有大体，强弱有定势。今曹操挟天子攻诸侯，我们若率军抵抗，于理不顺。最重要的是曹军势大，曹操又善于用兵，我们如果率军抵抗，只会像袁绍、袁术一样被曹操消灭。"

蒯越是刘表的重臣，刘琮见蒯越也劝自己投降曹操，一时无言。这时，荆州从事王粲附和道："蒯大人说得很有道理，主公还有什么难言之隐吗？"刘琮叹气道："不是我不肯听从你们的劝告，只是现在若将荆州送给曹操，恐贻笑于天下。"王粲问道："试问主公比袁绍、袁术、吕布如何？"刘琮说："我不如他们。"王粲说："袁绍、袁术、吕布等皆是兵精将勇，但最后都败给了曹操，我们荆州凭什么与曹操争锋呢？"刘琮又征询蔡瑁、张允等荆州将领的意见，众将都力劝刘琮归降曹操。刘琮无奈，只得派宋忠到曹营递送降书，向曹操投降。

曹军行至离荆州还有几十里的地方，碰到了刘琮的使者宋忠。宋忠向曹操递上降书，表示刘琮愿意归顺。曹操问谋士程昱："刘琮是真降还是诈降？"程昱说："倘若刘表在世，必然会率军抵御，今刘表突然去世，幼子刘琮继位，根本镇不住荆州的局势。丞相扫平北方，威名大振，荆州的文武官员听说丞相亲自领军南征，必是胆寒，力劝刘琮投降也在情理之中，丞相不必多疑。"曹操听了便放下心来，命令大部队向荆州开进。

且说刘备在新野和樊城驻军，听说曹军大兵压境，忙整顿兵马，准备迎敌，忽闻刘表已经去世，刘琮继位，而且已经向曹操投降，不由大惊失色，于是下令弃守樊城和新野，向江陵（今湖北荆州市）方向撤退。

刘备的军队经过襄阳时，刘备到城下请刘琮答话，刘琮害怕，不敢来见。诸葛亮劝刘备趁势攻打襄阳，夺取荆州，然后与曹操决战，但刘备见襄阳城戒备森严，难以攻取，决定领兵投江陵而去。

江陵是荆州重镇，钱粮和军械极多。曹操听说刘备正往江陵方向撤退，亲自率领5000名骑兵追击刘备。刘备往江陵撤退途中，很多荆州百姓纷纷跑出城来，跟随刘备南撤。据说当时随军的百姓有十几万人，诸葛亮劝刘备抛下百姓，迅速撤往江陵，刘备不同意，说："成就大事的人以人为本，现在百姓们舍命跟随，我怎么能丢下他们呢。"于是，他带着军队和百姓缓缓地向江陵撤退，日行不过数十里。

曹操知道刘备的情况后，亲自率领骑兵，日行300里追击刘备，在当阳长坂坡追上了刘备的军队。曹军的精锐骑兵当即发起冲锋，刘备的军队很快就被冲散了。赵云、张飞保着刘备和诸葛亮死战得脱，赵云杀出重围后，发现刘备的儿子刘禅在混战中失散，又挺枪跃马杀入曹军之中，救出还在襁褓中的刘禅。刘备见了刘禅，悲喜交加，又见赵云浑身是血，为了救刘禅，差点儿丢掉性命，于是将手中的刘禅掷于地上，抚慰赵云说："为了救这孺子，差点儿让将军送命，以后切不可如此鲁莽。"张飞率军断后，据水断桥，曹军恐有伏兵，便不再追赶。

长坂坡一战，刘备的军队被曹军打得大败，跟随刘备的十几万百姓也在混战中被冲散，很多人被曹军的骑兵践踏而死。刘备杀出重围后，无法再向江陵转进，便折向东南，往汉水方向撤退，途中遇到关羽率领的水军沿江而下，随即合兵一处，向夏口①撤退。恰巧江夏太守刘琦率领一万多将士前来接应，于是，刘备和刘琦退守江夏。

刘备逃到江夏后，曹操没有紧追不舍，而是命令部队进占江陵。刘表之前在江陵囤积了大量军用物资，现在被曹军全部缴获。接着，曹操又派人招安长沙、零陵、武陵和桂阳4个郡，4郡先后投降。自此，荆襄9郡，除江夏外，其余8郡皆被曹操收于囊中。随后，曹操发布命令，出榜晓谕荆州军民，表示将对荆州军民秋毫无犯。

曹操绥靖荆襄8郡后，坐镇襄阳，对归附自己有功的人一一论功行赏。荆州刺史刘琮被任命为青州刺史，但刘琮不愿去青州任职，希望继续留在荆州。曹操不同意，于是改任刘琮为谏议大夫，前往许都就职，不得推脱。刘琮无奈，只得硬着头皮前往许都，出任谏议大夫。刘表在荆州经营10多年，根基深厚，曹操当然不会让刘琮继续担任荆州刺史。

安排好刘琮后，曹操迫不及待地召见蒯越，高兴地说："我不喜得荆州，很高兴能够得到你。"随即封蒯越为列侯。蒯越足智多谋，早年曾在大将军何进手下任职，劝何进诛除宦官，何进逡巡不前。后来董卓进京乱政，蒯越避乱到荆州，辅佐刘表平定了荆州。曹操早就仰慕蒯越

---

① 夏口：古镇名。因在夏水（汉水下游的古称）注入长江处，故称夏口。本在江北，即今湖北武汉市汉口。

的才能,这次得到蒯越,他内心十分高兴。

曹操进入荆州后,立即下令释放韩嵩。韩嵩,字德高,官渡之战时,刘表派韩嵩去许都打探动静。临行前,韩嵩对刘表说:"你最好不要派我去,我去了许都,见到天子后,万一天子赐我个一官半职,我就成了朝廷的官员,无法再为将军效力了。"刘表不由分说,执意让韩嵩去许都。韩嵩去了许都后,曹操表荐韩嵩为侍中,迁零陵太守。韩嵩回到荆州,极力为曹操歌功颂德,力劝刘表归附曹操,刘表大怒,打算将韩嵩斩首,经众官求情才作罢,但他怒气未消,下令将韩嵩下狱。此后数年,韩嵩一直在狱中生活。曹操进驻襄阳后,立即下令将韩嵩释放,加封为大鸿胪。后来,曹操请韩嵩为自己举荐人才,凡是韩嵩推荐的人才,他一律予以录用。

傅巽和王粲因劝刘琮归降曹操有功,曹操加封他们为关内侯。蔡瑁、张允等荆州将领也得以封侯。荆州大将文聘是最后一个参见曹操的,曹操问道:"你是荆州的上将军,怎么来得这么晚呢?"文聘羞愧地说:"我作为荆州大将,不能为刘氏保全荆州,心中惭愧,无颜前来见你。"曹操称叹道:"你不仅是一名良将,还是一个忠臣啊!"当即任命文聘为江夏太守,赐爵关内侯。

刘琮不战而降使得曹军几乎兵不血刃就占领了荆襄8郡,刘琦和刘备偏安于江夏,惶惶不可终日。在长坂坡一战中,刘备的两个女儿被曹军俘虏,儿子刘禅也险些被曹军抓去。

曹操这次南征,之所以能够迅速占领荆州,得益于荆州内部的分崩离析。刘表的突然去世使得荆州失去了主心骨,刘表麾下的很多将领和谋臣早就投降之心,刘表一死,他们就鼓吹北方威胁论,劝刘琮投降苟安。假设刘表死后,由刘琦继位、刘备辅佐的话,曹军不经过血战是不可能拿下荆州的。所以,刘表的突然死亡和刘琮的继位在客观上帮助了曹操。

益州牧刘璋听说曹操没费多大力气就降服了荆州,忙派别驾张松拜见曹操。这时的曹操志得意满,对刘璋的使者张松不屑一顾。张松本想结好曹操，遭到冷落后，回到益州报告刘璋说："曹操奸诈，荆州刺史刘琮投降曹操后，曹操出尔反尔，改任刘琮为青州刺史，旋即又任命刘琮为谏议大夫。主公若归附曹操，曹操也必然不会厚待主公，刘琮就是前车之鉴。"刘璋听信了张松的话，遂对曹操抱有成见，后来再也没有派使者结交过曹操。

五、统一的克星：孙刘联盟

轻易取得荆襄8郡，使曹操产生了一个错觉，即认为消灭孙权不过是小菜一碟。然而，错觉毕竟是错觉，他咄咄逼人的攻势很快便催生了一个强大的联盟——孙刘联盟。

当时荆州作为一块四战之地，不仅曹操对它志在必得，江东的孙权也对其虎视眈眈。东吴大将甘宁曾经对孙权说："荆州地广民强，沃野千里，实乃帝王之资。刘表老迈，而且他的两个儿子都很平庸，不足以成大事。主公若能攻取荆州，再向西攻取益州，最后北伐中原，一统天下，那么，主公将成为千古一帝。"周瑜和鲁肃也对孙权讲过类似的话。

刘表去世后荆州迅速沦陷，加剧了江东的震动。鲁肃对孙权说："荆州与江东毗邻，江山险固，百姓富足，若能将其兼并，足可成就帝王大业。曹军南下之初，我的本意是想让主公与刘琮合作，共拒曹军，没想到刘琮竟然不战而降了。为今之计，我们应该与尚未投降曹操的刘备、刘琦合作，共同抵御曹军的入侵。"孙权叹气道："刘表在荆州艰难创业，开辟了荆襄9郡，带甲10余万，没想到刘琮居然如此无能，轻易将他父亲的基业拱手送给了曹操，可悲可叹啊！"鲁肃进言道："刘表刚死不久，我愿以吊丧为名，前往荆州探听虚实，看能否与刘备、刘琦联合。"孙权表示同意。

鲁肃渡过长江，听说刘备已经退守夏口，于是前往夏口拜见刘备。当时刘琦也在夏口，鲁肃安慰刘琦道："你的父亲突然去世，你要节哀顺变啊。"接着，鲁肃问刘备："曹军势大，江夏恐怕守不住，你下一步有什么打算？"刘备回答说："苍梧太守吴巨①是我的朋友，我打算去投奔他。"鲁肃笑道："皇叔所言恐非实话，苍梧郡地处边远，兵少粮寡，难以坚守。如今我家主公孙权将军礼贤下士，江南一带的英雄豪杰纷纷归附，皇叔不如与我家主公联合，共同抗击曹军。"刘备大喜，对鲁肃说："江东孙氏满门英豪，现在有机会与之联合抗曹，我很高兴。"两人商议完毕后，刘备派关羽领一队兵马驻守夏口，他和诸葛亮、张飞、赵云等人则率军退守长江南岸的樊口②。

随后，刘备派诸葛亮随鲁肃去见孙权。当时，孙权在柴桑③，鲁肃和诸葛亮到达柴桑后，鲁肃先引诸葛亮去见江东的文武百官。在东吴的朝堂上，很多东吴大臣纷纷诘难诸葛亮。张昭挑衅道："我是江东的无名之辈，久闻先生自比管仲和乐毅，是真的吗？"诸葛亮笑着说："不错，我确实经常自比为管仲和乐毅。"张昭说："我听说先生辅佐刘备，早就想席卷荆州，可如今荆州落入了曹操之手，你怎么解释？"诸葛亮说："在我看来，取荆州易如反掌，只是我家主公躬行仁义，不忍夺刘表之基业。刘琮孺子，私自投降曹操，致使曹军得以猖獗。"张昭讥讽道："刘备未得先生之前，尚且割据城池，纵横天下，为何现在得了先生，反而一日不如一日了呢？"诸葛亮从容应对道："胜败乃兵家常事，昔日高祖刘邦多次败于项羽，直至后来垓下一战成功，我就是刘备的韩信，不信可以走着瞧。"张昭听了哑口无言。

孙权麾下文官虞翻④见张昭难不倒诸葛亮，便高声问道："今曹军百万之众，龙骧虎视，平吞江夏，你有什么御敌之策？"诸葛亮回答说："曹操收袁绍蚁聚之兵，劫刘表乌合之众，虽号称百万之众，不足为

---

① 吴巨：东汉末年刘表部将，苍梧太守。因与刘表所遣交州刺史赖恭失和，发兵驱逐赖恭。后来，孙权任命步骘为交州刺史，吴巨外附内违，次年为步骘诱杀。

② 樊口：位于湖北省鄂州市西部，武汉市洪山区东侧。因当樊港入江之口，故名。

③ 柴桑：即江西省九江市市辖区，是东晋著名诗人陶渊明的故乡、民族英雄岳飞的第二故乡。

④ 虞翻：三国时期吴国学者、官员。本是会稽太守王朗部下功曹，后投奔孙策。

惧。"虞翻仰天大笑道："军败于当阳，计穷于夏口，如今来我江东求救，竟然还如此大言不惭。"诸葛亮正色道："士可杀，不可辱，我家主公欲与曹军决一死战，绝不投降，所以才派我来这里，与你们东吴合兵抗击曹军。荆州沦陷，江东也将不保，唇亡齿寒，我也是来救你们的，而你们却对我百般刁难，难道这就是你们东吴的待客之道吗？"虞翻一时语塞。

不多时，孙权升堂议事，文武百官参拜完毕，孙权对众人说："曹操给我送来一封信，请我和他会猎于江夏，说他这次南征，带甲百万，誓要一统天下。"张昭进言道："曹操挟天子征伐四方，名正言顺，我们江东唯一可以抗拒曹军的就是长江天堑。如今曹军已经占领荆州，饮马长江，一旦渡江南下，我军无法抵挡，不如向曹操求和。"虞翻等江东百官皆附和张昭道："张大人所言甚是，请主公与曹操议和！"老将程普愤然道："讲和就等于向曹军投降，万万不可，我等随孙坚、孙策将军血战多年，才创下江东基业，岂可轻易献给曹操！"黄盖、韩当等江东武将也义正词严地说："臣等愿与曹军决一死战，绝不投降。"孙权见文臣武将各执一词，相持不下，便起身如厕。

鲁肃追孙权到厕所，孙权知道鲁肃有话要说，问道："你有什么意见？"鲁肃说："江东上下，所有人都可以降曹操，唯独主公不可以降曹操。"孙权说："此话怎讲？"鲁肃分析说："若我等投降曹操，曹操必然会重用我等，给我等加官晋爵，而主公一旦投降曹操，曹操一介奸雄，还会让主公继续镇守江东吗？再说主公以神武雄才，仗父兄余业，江东六郡兵精粮足，理应胸怀大志，与曹操争夺天下。"孙权闻言大喜，抓住鲁肃的手说："张昭等文臣的话让我感到很失望，唯独你是真正为我着想啊！"鲁肃说："主公英明，将来定能成就大事。今有刘备军师诸葛亮在此，主公如果想要了解曹军实情，可以去问他。"

孙权随即下令退朝，单独请诸葛亮进入后堂，问道："自刘琮投降后，你跟随刘备与曹军交战，必然知道曹军虚实，请问曹军现在到底有多少人马？"诸葛亮回答说："最多也就30万人，号称百万，不过是为了吓唬人。"孙权说:"依你之见,江东能否与曹军一战?"诸葛亮说:"昔日天下大乱,袁绍、袁术、吕布等与曹操争夺天下,今袁绍、袁术、吕布等人皆被曹操消灭,只剩下刘备和将军,将军若能举江东之众和曹操争衡,就请早日摆明立场,与曹操断绝关系;如果不能,则按兵束甲,将江东献给曹操便是。"孙权说:"你家主公刘备为何不投降曹操?"诸葛亮闻言,用激将法激孙权道:"我家主公英雄盖世,天下归心,断无向曹操屈膝投降之理。"孙权愤然道:"刘备以万余人的兵力尚敢在江夏与曹军对战,我又怎坐拥江东10万大军却受制于人,我已经决定了,誓与曹军决一死战。"

孙权想了想,又问诸葛亮:"刘琦是否也愿意与刘备共同抗击曹操?"诸葛亮说:"江夏太守刘琦当然是主张抗击曹操的,而且他手下也有精兵1万多人,加上主公的兵马,江夏可以抗击曹军不下2万人。东吴若能出兵5万,和江夏共同抗击曹操,我们还是很有胜算的。"

接着,诸葛亮又进一步对孙权说:"曹军远道而来,疲惫不堪,近日追击我家主公,日行300里,已成强弩之末。曹军精锐多是北方人,不习水战,现在来到南方,因为水土不服,多生疾病,客观因素对曹军不利。再者,刘表的荆州军刚刚归附曹操,对曹操仍暗怀不服,多有疑忌。照此看来,曹军虽然有30万人,但其战斗力不会太强,我们只要有曹军三分之一的兵力,就足以打败曹军。曹军一败,必然北返。届时,江东和荆州的势力就能迅速崛起,我们和曹操就势均力敌了,日后曹操再想征讨我们,就没那么容易了。"孙权听了诸葛亮的分析,觉得很有道理,十分高兴,于是命人召周瑜回柴桑议事。

当时东吴大都督周瑜正在鄱阳湖训练水军,忽闻曹军南下,已经占据荆州,于是不等孙权宣召,星夜往柴桑赶来。孙权听说周瑜已到柴桑,赶紧召见周瑜,询问战和大计。周瑜说:"昔日,我与你的兄长孙策将军几乎是白手起家,拼得江东,无论如何,我头可断,血可流,绝不向任何人投降。"孙权抚慰周瑜说:"我已经决意与曹军一战,只是曹军势大,恐我军难以抵敌。"周瑜分析道:"曹军此来犯了兵家大忌,一来北方未平，西凉的马腾和韩遂为其后患，随时可能偷袭许都；二来曹军都是北方人，不习水战，曹操想以他的陆军与我们江东的水军一决胜负，无疑是自取灭亡；三来现在正是严寒季节，马无草料，曹军的后勤给养不足；四来曹军士兵远涉江湖而来，不服水土，必生疾病，战斗力必然锐减。然而，曹操不顾客观实际，急于统一天下，战则必败。"孙权听了心中豁然开朗，进一步增强了战胜曹操的信心。

经鲁肃力排众议，诸葛亮和周瑜力陈利弊后，孙权再次大会文武百官。众官参拜已毕，孙权未等众人开口，拔出宝剑，砍去奏案一角，声色俱厉地对众官说："我已经决定与曹军决一死战，尔等再有敢言投降者，如同此奏案，一刀两断。"张昭等文臣本想再次劝孙权投降曹操，见孙权如此，心中恐惧，不敢再言。程普、黄盖等武将则高呼"万岁"，欢声雷动。

散会后，张昭找到周瑜，请周瑜为自己指点迷津。周瑜意味深长地说："孙策临终前将孙权托付给你我二人，我们两个不能闹分裂啊。"张昭说："我也不想投降，只是曹军有百万之众，我军如何迎敌？"周瑜笑着说："曹军号称百万，其实不过20多万人而已，其所领中原之兵不过十五六万，新得荆州降兵也不过六七万。中原之兵久战疲惫，荆州之兵刚刚归附曹操，肯定不会为曹操死战。我军加上刘备、刘琦的部队，不下10万人，打败曹军可谓易如反掌。"张昭听了周瑜的开导，心中释然。

次日，孙权召集文武大臣，任命周瑜为主将、程普为副将，领兵5万，准备迎战曹军。诸葛亮回到樊口（今湖北鄂州市西北），告诉刘备说东吴已经起兵，誓与曹军一决雌雄。刘备大喜，开始厉兵秣马，准备与吴军配合，共同抗击曹军。

此时，陈兵江北的曹操意气风发，谋士贾诩劝他暂且不要与东吴交战，先用数年时间稳定荆州的局势，数年后，待北方强盛，孙权自然会前来归附。但曹操对贾诩的意见不以为然，认为东吴弹指可下，何必迁延岁月。不仅如此，曹操当时还幻想孙权会杀了刘备，把刘备的首级献给他，就像当年辽东太守公孙康斩杀袁熙、袁尚一样。然而，事与愿违，孙权不仅没有杀刘备，反而与刘备结成了攻守同盟。

六、梦断赤壁

大战一触即发，周瑜领兵后，在长江南岸的赤壁安营扎寨。曹军与吴军仅一江之隔，曹操将他的20多万大军驻扎在长江北岸的乌林①一带。

一天，曹操派人给周瑜送来战书，周瑜看后大怒，命大将甘宁为先锋、韩当为左翼、蒋钦为右翼，周瑜亲自率领诸将于后方接应，鸣鼓呐喊而进。曹操在江北遥望东吴战船蔽江而来，命降将蔡瑁、张允率领荆州水军为前部，自己领军在后接应。双方在三江口一带遭遇，刹那间，江面上厮杀声骤起，万箭齐发，不时有人中箭落水。江东大将甘宁、韩当、蒋钦等人麾军大进，蔡瑁、张允督率的荆州水军抵挡不住吴军的凌厉攻势，节节败退。曹操率领的中原水军更是不堪一击，大败回营。

回营后，曹操召见水军将领，愤然道："东吴兵少，反而将我军打得大败，你们告诉我，这是怎么回事？"蔡瑁和张允对曹操说："荆州水军久不操练，疏于战阵；而丞相率领的中原水军根本不习水战，所以才会以优势兵力败于敌军。"曹操遂任命于禁为水军都督，蔡瑁、张允为副将，限期一个月之内训练出一支能征善战的水军来。

曹操南征后，因战线较长，旷日持久，军中有传言说西凉马超和韩遂想乘虚偷袭许都，曹操连忙命大将臧霸领军往散关②驻守，以拒西凉军。臧霸出发后，曹操心中稍安。不久，于禁请曹操检阅水军，曹操乘船巡视各营，见军容整肃，心中欢喜，下令大犒三军。

建安十三年（208年）冬，曹操大宴众将领于江边，其时月明风

---

① 乌林：湖北洪湖境内，与赤壁隔江相望。
② 散关：中国关中四关之一，位于陕西省宝鸡市南郊秦岭北麓，因其扼南北交通咽喉，自古为"川陕咽喉"、兵家必争之地。

清,曹操极目远眺,东视柴桑,西顾夏口,南望赤壁,四顾空阔,顿生豪迈之情,便趁着酒劲对众官说:"我今年53岁了,起兵多年来,除袁术,灭袁绍,败吕布,廓清北方,誓欲削平天下。如今只有孙权、刘备等人未被剿除,待平定南方之后,我与诸位共享太平。"众人皆起身道:"愿丞相早奏凯歌。"曹操大笑不止。

曹操和众人饮酒,酒至半酣时,他诗兴大发,即兴赋诗一首:

对酒当歌,人生几何。譬如朝露,去日苦多。
慨当以慷,忧思难忘。何以解忧,唯有杜康。
青青子衿,悠悠我心。但为君故,沉吟至今。
呦呦鹿鸣,食野之苹。我有嘉宾,鼓瑟吹笙。
明明如月,何时可掇?忧从中来,不可断绝。
越陌度阡,枉用相存。契阔谈䜩,心念旧恩。
月明星稀,乌鹊南飞。绕树三匝,何枝可依?
山不厌高,水不厌深。周公吐哺,天下归心。

随后,曹操又与众人痛饮一番,直至深夜,众人方才尽兴而散。次日,水军都督于禁禀告说:"大江之上,波涛汹涌,潮起潮落,战船颠簸,我中原地区的水军不能适应,纷纷呕吐,这样下去可不行。"曹操正在沉思,帐下一谋士进言道:"北方的部队不惯乘舟,丞相可以用铁索将战船连在一起,如此一来,就可以做到渡船如履平地了。"曹操大喜,遂命于禁将大小战船用铁链连在一起,于禁领命而去。

江东大将黄盖听说曹军用铁链将战船锁在一起,便向周瑜建议道:"曹军兵多,我军人少,若长期相持下去,对我军不利。现在曹操下令用铁链把战船锁在一起,我军可用火攻打败曹军。"周瑜笑着说:"老将军果然深通兵法,我也知道欲破曹军,要用火攻;但是,凡用火攻,必须借助风力。现在是冬天,只有西风、北风,若用火攻,岂不是烧了我们自己的战船?"黄盖胸有成竹地说:"冬天也有刮东南风的时候,冬至一阳生，必有东南风，届时我军可用火攻一举破曹。"周瑜突然醒悟，拍着黄盖的肩膀说："老将军当为破曹第一功臣。"二人相视而笑。

经过秘密商议，周瑜和黄盖一致认为，要想让火攻的效果达到最佳，还必须做到出其不意。否则，一旦曹操察觉，必然功亏一篑。为此，黄盖决定向曹军诈降，然后见机行事。

一天，曹操正在营中与诸将议事，忽报江东大将黄盖派人送来一封密信，曹操拆书观看，大意是："黄盖深受孙氏厚恩，经常担任将帅，孙权也待我不薄，然而，识时务者为俊杰，周瑜和孙权想以江东6郡之兵抵御中原的百万之众，明眼人都知道必将寡不敌众。东吴诸将皆知此次会战乃以卵击石，唯有周瑜、鲁肃固执己见，见识浅薄。曹丞相神威浩荡，黄盖愿意向丞相投诚。交锋之日，黄盖将率领所部兵马，随机应变，接应丞相大军，并力攻击周瑜和刘备。"

曹操看完黄盖的信，对送信人说："大胆，你竟敢为黄盖递送诈降书。"送信人正色道："黄将军倾心来降，如若有诈，请丞相斩我之头。"曹操大怒道："黄盖既然是真心归降，为什么不跟我约定具体日期？"送信人从容不迫地说："背主做窃，岂可定期？军情一日数变，自当临机应变。"曹操见送信人对答如流，讲得颇有道理，便相信了黄盖投降之事。

建安十三年（208年）冬至日，东南风骤起，江面上波涛汹涌。周瑜召集诸将，发布号令：黄盖率领火船30艘，船上皆装满干柴，预备引火之物，迤逦向北岸的曹军营寨驶去，并使人报知曹操，就说黄盖今日来降；韩当、周泰、蒋钦、陈武各率战船200艘，接应黄盖，追杀曹军；甘宁领一军打着曹军旗号，直取乌林地面，放火焚烧曹军陆寨；太史慈领一军直奔黄州地界，断曹军合肥接应之兵；吕蒙领一军随后去乌林接应甘宁的部队，并趁势掩杀正在败退的曹军；凌统领一军直取夷陵，夹击曹军；董袭领一军直取汉阳，从汉川杀奔曹军大营；潘璋领一军随后接应董袭的部队，追杀曹军败兵。

诸将各自受命领军而去，周瑜和程普在骁将徐盛、丁奉的护卫下，乘着大船来回督战。

与此同时,周瑜又派人将攻击曹军的消息通知刘备和诸葛亮。刘备听闻大喜,派大将关羽、张飞、赵云等率军候命,等曹军被吴军用火攻击破后,各自率领所部军马截杀向北败退的曹军。

这天,曹操接到了黄盖送来的诈降书信,说今夜来降。曹操不知是计,遂命于禁传令水军各部今夜出击,攻打吴军。当天晚上,长江上东南风劲吹,黄盖率领30艘火船扬帆疾进,船头上挂着先锋黄盖的旗号。曹军看见后赶紧报告曹操,说是东吴黄盖来降,曹操大喜,传令进军。一时间,曹军战船如排山倒海般向南岸赤壁方向驶去,途中正好遇上黄盖的船队。黄盖见曹军迫近,命各船举火,刹那间,黄盖率领的几十艘大船变成了几十团火球,向江面上的曹军冲去。时值东南风大作,这些火船风驰电掣般插入曹军的舰队中,曹军的战船都被铁链锁着,一时无法躲避,风助火势,火借风威,曹军的战船纷纷起火。面对铺天盖地而来的大火,曹军大溃。同时,因火势太大,东南风又过于强劲,曹军的陆寨也被殃及。

周瑜、程普、鲁肃等人望见长江上火焰冲天,都高兴不已。韩当、周泰、蒋钦、陈武4将率领水军战船,向溃退的曹军发起猛烈的攻击,曹军死者不可胜数。江面上火起时,曹操正在江边,目睹自己的水军被大火烧得溃不成军,不多时,连岸上的营寨也被引燃了。面对此情此景,曹操竟一时呆若木鸡。也许他已明了,赤壁的这把火将使一统天下的美梦化为泡影。火势渐缓后,吴军掩杀过来,曹操在诸将的护卫下,向北方逃遁。

吴军赤壁一把火烧得曹操30万大军丢盔弃甲,落荒而逃。江东大将甘宁、凌统、吕蒙等人各自率领本部军马趁势掩杀曹军,曹军残部不敢恋战,向北逃遁,吴军缴获军械无数。曹操领着诸将逃出吴军的魔爪后,缓缓向南郡治所江陵方向行进,行至夷陵地面时,赵云领一军截住去路,曹军死战得脱;行至葫芦口时,他们又被张飞领军截杀一阵;乃至华容道时,曹操身边只剩下27骑,他回顾诸将,突然仰天大笑,诸将问他为何发笑,曹操解释说:"袁绍官渡战败时,身边还跟着800多骑;今日我曹操赤壁战败,身边只剩下27骑,这岂不是一个天大的讽刺。"诸将闻言皆叹息不已。

曹操领着27骑来到江陵城下,曹仁将他们迎入城内,曹操忽然在马上放声大哭,诸将问其故,曹操解释说:"我哭郭奉孝①呢!如果奉孝不死,一定不会让我蒙受此等大败!"谋士、诸将皆羞惭不语,曹操继续大哭道:"哀哉,奉孝!痛哉,奉孝!悲哉,奉孝!"

历史上真实的赤壁大战大致如此,现代人对于赤壁之战的了解,大多源于《三国演义》。其实,像庞统巧授连环计,诸葛亮草船借箭,诸葛亮借东风等都是子虚乌有的事情,是《三国演义》的作者罗贯中杜撰出来的。

据史书记载,曹操于赤壁大败回到许都后,曾经给孙权写过一封信。他在信中表示,赤壁之战前夕,曹军因为水土不服,很多士兵染上了疾病,战斗力下降。曹操还在信中说,赤壁的那场大火是他自己放的,因为将士们都生了病,无法作战,所以他下令烧船自退。曹军在赤壁之战中确实因为不服水土,患上了疫病;曹操也确实在大势已去时,下过烧船自退的命令,但事实并非曹操所说的那样;他烧船的命令,是在被吴军打败向北撤退时下的,因为当时还有一部分战船没有被吴军烧到,而他们也来不及带走这些幸存的船只,无奈之余,只得下令将剩下的船只烧掉,以免被吴军缴获。

七、吴军北上

曹操赤壁战败后,逃到南郡,休整了几天,陆续召集了一部分溃兵,然后领着残兵败将回许都去了。临行前,曹操命令曹仁守江陵,曹洪守夷陵,张辽、李典、乐进到江淮一带守合肥。

---

① 奉孝,郭嘉的字,在曹操征伐乌桓时病逝,年仅38岁,谥号"贞侯"。——编者注

与曹军的愁眉苦脸相反,吴军则是一派欢天喜地的景象。孙权对诸将一一论功行赏,犒赏三军将士。随后,孙权命周瑜率军攻打南郡,周瑜领着得胜之师来到江陵城下,在离城50里处安营扎寨,曹军坚守不战。一天,周瑜派蒋钦为先锋大将,徐盛、丁奉为副将,领军直奔江陵城下挑战,曹军高挂免战牌。吴军百般辱骂,曹仁部将牛金在得到曹仁的许可后,愤然领军出城。吴军主将蒋钦见牛金兵少,让部将徐盛、丁奉各领一军从两翼包抄,自己亲率一军从正面与牛金交锋。顷刻间,鼓声大作,两军混战一处,牛金的部队很快便被吴军包围。牛金奋力死战,不能突出重围,曹仁在江陵城上望见牛金被围,形势危急,遂披挂上马,亲率500名骑兵冲出城来,杀入吴军之中,救出牛金。救出牛金后,曹仁看见还有很多将士被吴军围着,于是又一次纵马舞刀杀入吴军之中,救出剩余的曹军将士。蒋钦、徐盛等追曹仁直到江陵城下,曹仁回马复战。与此同时,曹仁的弟弟曹纯打开城门,领军接应曹仁,曹军趁势发动反攻,击退了吴军的进攻。

蒋钦等人兵败后,周瑜聚集诸将,商议攻取南郡的计策。大将甘宁献计说:"江陵城北面30里处,有一座夷陵城,由曹军大将曹洪在那里驻守,夷陵和江陵成了掎角之势,我军若能先攻取夷陵,江陵就会成为一座孤城,届时将唾手可得。"周瑜大喜,遂派甘宁领一军直取夷陵。曹军间谍探知,连夜报于曹仁,曹仁马上派部将牛金率兵援救夷陵。甘宁到了夷陵城下,曹洪领军出城迎敌,甘宁打败曹洪,成功夺取了夷陵,但牛金很快领军赶到,与曹洪合兵一处,将夷陵围了起来,这样一来,甘宁虽然夺取了夷陵,却被曹军困于城中。

周瑜得知甘宁被曹军困在夷陵城中,赶紧命大将凌统率兵一万,与曹仁在江陵城对峙,他自己则亲率主力,前往夷陵城援救甘宁。周瑜的军队迫近夷陵,甘宁领军从城内杀出,与周瑜内外夹攻,大破曹军。牛金和曹洪领着残兵败将逃往江陵,周瑜和甘宁穷追不舍,快到江陵城时,曹仁率军从城内杀出,接应曹洪和牛金入城。

周瑜指挥大军将江陵城团团围住，一连攻打数月，皆不能下。一天夜里，曹仁、曹洪率军出城与吴军交战，曹军诈败，弃城而走，吴军不知是计，径直杀入江陵城中，不料城内伏兵四起，乱箭齐射，率先冲入城中的吴军皆被射杀，余下的吴军只得向城外逃去。恰在此时，曹仁和曹洪又领军杀了回来，江陵城中的曹军也趁势杀出，两下夹攻，吴军大败。曹仁和曹洪再入江陵城，据城坚守。

周瑜和曹仁对垒于江陵，历时一年，互有胜负。一天，周瑜骑马在江陵城下巡视，被曹军的乱箭射中右臂，翻身落马。当天晚上，曹仁和曹洪决定率军劫杀吴军营寨，周瑜料定曹军会来劫寨，提前设下伏兵。曹仁一马当先，率军冲入吴军营寨，突然伏兵四起，乱箭齐发，曹军乱作一团，死伤无数。曹仁和曹洪领着败军逃回江陵城，一面坚守江陵，一面派人到许都向曹操求援，请曹操速发援兵。当时曹军主力正与孙权的大军在合肥对峙，无法分兵支援江陵。在这种情况下，曹操命令曹仁放弃江陵城，退守襄阳和樊城。曹仁领命，主动放弃江陵，向北撤退到襄阳和樊城。周瑜见曹军弃城而走，遂领军入驻江陵，然后派人向孙权报捷。孙权任命周瑜为南郡太守，程普为江夏太守，吕蒙为浔阳令。

赤壁之战后第二年（209年），曹操派江淮名士蒋干到江东游说周瑜，企图离间孙权与周瑜之间的关系。蒋干，字子翼，九江人，其人能言善辩，少年时和周瑜是同窗。蒋干到了江东，向周瑜转达了曹操对他的敬意，周瑜大笑道："大丈夫处世，遇到知己的领导，外托君臣之义，内结骨肉之恩。即使是苏秦和张仪再世，也不可能说动我。"蒋干见周瑜雅量高致，遂回江北报告曹操，他对曹操说："周瑜和孙权祸福与共，名为君臣，实为兄弟，根本无法离间他们。"

曹操战胜袁绍夺取冀州后，逐渐将自己的政治中心移到邺城，并命人在邺城修建铜雀台。铜雀台毗邻漳河，曹操另于铜雀台左侧修了一座玉龙台，右侧建了一座金凤台。金凤台和玉龙台各高10丈，在它们的映衬下，铜雀台显得越发雄伟壮丽。

铜雀台竣工后，曹操召集文官武将，聚饮于铜雀台。曹操高坐台上，文武百官皆侍立台下。曹操想看武将射箭，于是命人在台下置一箭垛，让在场的武将轮流射箭，有射不中箭垛红心者，罚酒一杯。号令刚下，曹操的侄子曹休抢先跃马而出，张弓搭箭，一箭射去，正中红心，众官皆喝彩。曹操大笑道："好！这是我家的一匹千里马啊！"紧接着，张郃、徐晃、夏侯渊、文聘、许褚等武将也纵马驰骋，展示自己高超的箭法。曹操和众文官见诸将箭无虚发，纷纷拍手叫好。曹操令乐队奏乐，命诸将行酒，诸将你来我往，觥筹交错，场面甚是壮观。

酒至半酣，曹操举杯对众文官说："武将以骑射为乐，彰显威勇，你等文官也应吟诗作赋，诸位满饮此杯，然后下笔。"陈琳、王朗、钟繇等文官纷纷进献诗篇。文章中多有称颂曹操功德巍巍，理当代汉自立之意。曹操逐一看完，笑着对众官说："你们的文章把我吹捧得太厉害了，我本是一介凡夫俗子，早年举孝廉为官，后来赶上天下大乱。我在老家谯县修了一座公寓，欲春夏读书，秋冬射猎，待天下清平后再出仕。没想到朝廷征召我为典军校尉，我不得已改变初衷，征战四方，为国家讨贼立功，以图百年之后，墓碑上能刻上'汉朝镇西将军曹侯之墓'。自从讨董卓、剿黄巾以来，我除袁术，破吕布，灭袁绍，定刘表，一统中原，如今我身为宰相，人臣之贵已极，岂敢再奢望别？国家要是没有我，真不知会有多少人称帝，多少人称王。世人见我势大权重，都怀疑我有篡逆之心，但他们是大错特错啦！不过，若想让我放弃兵权，归就所封武平侯之国，是绝对不可能的。我担心一旦兵权旁落，会被小人害死，我一死，中原必将大乱，我绝不能慕虚名而处实祸。"众官皆高呼："丞相高义，即使是伊尹和周公，也比不上丞相。"曹操摆手道："你们过誉了。"

且说周瑜攻取南郡后，随即上表孙权，要求派兵西征益州。他在表文中说："益州牧刘璋暗弱，我军刚刚打败曹军，兵威正盛，大军西征，刘璋必然束手。然后，我军再进取汉中，剿灭汉中的土皇帝张鲁，这样一来，我东吴就可以结西凉马超为外援，兴兵讨伐曹操，如此则中原可定，天下可安。"孙权也早有北伐中原之志，于是同意了周瑜的请求，但他又派人通知周瑜，说大军连年征战，急需休整，待休整个一年半载再西征北伐。周瑜领命。

后来，周瑜突然因病去世，死于巴丘①，年仅36岁。周瑜临死前，写了一封遗书给孙权，大意是：周瑜本想与江东诸将共创大业，可惜志向未曾施展，却命丧九泉了。如今，曹操在北，疆场未静，刘备寄寓，犹似养虎，这正是将士们抛洒热血的时候，也是主公你宵衣旰食的时候。鲁肃忠烈，临事不苟，可以继任我的大都督之职，望主公照准，周瑜也就死而无憾了。"孙权得到周瑜的死讯后，放声大哭，叹息道："公瑾有王佐之才，没想到却英年早逝，真是太可惜啦！"

刘备听说周瑜病死，派诸葛亮前去巴丘吊唁。曹操在邺城得到周瑜的死讯后，放声大笑，对诸将说："周瑜是个难得的将才，他的死意味着我们又少了一个劲敌！"诸将皆向曹操称贺，曹操想乘势起兵下江南，谋士程昱劝阻道："周瑜虽然死了，但孙刘联盟还在，孙权和刘备皆有雄才，丞相领军南征，他们二人必然会互相救应，不如先按兵不动，待孙刘联盟破裂后，我军再趁机南征，大业可成。"曹操听取了程昱的意见，暂时放弃南征之事。

八、血战淮南

赤壁之战可以说是曹操心中的痛，仅一战就使他输掉了统一天下的资本，由强势的攻击方变成被动的防守方。

就在周瑜在南郡与曹仁激战的同时，孙权亲率10万大军渡江，进攻淮南重镇合肥，双方经大小数十战，未分胜负。

一天，鲁肃领一军前往合肥支援孙权。孙权听说鲁肃来了，远远就

---

① 巴丘：今湖南省岳阳市岳阳楼一带。

下马迎接，鲁肃纵马直至孙权面前，见孙权已立于马下，赶紧滚鞍下马。孙权亲自扶鲁肃上马，两人并马而行。孙权笑着说："我下马欢迎你，足以彰显你了吧。"鲁肃也笑着说："我不这样认为。"孙权说："那你怎样认为？"鲁肃说："愿主公你威德加于四海，总括九州，克成帝业，使我青史留名，方为彰显。"孙权大喜，拍着鲁肃的肩膀说："你真是上天授予我的王佐之才。"二人相视而笑。

次日，张辽领军出城挑战，孙权率军出迎。孙权金盔金甲，立于阵前，左宋谦，右贾华，两边护卫。曹军阵中，中央张辽，左边李典，右边乐进，张辽以鞭指着孙权说："你的父亲孙坚和兄长孙策皆以勇武著称于世，你的兄长孙策更是被称为'小霸王'，堪比项羽。只是不知道你的武艺怎样，你敢与我单挑吗？"孙权自知武艺比不上父兄，但他磨不开面子，于是想亲自出马和张辽交锋，被左右劝止。当天双方就在合肥城外混战一场，各自收兵回营。

当时，孙权有10万大军，而张辽只有2万人马，但合肥城池坚固，易守难攻，张辽坚守不出，孙权分兵将合肥城四面围住。眼看合肥危急，张辽忙派人往许都搬救兵。曹操自赤壁战败后，兵员损失很大，当时坚守南郡的曹仁也向他求援，曹操深感自己兵力不足，最后派大将张喜率兵驰援合肥。曹操深知，这点对于合肥的危殆来说无异于杯水车薪，所以他在张喜率兵出发前连续派出3批使者，飞马合肥，通知合肥的张辽说已经派张喜领军3万向合肥进发。果然不出曹操所料，第一批使者安全地进入了合肥，第二批、第三批使者则被东吴的军队截下，孙权亲自审问，又拆阅了曹操写给张辽的书信，信上说3万曹军即将赶赴合肥。孙权不知是计，以为真有3万曹军前来救援，忙下令撤了合肥之围，班师回江东，合肥之围遂解。

淮南以前是袁术的地盘，后被曹军攻取，曹操先任严象为扬州刺史，治理扬州，后严象被杀，便任刘馥为扬州刺史。刘馥，字元颖，精明能干，他就任扬州刺史后，兴修水利，灌溉农田，开设学校，教书育人，把扬州治理得井井有条。后来，曹操又任命蒋济为扬州别驾，协助刘馥治理扬州。建安十三年（208年），刘馥病死，曹操悲痛不已，任命温恢为扬州刺史，鼓励他继承前任的遗志，把扬州治理好。

后来，曹操亲自率军来到谯县，一面窥视江东的孙权，一面在扬州积极训练水军。曹操找来扬州别驾蒋济①，对他说："以前我与袁绍交战时，曾经把交战区附近的百姓迁徙到内地，既避免了百姓逃散，又杜绝了敌军的掳掠。现在，我和孙权争夺淮南，我想把淮南的百姓迁往淮北，你觉得如何？"蒋济对此表示反对，认为昔日是袁强曹弱，胜负难以预料，迁徙百姓是对的；但现在东吴的军事力量并不占优势，曹军大可从容自守，就可以保境安民；而且淮南的老百姓有留恋故土的心理，肯定不愿意迁徙。

尽管蒋济分析得很有道理，但曹操并没有采纳他的意见，而是固执己见，下令将淮南的百姓迁往淮北。这一命令刚刚宣布，就引起了淮南百姓的恐慌，10多万淮南百姓私自渡江逃到江东去了。曹操得知此事，再次找到蒋济，意味深长地说："我本想让淮南的百姓避开吴军的兵锋，没想到却把百姓逼到孙权那里去了。"蒋济解释说："孙策曾经是袁术的部下，所以淮南的百姓更愿意去江东投奔孙权。"

由于曹军在赤壁之战中伤亡惨重，曹操在第二年下达了"存恤将士家属令"。他在令文中说："军队连年征战，伤亡无数，很多家庭失去了亲人，日常生活陷入困境，这不是我愿意看到的，实属不得已。"令文下达后，很多在战争中失去亲人的老百姓都领到了朝廷发放的抚恤金。曹操这样做既告慰了死者，也激励了生者，为以后的扩军备战打下了坚实的基础。

曹操还任命仓慈为绥集都尉，在淮南一带屯田。这一时期，袁术旧将雷薄、陈兰、梅成等在淮南作乱，兴兵造反，孙权派部将韩当支援梅成、陈兰等人。此事飞马报到许都，曹操派于禁率兵讨伐梅成，夏侯渊

---

① 蒋济：曹魏重臣，四朝元老，历仕曹操、曹丕、曹叡、曹芳四代，官至太尉，为曹魏出过不少有价值的建议，后随司马懿诛杀曹爽。

领军讨伐雷薄，张辽领军讨伐陈兰，臧霸领军阻击东吴韩当的部队。臧霸击退了韩当，而陈兰和梅成也被曹军打败，领着残兵退守天柱山。天柱山地势险峻，易守难攻，陈兰和梅成据险固守，张辽领军杀上天柱山，斩杀了梅成和陈兰。战后，曹操加封张辽为荡寇将军。

在当时的局势下，淮南的战略地位非常重要，如果合肥和庐江一线被吴军攻占，那么中原必将震动。为此，曹操命张辽、李典、乐进领军驻守合肥，同时命扬州刺史温恢协助张辽镇守淮南。此时曹仁已经弃守江陵，退到了襄阳，从此以后，西面的襄阳和东面的合肥成了曹军最重要的两个军事重镇。

建安十六年（211年），孙权迁都秣陵，改秣陵为建业①，修筑石头城。吕蒙建议在濡须②水口夹水筑坞，以便于进攻和防守，将来也可以和曹操争夺淮南。但其他将领不屑地说："上岸击敌，跣足入船，没有必要建筑防御工事。"吕蒙争辩道："兵有利钝，战无必胜，若猝然遇到敌军，步骑相促，没有防御工事，岂不是会大乱？"诸将皆敬佩吕蒙的远见卓识，孙权说："人无远虑，必有近忧，子明所言甚是。"于是派人修筑濡须坞，克期告竣。

建安十七年（212年）冬，曹操亲率40万大军南下。临行前，他给孙权写了一封恫吓信，说："长江绵延千里，无论你如何防守，也难免顾此失彼。你想长期割据江南，那简直是妄想。"曹军这次南征，来势凶猛，其先锋大将张辽、臧霸率领数万骑兵，以迅雷不及掩耳之势一举攻占了吴军设在长江西面的大营，并俘虏吴将公孙阳。臧霸在这次战役中表现出色，被曹操加封为振威将军，假节钺。

与此同时，孙权起兵7万，赶到濡须坞迎敌。吴军先锋甘宁自告奋勇，率领100名骑兵乘夜劫杀曹营，曹军没有防备，被甘宁的小股部队杀得大乱。事后，曹操得知前来劫营的吴军只有百骑，不由大发雷霆，

---

① 建业：南京在东吴时期的名称，是三国时期吴国的都城。寓意"建立帝王之大业"，另一说为"建功立业"。

② 濡须：三国时古城，今安徽无为市境内。

责骂诸将无能。而甘宁百骑劫曹营，声威大震，孙权对诸将说："曹操有张辽和臧霸，我有兴霸（甘宁，字兴霸）便足以匹敌。"

此后一个多月，双方打起了拉锯战和消耗战，互有胜负。一天，孙权乘坐战船探查曹军营寨，部下报知曹操，曹操亲自来看，见孙权并没有带军队，只有一艘快船，几十个侍卫跟随，便命令弓弩手放箭。霎时间，孙权的战船上插满了箭，船身倾斜。孙权命令部下将战船调整一下方向，让战船的另一侧受箭。不多时，船的两侧都插满了箭，战船恢复了平衡。随后，孙权下令返航。曹操见孙权来去自如，感叹道："生子当如孙仲谋，刘表的两个儿子真是连猪狗也不如。"

曹军和吴军在濡须坞相持，转眼到了次年（213年）正月，春雨连绵，到处都是一片泥泞，曹军将士苦不堪言。曹操有退兵之意，但又恐被吴军耻笑，因此迟疑未决。孙权猜到了曹操的心思，于是修书一封，派人送给曹操，信中说："丞相统领中原，富贵已极，如何贪心不足，又来侵我江南？如今，春水方生，丞相当速退，不然将复有赤壁之祸。"在书信的后面，孙权又附注了8个字："足下不死，我不得安。"曹操看完孙权的书信，大笑道："孙仲谋没有欺骗我，他也有息兵罢战之意。"遂下令班师。

九、刘备崛起

败，就败得心甘情愿——这是曹操的风格。失败并不可怕，可怕的是不敢面对现实。然而，他刚刚撤军回北方，又传来了一个不好的消息：刘备崛起了。

且说赤壁之战后，刘备急思进取，诸葛亮为他推荐了荆州名士马良和马谡。马良和马谡是亲兄弟，他们兄弟5人皆有才名，其中以马良和马谡的才能最为突出。刘备请来马良，询问征进之策，马良建议趁吴军和曹军胶着于南郡和合肥的时机，率军南征武陵、零陵、长沙和桂阳。刘备问马良当先取哪一个，马良建议说："湘江之西，零陵最近。先攻取零陵,然后再攻取武陵,最后取桂阳和长沙。"刘备大喜,派赵云和张飞率军一万,南征零陵,又任命诸葛亮为军师,随军征战。

诸葛亮和张飞、赵云领命,率军向零陵郡进发。零陵太守刘度听说刘备的军队前来征讨,忙召集诸将商议。大家都劝刘度开城投降,唯有刘度之子刘贤和零陵郡上将邢道荣主战。刘度不想轻易投降,于是命刘贤、邢道荣领军出城迎敌。诸葛亮在阵前劝刘贤和刑道荣倒戈投降,二人大怒,麾军直杀过来。诸葛亮命赵云、张飞出战,刘度的军队久疏战阵,而刘备的军队都是身经百战的精兵猛将,两军交锋不久,刘度的军队就被击溃了。

混战中,邢道荣被刺死,刘备大军生擒了刘贤。诸葛亮为尽快拿下零陵,下令将刘贤放回,让他劝父投降。刘贤抱头鼠窜,回到零陵城,对父亲刘度说刘备的军队锐不可当。刘度无奈,只得开城出降。刘备和诸葛亮等入城抚民,仍然让刘度担任零陵太守,刘度大喜过望,从此为刘备效力。

征服零陵郡后,刘备派赵云领一军取桂阳,派张飞领一军取武陵。赵云领军来到桂阳城下,桂阳太守赵范派部将陈应、鲍隆领兵出城拒敌,结果被赵云打败。赵云随后派使者入城招降,赵范遂降。张飞领军逼近武陵下寨,武陵太守金旋的部将巩志杀死金旋,并率领武陵官员出城投降,张飞兵不血刃就拿下了武陵郡。巩志被任命为武陵太守,赵范仍旧担任桂阳太守,两郡皆平。

拿下桂阳郡和武陵郡后,刘备派关羽领兵攻取长沙郡。长沙太守韩玄残暴不仁,长沙的百姓怨声载道。韩玄听说关羽领军来攻,派老将黄忠出马。黄忠和关羽大战数日,不分胜负,就在战事僵持不下时,韩玄被部将魏延杀死,长沙城顿时大乱,关羽趁乱攻拿下长沙,老将黄忠和魏延都归降了刘备。之后,黄忠向刘备推荐刘表的侄子刘磐,刘备遂任命刘磐为长沙太守。刘磐此前曾担任过长沙太守,在长沙有不错的政绩。

刘备顺利攻取了武陵、零陵、长沙和桂阳,心中大喜,设宴为诸将庆功，大家一醉方休。周瑜死后，在鲁肃的斡旋下，孙权将南郡借给了刘备，刘备自此实力大增。为了进一步夯实孙刘联盟，孙权不久又把自己的妹妹嫁给刘备，两家从此结为秦晋之好。

这天，曹操正在自己的书房里练习写字，谋士程昱入见，报告说："刘备兴兵攻取了武陵、零陵、桂阳和长沙，此外，孙权把南郡借给了刘备，而且还把自己的妹妹嫁给了刘备。"曹操闻言大惊，落笔于地，程昱吃惊地说："丞相素来镇定，泰山崩于前而色不变，今天这是怎么了？"曹操解释道："刘备有帝王雄才，今得荆襄6郡，如同困龙入海，更可怕的是孙权和刘备的联盟关系进一步得到了加强，长此下去，天下将永无宁日啊！"

刘备刚得荆州时，刘表的长子刘琦还在，刘备遂上表举荐刘琦为荆州刺史。不久，刘琦因病去世，刘备就堂而皇之地自领荆州牧了。

借得南郡后，刘备改南郡为公安，将公安作为自己的大本营，四处招兵买马，罗致人才，不少荆州名士都慕名而来。时有襄阳人庞统，字士元，人称凤雏先生，与诸葛亮齐名。周瑜死后，庞统前往江东投奔孙权，孙权见庞统长得很丑，而且为人傲慢少礼，遂不予重用，庞统只得到荆州投奔刘备。在鲁肃、诸葛亮的极力举荐下，刘备任命庞统为军师中郎将，与诸葛亮一起参谋军事。

自此，刘备文有诸葛亮、庞统，武有张飞、关羽、赵云、黄忠等人辅佐，实力逐渐强大起来。

曹操深知，假以时日，刘备必将成为劲敌，只是他兵败赤壁之后，也无力阻拦，只能坐看刘备逐日强大。如果刘备和孙权联合北上，结果将难以意料，万幸的是，周瑜死了。

十、周瑜殒命

建安十五年（210年），东吴大将周瑜病危，东吴众将前去探望，周瑜躺在病榻上对他们说："我自赤壁之战以来，再没有什么大的建树。

如今，刘备在荆州渐渐坐大，犹似养虎；曹操在北方经过一年多的休养，也逐渐恢复了元气，恶战还在后头。可惜我如今病重，命在旦夕，不能再与诸位将军一起创立千秋功业了。我死之后，各位要好好辅佐吴侯孙权，完成我的未竟之业。"诸将闻言，不禁泪眼蒙眬。

孙权听说周瑜病重，急忙亲临周瑜家中探望，他握着周瑜的手说："公瑾，多日不见，怎么病成了这个样子？一定是为国事操劳，积劳成疾的吧？"周瑜微睁双眼，奄奄一息地说："我本是一介庸才，蒙吴侯重用，才得以建功立业。赤壁一战，力挫曹军，奠定了南北割据的大势。本想在有生之年追随吴侯北伐中原，一统天下，怎奈身体不争气，不能再为吴侯效力了。"孙权看着病榻上的周瑜，百感交集，痛哭失声道："想公瑾昨日还是战场上意气风发的大将，今日却病成这般模样，你要是走了，我以后还能依靠谁呀？"周瑜说："现在天下未定，疆场未静，诸将之中，唯有鲁肃最为忠烈，临事不苟，可以接替我的职务。希望吴侯能够采纳我的意见，任命鲁肃为东吴大都督。"

孙权抹了把眼泪，说道："我也素知鲁肃之才，既然公瑾举荐他，我还有什么理由不重用他呢。"君臣之间沉默了一会儿，孙权问周瑜还有什么要交代的，但周瑜已经口不能言，举起的右臂猛然垂下，溘然长逝。孙权仰天长叹道："公瑾有王佐之才，今忽短命而死，我以后还能依靠谁呢！"

周瑜死后，孙权下令厚葬，举国哀悼。按照周瑜的遗言，孙权任命鲁肃为东吴大都督，总领江东所有军队。

当时刘备和诸葛亮、庞统等正在荆州操练军马，东吴的使者前来报丧，刘备有点吃惊，诸葛亮进言道："如今南北相持，我们全靠东吴的力量才得以在荆州立足。周瑜是东吴的柱石，现在居然病死了，我请命去江南走一遭，一是去吊唁周瑜，二是趁机与孙权加强联盟关系，共同抵御曹操可能的入侵。"庞统也说："孔明言之有理，我们必须派个有分量的人去。"刘备点头道："好吧，既然二位军师所见略同，那就烦请孔明先生不辞劳苦，去江南走一遭，顺便探一探孙权的虚实。"

不日,诸葛亮乘船直下江南,马不停蹄地赶到周瑜灵前,只见东吴上下人人戴孝,个个服丧。诸葛亮触景生情,跪在周瑜灵柩前大声朗读了自己写的祭文。他在祭文中对周瑜生前的功绩大肆歌颂了一番,比如说周瑜早年与孙策一起定建霸业,割据江南;又说周瑜在赤壁之战中以少胜多,击败了不可一世的曹操;最后总结说周瑜英雄盖世,古今难觅。

周瑜下葬后,孙权命鲁肃招待远道而来的诸葛亮。鲁肃将诸葛亮请到家中设宴款待,并对孔明说:"公瑾生前最是敬佩先生,曾多次对我说,先生将来必定会成为曹操与东吴的劲敌。"诸葛亮笑着说:"公瑾之言差矣,曹操雄霸中原,拥兵百万,他才是孙、刘两家共同的劲敌。"鲁肃也笑着说:"我如今奉吴侯之命执掌江东,先生有什么可以教我的呢?"诸葛亮毫不犹豫地说:"4个字——积极防御。"鲁肃是个聪明人,对诸葛亮的策略心领神会。宴罢,孔明辞别鲁肃,回荆州去了。

曹操在许都听说周瑜已死,大喜道:"周瑜死了,我又少了一个心腹之患啊!"

第七章 镇西北下淮南

曹操虽为北方霸主,但并非所有地区都真正地归顺于他,尤其是西北地区。西北地区有两个实力强大的军阀和无数小军阀。要想彻底统一北方,西征势在必行。因此,经过一番休养生息之后,曹操决定亲自率军攻打马超和韩遂……

一、逼反西北军

曹操南下受阻后,决定向西发展。当时关中最大的两个军阀是韩遂和马超。韩遂,字文约,凉州金城郡(今甘肃兰州)人。灵帝中平年间,韩遂与金城①人边章、北宫伯玉等在陇西②起兵反抗朝廷。朝廷派军讨伐,没有取胜,韩遂等人的势力不仅没有被遏制住,反而有了更大的发展。中原地区的黄巾起义爆发后,朝廷忙着在中原镇压农民起义,无暇顾及关中。后来,韩遂杀了北宫伯玉和边章,兼并了二人的军队,势力越发壮大,成为关陇地区首屈一指的大军阀。献帝年间,韩遂主动归顺朝廷,被封为镇西将军。

马超,字孟起,扶风茂陵(今陕西兴平)人,是陇西军阀马腾的长子。马腾,字寿成,母亲是羌族人,他在韩遂、边章等人起兵造反时,响应朝廷的号召,募集义兵,镇压韩遂、边章等人的叛乱,一步步

---

① 金城:甘肃兰州的别称。
② 陇西:位于甘肃省东南部、定西市中部、渭河上游,地处陇中黄土高原中部,东接通渭县,南连武山、漳县,西邻渭源县,北靠安定区。隶属甘肃省定西市。

从下级军官做到军司马。韩遂等人归顺朝廷后，马腾因军功被朝廷加封为征西将军。

起初马腾和韩遂的关系非常好，两人曾经结为异性兄弟，后来两人反目成仇，互相攻伐。马腾领军攻打韩遂，韩遂也率兵攻打马腾，并杀死过马腾的家人。建安初年，朝廷派司隶校尉钟繇、凉州牧韦端为二人调解，马腾和韩遂重新言归于好。

董卓和李傕、郭汜等先后祸乱长安之后，关中人迹罕至，及至献帝被曹操迎到许都，韩遂和马腾开始向关中发展势力，逐步控制了关中一带。曹军在并州攻打高干时，河东太守郭援会同匈奴，起兵数万袭击曹军的侧翼。曹操派钟繇向马腾、韩遂求援，请他们出兵攻打郭援和南匈奴，马腾派长子马超领兵一万驰援曹军，攻杀了郭援，逼退了匈奴人。

建安十三年（208年），曹操在南征荆州之前，为了稳定后方，表荐马腾为卫尉，请马腾入朝为官，马腾遂迁其家属到许都。马腾离开关中后，由他的长子马超负责统领军队，马超骁勇善战，闻名关中，羌族人称他为神威天将军。同时，他和韩遂的关系一直比较融洽，二人相安无事。

关中地险民强，如果关中诸将同心协力，曹操是很难平定关中的，因此，曹操决定分化瓦解关中诸将。建安十四年（209年），韩遂派部将阎行到许都拜见曹操，曹操予以热情的接待，并表荐阎行为犍为①太守。阎行返回关中时，曹操托阎行给韩遂带了一份亲笔信，信中说："文约当年举兵反抗朝廷，一定是受到了奸人的蛊惑，这一点朝廷是非常清楚的，衷心希望文约能够早日入朝辅政。"阎行回到关中，将曹操的书信转交给韩遂，并劝韩遂把儿子送到许都，韩遂照办了，阎行也把自己的父母送到了许都。

赤壁之战后，曹操在中原地区养精蓄锐数年，实力得到了恢复和发展。他本想南征，无奈孙、刘联盟牢不可破，因此，他打算先解决关中

---

① 犍为：四川省乐山犍为，位于川西平原西南边缘。

的问题。西凉的马超和韩遂表面上尊奉朝廷，实际上是自搞一套。曹操想将统治关中的实权收归朝廷，只是苦于师出无名，这时司隶校尉钟繇建议由他领兵数千出关中，讨伐汉中张鲁，韩遂和马超若阻遏王师，就可以名正言顺地讨伐关中诸将了。

钟繇的意图很明显，就是借讨伐张鲁之名，出兵关中，逼反韩遂和马超。曹操觉得钟繇的主意很好，于是又派人找来卫觊，征询卫觊的意见。卫觊说："关中诸将都没有争霸天下的雄心壮志，留到最后解决就可以了，现在应该给他们加官晋爵，让他们感受到朝廷的恩宠，他们便不会轻易发动叛乱。如果我们借讨伐张鲁之名把部队开进关中，关中诸将必然起疑，很快就会发动叛乱。兵势一交，岂能骤解？"曹操也知道关中诸将没有远图，但他无法容忍关中诸将一直割据一方，长期苟安下去，因而决定西征。

包括《三国志·魏书·武帝纪》在内的很多史料都没有说曹操要在建安十六年（211年）讨伐关中，而是说曹操于建安十六年派钟繇、夏侯渊领军讨伐汉中的张鲁。而讨伐张鲁，必然会取道关中，则激反关中诸将。

建安十六年（211年）正月，太原人商曜聚众造反，发动叛乱，曹操派夏侯渊和徐晃率军平叛，很快就将商曜的叛乱镇压下去了。紧接着，曹操命令夏侯渊和徐晃从河东郡出兵，与钟繇的部队会合，准备出关征伐汉中的张鲁。

关中诸将得到钟繇和夏侯渊率军向关中进逼的消息后，都怀疑曹军的真实目的不是讨伐张鲁，而是讨伐自己，于是举兵造反。马超和韩遂纠集杨秋、马玩、成宜、梁兴、张横、李堪、程银、侯选等部人马，先后集结兵力10余万，开赴潼关，阻挡曹军入关。

这正中曹操下怀，曹操先派曹洪领一军往潼关据守。临行前，他嘱咐曹洪说："关中兵强，你先在潼关坚守10日，我随后就率领大军前去与马超等决战。"曹洪领命而去，曹操又命长子曹丕留守邺城，命程昱辅佐曹丕，同时命国渊为丞相府长史，协助曹丕处理政事。安顿好内部事务后，曹操领军20万，浩浩荡荡地向关中进发了。

二、马超战虎痴

曹洪领军据守潼关后，马超和韩遂率兵发起猛攻，但曹洪坚守不出。潼关险峻，易守难攻，于是，马超派部队日夜辱骂曹洪，企图引曹洪出关。曹洪脾气暴躁，忍不住西凉军的百般辱骂，遂领军出关迎敌，马超和韩遂趁机击败曹洪，夺取了潼关。曹操得知后大怒，喝斩曹洪，众将告免。

随后，曹操亲自领军向潼关进发，马超率军出迎，庞德和马岱①在左右压阵。曹操纵马而出，对马超说："我欲领军讨伐汉中张鲁，你为何要领军拦路？"马超大声说道："奸贼，我早已识破你假途灭虢②之计，还不快快下马受死。"曹操大怒，叫于禁出战，马超挺枪来迎，战十余回合，于禁败走。张郃随即上前与马超交战，大战五十回合后，张郃败走，马超麾军掩杀，曹军大败。

回营后，曹操召诸将商议对策，诸将表示："西凉军皆使长枪，我军应该用强弓硬弩来对付他们。"曹操笑着说："敌军虽有长枪，但也无法说刺就刺。战与不战，主动权在我军手里。"徐晃献计道："现在我军和敌军相持于潼关，马超勇而无谋，河西必然无备，我愿率一军从蒲阪津③渡河，在河西结营，从侧翼袭击马超的军队。"曹操大喜，遂命徐晃、朱灵领军从蒲阪津渡过黄河，在河西扎下营寨。

韩遂得知徐晃已在河西扎下营寨，派部将梁兴领兵数千前去劫寨，

---

① 马岱：三国时期蜀汉将领，马超的从弟。早年追随马超大战曹操，反攻陇上，围攻成都，参与汉中之战等。后在诸葛亮病逝后受杨仪派遣斩杀蜀将魏延。曾率领军队出师北伐，被魏将牛金击败而退还；官至平北将军、陈仓侯。

② 假途灭虢：指春秋时期，晋国向虞国借路去灭虢，结果在归途中灭了虞国。——编者注

③ 蒲阪津：古代关名，即蒲津关，又称临晋关，是黄河重要的古渡口和秦晋间的重险之地。在今陕西省大荔县东。

结果被徐晃打败。韩遂找马超商议对策，马超说："曹军在河西下寨，是想袭击我军的后方，叔父在此守关，我领一军往来冲突曹军，使曹军主力无法渡河。"次日，曹操指挥大队军马渡河，马超亲自率领精兵万余人来袭，当时曹操身边只有许褚和几个侍卫，情急之下，许褚拼死保护曹操上船，向对岸驶去。马超的军队万箭齐发，许褚用马鞍当盾牌，遮护曹操。校尉丁斐见马超的军队追杀曹操甚急，忙将大量牛马放出来，吸引马超军队的注意力，果然有很多人纷纷去争抢牛马。曹操有惊无险，渡过河去与诸将会合。诸将向曹操问安，曹操大笑道："今天差一点儿让小贼给困住。"

曹军主力渡过河西，在渭水北岸扎下营寨，就等于绕开了潼关，将决战的战场移到了渭水两岸。马超和韩遂也随之调整策略，率军据守渭水南岸，使曹军不得南渡。一天，马超派部将庞德暗中渡过渭水，偷袭曹军，但没有成功，两军相持月余，未见进展。

不久，曹军沿河搭起浮桥，大举渡过渭水，在渭南安营扎寨。时值冬季，天气寒冷，滴水成冰，曹操让军士担土泼水，一夜之间便筑起了一座冰城。一天，曹操出寨与马超见面，仅许褚一人跟随，马超见许褚威风凛凛，问道："听说你军中有虎侯，可是这一位？"曹操笑着说："正是！"当天回营后，许褚派人给马超下战书，欲单挑马超，马超大怒，准备应战。

次日两军对阵，马超和许褚就在两军阵前大战，两边皆擂鼓呐喊。马超和许褚大战数百回合，不分胜负，许褚杀得兴起，脱了盔甲，赤裸上身，两人又战数百回合，仍然不分胜负。曹操见马超英勇，叹气说："马儿不死，我不得安。"马超回营后也对韩遂说："我自幼随父征战，从来没有遇到过像许褚这样强悍的对手。"

双方军队相持于渭南，探马报告曹操说，马超和韩遂又从西凉搬来数万救兵。曹操闻报大喜，诸将不解，问道："敌军增兵，丞相为何如此高兴？"曹操解释说："关中边远，若那些割据势力凭险据守，没有一两年是讨不平的。现在，他们都云集渭南，虽然人数众多，但人心肯定不一。我军坚壁固守，然后用反间计离间他们之间的关系，攻破他们不难，所以我很高兴。"诸将都很佩服曹操的深谋远虑和临机制敌。

三、离间马、韩

曹军和西凉军在渭南相持数月，僵持不下，西凉军的不少将领产生了退兵的念头，马超和韩遂也觉得这样耗下去不是办法，于是派人去向曹操求和，并承诺愿意割地。曹操向谋士贾诩征求意见，贾诩建议曹操假装答应议和，然后用反间计离间关中诸将，尤其是马超和韩遂。曹操深以为然，遂派使者回报马超和韩遂，准予割地请和。

既然双方都有媾和的意向，接下来就是谈判了。曹操约韩遂在阵前答话，韩遂在西凉军中德高望重，由他出面与曹军议和，也是众望所归。韩遂乘马出营，与曹操在阵前对话，两人马头相交，曹操笑着说："我与你的父亲同一年举孝廉，一直把他当作自己的长辈。我和你年龄相当，昔日在洛阳时，你我都青春年少，日月蹉跎，如今你我须发皆白，真是岁月不饶人啊！"韩遂见曹操只是跟自己叙旧情，并不提及军情，便顺水推舟，跟曹操虚与委蛇了一番。

曹操和韩遂在阵前谈了两个时辰，各自回营。韩遂回营后，马超问道："叔父今日在阵前，都跟曹操说了什么？"韩遂说："没有谈军务，只是闲聊了一番。"马超质疑道："叔父和曹操在阵前对话那么久，难道就只是叙旧？"韩遂不耐烦地说："曹操始终对军务闭口不谈，所以我也就没有提及。"马超闻言，不悦而去。

次日，曹操带铁骑出营，还是叫韩遂答话。韩遂也率军出营，马超紧随韩遂之后。在谈判中，曹操坚持让韩遂等人退回西凉，把关中和长安全部让出来，但韩遂只同意割让河西之地给曹操。当时马超在韩遂身后，欲突击向前，袭击曹操，因见许褚在曹操身边护卫，马超不敢轻举妄动。曹操最后对马超和韩遂说："你们的家属都在许都，望你们能以家人为念，彻底归顺朝廷。"

又过了数日，曹操派人给韩遂送去一封信，并故意在书信内容的紧要之处自行涂抹一番。马超听说曹操给韩遂送来了书信，便来到韩遂营中，韩遂把曹操的信拿给马超看，马超见信中多有涂抹之处，不解地问道："叔父为何要涂抹这封书信？"韩遂说："我并未涂改，原书如此。"马超暗想：曹操是个精细之人，不可能把草稿送过来，定是韩遂有意要隐瞒自己。自此，两人之间心生芥蒂。

一天，曹操和许褚纵马来到韩遂军营前，韩遂的军士多有不认识曹操的，一个个探头探脑。曹操笑着对韩遂的军士说："你们是想看我曹操吧，我也和你们一样，并没有两个鼻子、四个眼睛，只不过比你们多一些智谋而已。"韩遂军营内顿时一片哗然，许褚担心有人出来偷袭曹操，忙劝曹操早点儿回营。

连日来，曹操通过阵前对话、涂抹书信的方式离间韩遂和马超之间的关系，这些措施虽然没有使马超和韩遂立刻自相残杀，但却在一定程度上使他们互相疑忌，尤其是马超对韩遂有很大的意见，不再像以前那样信任韩遂了。韩遂的部将杨秋对韩遂说："马超倚仗着自己武勇，常有欺凌将军之心，将军才是关中联军的首领，而马超却经常越俎代庖，向各营将领传达命令。"韩遂也不满马超平日里嚣张跋扈，但因为马超的军事力量比较强大，韩遂不敢轻易和他闹翻。

曹军和关中联军休战一月后，谈判仍然没有结果，曹操给马超和韩遂下了战书，约二人决战。决战当天，曹操先派步兵出战，然后派骑兵从两翼包抄敌军，关中联军抵挡不住曹军的凌厉攻势，大败而去。曹军趁势追袭，马超、韩遂等部各自为战，互不救援，被曹军各个击破，马超和韩遂领着败军奔回西凉，杨秋领一军逃往安定[①]，成宜、李堪等将领在混战中被曹军杀死。

---

① 安定：今甘肃省定西市安定区，位于甘肃中部，北靠工业重镇兰州，南临古都西安，是中原通向西北的交通要道和古丝绸之路的必经之地。

渭南战役大胜，战后，曹军诸将请教曹操说："战争初期，敌军据守潼关，渭北空虚，我军不从河东击冯翊，而与敌军对峙于潼关，然后才北渡黄河，这是为什么呢？"曹操解释道："战斗刚打响时，我军若出兵河东，敌军必然会分兵防守黄河沿岸的各个渡口，那样徐晃和朱灵的军队就很难从蒲阪津偷渡过河了，所以我率主力大军和敌军对峙于潼关，给敌军造成欲在潼关决战的假象。徐晃和朱灵在河西建立起桥头堡后，可以接应我大军渡河，进驻渭河北岸。潼关险峻，敌人凭险据守，我军很难攻取，所以我决定绕道渭北，再出其不意地渡过渭水，在渭南与敌军决战。"诸将皆叹服。

渭南大捷是曹军在赤壁之战后取得的最大一次军事胜利，马超和韩遂等10余万关中联军被击溃，曹军的士气重新高涨起来，赤壁战败后的颓势得到了扭转。

渭南之战前后历时半年，军需供应是一大难题。当时河东太守杜畿负责向曹操的大军运送军粮和辎重，有力保障了曹军的军事优势。战争结束后，曹操下令给杜畿增加俸禄，使杜畿享受的待遇达到了九卿的标准。

关中联军被打败后，曹军进入长安。不久，曹军北伐逃往安定的关中军阀杨秋，杨秋开城出降，曹操赦免了杨秋的罪过，恢复他原来的爵位，让他继续镇守安定。

鉴于马超和韩遂已经逃往陇西，曹操决定斩草除根，彻底消灭韩遂和马超的残余势力，因而下令大军继续西征。就在这时，曹丕从邺城给曹操发来一份急报，说冀州和幽州爆发了农民起义。曹操闻讯大惊，留夏侯渊镇守长安，并任命张既为京兆尹，协助夏侯渊。安排妥当后，他率领大军返回冀州。

建安十七年（212年），曹操回军中原。这时，以河间人田银和苏伯为首的农民起义已经被曹丕派将军贾信领军镇压，田银和苏伯战死，其部下1000余人被俘虏。有人建议曹丕将这些俘虏全部处死，程昱当时留守邺城辅佐曹丕，于是曹丕征求他的意见。程昱反对处死战俘,他说:"农民是因为受到压迫才造反的,这说明朝廷对农民关心不够,以后只要我们能够体恤民情,类似的事情就不会再发生了。"曹丕听取程昱的意见,赦免了全部战俘。曹操后来了解情况后,也赞赏程昱的做法。

曹操回到邺城不久,下令将马超的父亲马腾等人处死,韩遂的儿子同时遇害。韩遂的部下阎行的父母也被扣在许都做人质。韩遂起兵反叛时,阎行曾经极力劝阻韩遂不要与马超等人为伍,但韩遂不听,后来阎行勉强跟着韩遂起兵。曹操得知这一情况后,决定暂时不杀阎行的父母,而是把他们关进监狱。韩遂听说自己的家人遇害,而阎行的家人却没有被株连,想进一步拉阎行下水,便把自己的小女儿强行嫁给阎行。曹操听说阎行做了韩遂的女婿,又打算处死阎行的父母,但被谋士荀彧劝阻。

韩遂本以为阎行既然已经做了自己的女婿,一定会死心塌地地追随自己,因而任命阎行为西平郡①太守。没想到阎行依然想投降曹操,在西平郡起兵攻打韩遂,韩遂大怒,领军将阎行击败。阎行兵败后独自逃走。后来,阎行千里跋涉,跑到许都投靠曹操,曹操封阎行为列侯,释放其父母出狱。

韩遂在陇西起兵30多年,纵横关中一带,被曹操打败后,他非常失意,想到汉中投奔张鲁。他的部将成公英劝道:"数十年来,将军在陇西地区建立起了极高的威望,深得羌人的拥戴。我们可以与羌族首领联合,召集旧部,逐渐向东发展势力。中原多事,曹操暂时不可能再来征讨我们,只有一个夏侯渊驻守长安,不足为虑。"韩遂觉得成公英言之有理,于是到各处召集旧部,联合羌人,企图再次称霸陇西。

夏侯渊听说韩遂驻扎在显亲②,于是亲自领军前往攻打韩遂,韩遂

---

① 西平郡:范围包括今青海湟源、乐都间湟水流域地,治所在西都(今甘肃省西宁市)。

② 显亲:今甘肃秦安县东北。

退守略阳和兴国。夏侯渊的部将都劝夏侯渊乘胜进攻,与韩遂决战,夏侯渊不同意,对部将们说:"韩遂的部队比较精锐,与他死打硬拼不是良策。据我所知,韩遂的部队中羌族人很多,他们和韩遂并不是一条心,我们可以出其不意地去攻打羌人的后方。韩遂部队中的羌族士兵知道后,一定会惶惶不安,到那时我军再乘势进攻,韩遂必败。"众将都同意夏侯渊的战术,于是照计行事,果然如夏侯渊所料,韩遂军中的羌族士兵忧心忡忡,纷纷要求韩遂回救他们的家乡。韩遂不得已率兵折返,在途中遭到夏侯渊截击,很快就被击溃了。

韩遂再次兵败后,逃到羌人的聚居地。由于他和羌族领袖关系良好,羌族人有意庇护他。后来,夏侯渊被调到汉中作战,由阎行镇守长安。韩遂东山再起,纠集数万羌族骑兵前来攻城,阎行战败,坚守不出。不久,韩遂病死,他的部将蒋石和田乐等人割下其首级,送到许都。

纵观韩遂一生,他于灵帝年间起兵造反,朝廷先后派皇甫嵩、张温、董卓、孙坚等名将前去征讨,但都遭到挫败;后来他接受朝廷招安,割据陇西数十年,渭水之战败于曹操,从此一蹶不振,但仍然能在陇西一带纵横,多次与曹军交锋,直到病死陇西,被部将砍下头颅,送给曹操。曹操见了韩遂的首级,叹息道:"文约纵横关西数十年,我早就想与他结交,没想到最终得到的却是他的首级。"

四、败马超,灭宋建

此前曹操降服杨秋,从安定班帅时,凉州参军杨阜跑到安定,劝曹操暂缓班师。他对曹操说:"马超英勇善战,在陇西羌人中有很高的声望,大军一旦撤离,马超必将卷土重来,届时陇上诸郡必将被马超攻取。"曹操无奈地说:"我也知道如果不彻底消灭马超,将会给国家带来很大的危害,可是中原多事,南方未平,孙权和刘备是更大的隐患,所以我必须班师回朝,凉州的事情就托付给你和刺史韦康了。如果遭到马超攻击，你们可以派人向驻守长安的夏侯渊求救。"

且说马超兵败后，率领残部逃回凉州，结好羌人。建安十八年（213年），马超利用羌人的力量起兵叛乱，攻打陇西诸郡，各地的郡县纷纷向马超投降，只有凉州的治所冀城①岿然不动。马超围攻冀城长达半年之久，汉中太守张鲁也派大将杨昂帮助马超攻城，凉州刺史韦康和参军杨阜动员一切可以动员的力量，拼死坚守。

眼看冀城危殆，韦康派凉州别驾阎温出城，向据守长安的夏侯渊求救。不料阎温在突围时被马超的军队擒获，马超派人将阎温押到冀城城下，逼迫阎温招降城中的将士。阎温不肯，马超大怒，亲自拔剑杀了阎温，并催促军队继续攻城。

夏侯渊驻军长安，听说马超起兵攻打冀城，不得曹操将令，未敢轻动。凉州刺史韦康绝望之际，准备开城投降，参军杨阜苦劝不听。韦康投降后被马超处死，参军杨阜则侥幸得到赦免。不久，曹操派快马飞报夏侯渊，命令夏侯渊火速进兵，夺回陇西诸郡。夏侯渊率军和马超交战，被马超打败，只得又龟缩回长安去了。

凉州参军杨阜勉强投降马超后，一心想置马超于死地。不久，杨阜的妻子去世，他向马超告假，要求回老家为妻子料理丧事。马超恩准了杨阜的请求。杨阜离开冀城后，到历城找他的表兄抚夷将军姜叙。姜叙镇守历城，杨阜劝姜叙起兵讨伐马超，为刺史韦康报仇。姜叙的母亲知道情况后，极力支持杨阜，于是，杨阜联络姜叙、赵昂、姚琼等人，一同起兵讨伐马超，同时又派人秘密联络冀城守将梁宽和赵衢等人，让他们作为内应，一起起事，共同讨伐马超。

建安十八年（213年）九月，杨阜和姜叙率兵进驻西县，树起了讨伐马超的大旗。马超得知杨阜造反，立即领军进剿杨阜和姜叙，两军大战于西县。杨阜等人奋力死战，马超不能取胜，退回冀城，没想到冀城

---

① 冀城：今甘肃省甘谷县西南。

的梁宽和赵衢是杨阜的党羽，他们乘马超出城迎战杨阜的时机，将马超在冀城的家人和心腹全部杀死，同时关闭城门，不放马超的军队入城。马超进不了冀城，只好率败兵转战历城，杀死了姜叙的老母亲及其他家属。

建安十九年（214年），马超从汉中张鲁那里借来一些人马，反攻凉州诸郡。杨阜一面组织迎敌，一面派人向夏侯渊求救。夏侯渊聚众商议，很多人劝夏侯渊先禀报曹操，然后再出兵。夏侯渊说："丞相在邺城，离我们这里数千里，来回折腾，岂不误了大事？上次冀城失守，刺史韦康被害，就是因为我们请示丞相救援不及时造成的，现在不能再犯同样的错误了。"他派张郃领军迎敌，张郃率军与马超大战于祁山一带，马超兵败，到汉中投奔张鲁去了。

事后，曹操加封杨阜等10余人为列侯。杨阜上表推辞，曹操不准，还特地给杨阜写信说："你在马超势力强大的时候，纠合忠义之士，共赴国难，终于将马超打败。西凉的百姓对你破马超的故事津津乐道，如果你不接受封爵，岂不是拂了众人之意？姜叙的母亲促成你和姜叙的义举，实为深明大义者，这些事将来都会载入史册的。"杨阜只得接受了朝廷敕封的爵位。

在陇西大大小小十几个军阀中，有一个人卓尔不群，这个人便是宋建。宋建早期跟随韩遂和边章在西凉造反，后来脱离韩遂和边章，自己领着一支军队割据枹罕①，自立为王，对外自称"河首平汉王"。因为枹罕地处黄河上游，所以叫河首平汉王。马超和韩遂起兵与曹操决战时，曾经派人联系宋建，但遭到了拒绝，宋建既不想帮助马超和韩遂，也不想帮助曹操。马超、韩遂等关西诸将被曹军消灭后，宋建的枹罕国陷入孤立，朝廷派人来招安，但宋建自恃有数万雄兵，企图继续割据枹罕，于是回绝了朝廷的美意。

---

① 枹罕：秦置古县名，今属甘肃临夏州东北。

曹操彻底扑灭韩遂和马超的残余势力后，命令夏侯渊领军进攻宋建。夏侯渊乘胜进军，很快就包围了枹罕。经过一个月的激战，枹罕城被攻破，宋建及其主要党羽被斩杀。

宋建割据枹罕30多年，在此期间，他在枹罕改元开国，设置百官，俨然一个国中之国。枹罕王国被铲平后，夏侯渊上表报捷，曹操大喜，给夏侯渊下了一道嘉奖令，大意是："宋建在枹罕乱逆30余年，今夏侯渊一举将宋建消灭，虎步陇右，所向无前，我和军中的其他将领都不如夏侯渊。"

陇西地区恢复安定后，曹操任命张既为雍州①刺史。当时从三辅②到西域，都归雍州管辖。曹操对张既说："你在关中任职多年，我相信你一定能够治理好雍州。"张既没有辜负曹操对他的厚望，在担任雍州刺史期间，施行一系列措施，对稳定雍州的局势发挥了很大的作用。

夏侯渊率兵荡平陇西地区的汉人割据势力后，趁势向陇西一带的羌族势力和匈奴势力用兵。羌人和匈奴人不能抵挡，先后战败，夏侯渊连战连捷，缴获了很多牛马和军械。

曹操很重视与西北地区少数民族友好相处，武威太守毋丘兴回京述职时，曹操嘱咐他说："我们和羌人打交道一定要慎重，如果他们想和中原来往，就让他们派人来谈。我们轻易不要派人去。如果所托非人，国家利益将会受损。"毋丘兴回去后，没有按照曹操的意思办事，擅自派遣校尉范陵去与羌人商谈。结果，范陵唆使羌人向朝廷提出非分要求。曹操知道后，气愤地说："我们如果答应了羌人的要求，于国家不利；如果拒绝了羌人的要求，将会使少数民族的人民失望。"

河东太守杜畿镇守河东多年，颇多功勋。在此期间，平房将军刘勋因为触犯国法而被曹操处死。刘勋生前深受曹操赏识和重用，刘勋死

---

① 雍州：中国九州之一，包括陕西关中地区，以及甘、青、宁部分地区。
② 三辅：西汉时本指治理京畿地区的三位官员，后指这三位官员（京兆尹、左冯翊、右扶风）管辖的地区（辖境相当于今陕西中部地区）。

后,朝廷抄了刘勋的家,搜出一封杜畿写给刘勋的书信。原来,刘勋生前依仗曹操的宠信,曾经向河东太守杜畿索要河东特产大枣,杜畿回信给刘勋,婉言拒绝。曹操得知此事后,更加信任杜畿,命令杜畿继续镇守河东,同时让他挂名魏国尚书职。

五、吴军兵临城下

解决了西北问题后,曹操没有了后顾之忧,可以专心对付孙权。而孙权自从在赤壁打败曹军后,也一直想要问鼎中原,战争不可避免地爆发了。

淮南本来是袁术的大本营,袁术割据淮南期间,对老百姓进行了敲骨吸髓的剥削,致使当地民生凋敝。曹操击败袁术后,出台了不少惠民政策,使淮南一带的经济缓慢复苏。赤壁之战后,淮南成了曹操与孙权对阵的最前沿,孙权曾多次领兵进攻合肥,但都没有得手。此后双方长期相持于合肥一线,曹操曾经下令将合肥以南的百姓向北迁徙,结果事与愿违,很多百姓纷纷向江南逃亡,导致合肥以南只剩下一座皖城①。此后,曹操改变策略,任命朱光为庐江太守,屯皖招募当地流民,在皖城大兴屯田,积蓄军粮,以备军资。

建安十九年(214年),吴军兴兵北伐,东吴大将吕蒙向孙权献计说:"曹军的主力部队虽然屯扎在合肥,但曹军的军粮大多积聚在皖城,皖城和合肥一南一北,在军事上形成了掎角之势。皖城的敌军兵力不多,我军若能迅速攻取皖城,合肥的敌军必然胆寒。而且,皖城一旦被我军攻破,驻守合肥的敌军的粮草就需要从兖州等地周济,如此一来,将大大不利于敌军坚守合肥。"

孙权认为此计可行,于是命甘宁为先锋,吕蒙为合后,起兵数万杀

---

① 皖城:今安徽省安庆市,潜山县相沿隶属之。

奔皖城。皖城太守朱光猝不及防，吴军只用了几个小时就攻破了皖城。城破后，吕蒙代替孙权入城抚民，皖城太守朱光向吕蒙投降。

驻守合肥的曹军将领张辽听说吴军攻打皖城的消息后，亲自率军前去支援皖城，但他的部队还没有到皖城，吴军就已经入驻皖城，因此，他只得率兵返回合肥。

孙权得知吕蒙和甘宁攻下皖城，亲自赶到前线劳军，并设宴为甘宁庆贺。席间，东吴大将凌统和甘宁发生冲突，吕蒙和孙权极力为二人调解。

凌统和甘宁之间有杀父之仇，甘宁之前是刘表的部将，凌统的父亲凌操在一次江东和荆州的战斗中被甘宁杀死。孙权不想让手下将领失和，遂好言抚慰凌统说："甘宁昔日射杀你的父亲，那时是各为其主，今日你们都是我的爱将，不可再念旧仇。"凌统拜伏于地，放声大哭。后来，在一次战役中，甘宁救了凌统一命，凌统非常感激甘宁，从此两人再未交恶。

曹操在邺城很快也得知皖城已失，打算起兵亲征。当时正值雨季，阴雨连绵，曹军将士多不愿意出征，但曹操一意孤行，丞相府主簿贾逵冒死进谏，劝曹操息兵罢战。曹操大怒，下令将贾逵下狱。贾逵入狱后，狱吏没有给贾逵戴上刑具，贾逵问道："你为什么不给我戴刑具呢？"狱吏回答说："你是丞相身边的红人，丞相只是一时激愤才怪罪于你，我看用不了多久，丞相就会释放你。"贾逵提醒狱吏说："丞相向来厌恶徇私枉法的官员，你还是赶紧给我戴上刑具吧！丞相一向多疑，他要是派人来狱中查看，你是吃罪不起的。"狱吏如梦初醒，赶紧命人给贾逵戴上刑具。果然不出贾逵所料，几天后，曹操派人到狱中查看贾逵服刑的情况，来人向曹操回报说一切正常，并没有发现任何徇私枉法的情况。事后，狱吏非常感激贾逵，暗中以礼相待。又过了几天，曹操下令将贾逵无罪释放，官复原职。

在曹军这次南征途中，荀攸不幸病逝。荀攸是曹操身边的重要谋士，跟随曹操南征北战20余年，向曹操献过很多好计策。荀攸和荀彧是叔侄，曹操经常拿他们作比较，对诸将说："荀彧之进善，不进不休；荀攸之去恶，不去不止。"意思是说，荀彧对于正确的东西往往坚持到底；而荀攸对于错误的东西勇于改正，锲而不舍。曹丕被立为太子后，曹操让曹丕向荀攸学习，曹丕对荀攸执礼颇恭。荀攸的突然去世，令曹操非常悲痛，下令对其厚葬。曹操还多次在公开场合称赞荀攸是一个"温良恭俭让"的贤人君子，鼓励其他官员向荀攸看齐。

曹操率领大军来到合肥，向张辽询问敌情。张辽如实禀报说："吴军严阵以待，且有长江天险，很难速胜。"曹操亲自领军与吴军较量了几次，互有胜负。

不久，夏侯渊从长安发来消息，说他已经平定关中，请曹操出兵攻打汉中张鲁。曹操与诸将商议此事，诸将见吴军整肃，也劝曹操放弃这次南征，班师回朝，然后西征张鲁。诸将的建议正中曹操下怀，于是下令班师。孙权见曹军北撤，也领军回江南去了。

建安二十年（215年）三月，曹操兵发汉中。临行前，曹操估计孙权会趁他西征张鲁时再次起兵攻打合肥，于是将一个锦囊装到盒子里，在盒盖上写着"贼至乃发"4个字，然后派护军薛悌将盒子送到合肥，交给守卫合肥的主将张辽。

果然不出曹操所料，同年八月，孙权听说曹操远征汉中，趁机起兵10万，再次北伐合肥。当时合肥守军只有7000多人，张辽听说孙权的大军将至，便当众打开薛悌送来的盒子，拆开锦囊观看，只见锦囊上面写着"张将军和李将军出战，乐将军守城"。张辽看完锦囊后，将锦囊递给李典和乐进传阅。李典向来与张辽不和，遂对张辽说："敌军有10万之众，我军只有7000余人，如何迎敌？我看还是坚守城池吧。"乐进也附和道："是啊，与其出战，不如坚守。"张辽解释道："现在大敌当前，我就不讳言了，丞相给我们送来这个锦囊，有两个意思：其一，丞相知道李将军跟我不和睦，恐我军因此不能并力迎敌，所以才不远千里做了这样的部署;其二,吴军来势汹汹,料想我军不敢与其正面交锋,如果我军能出其不意地主动出击,挫其锐气,然后再闭城坚守,胜算将会更大。"为了顾全大局,李典答应随张辽出战吴军,张辽大喜,吩咐乐进守城。

且说吴军向合肥迤逦进发,吴军将领都知道曹操正率军远征汉中,不可能派兵支援合肥,而合肥城中只有不到一万守军,因此,吴军将领估计合肥的敌军不可能出城迎战,只会坚守城池,所以,吴军上下都很懈怠。张辽闻知吴军迫近,遂和李典率军出迎,恰好遇上了吴军前队,张辽和李典身先士卒,奋勇杀入吴军。吴军没有充分的思想准备,突然遭到曹军的攻击,被打得大败。张辽和李典打败吴军的先头部队后,立即回军合肥,分兵把守四门,誓与吴军决一死战。

孙权听说自己的前锋被曹军打败,又惊又怒,于是亲自催督大军,将合肥城团团围住,猛攻猛打。双方相持月余,吴军屡次攻城,都被守城的曹军击退。战事进入胶着状态,由于军中发生瘟疫,军士多有患病者,军队的战斗力下降,加上合肥城防坚固,难以攻取,孙权只得下令撤兵。

孙权撤军当天,张辽正在城头点视诸军,忽然望见吴军缓缓向南撤退。过了几个时辰,吴军主力已经全部撤到逍遥津①南,只有孙权等将领还带着一支千余人的部队留在逍遥津北。张辽当机立断,亲自率领5000人出城截杀尚未渡过逍遥津的吴军。两军混战一处,东吴诸将保护着孙权死战得脱,留在逍遥津北的千余军队几乎全部战死,东吴大将陈武也不幸阵亡。自此,张辽威震逍遥津,吴军诸将无不胆寒。

当时曹军主力正和张鲁的军队激战于汉中,曹操得知张辽和孙权大战于逍遥津北,大败孙权,高兴万分,当众向诸将夸耀说:"张辽

---

① 逍遥津:又名"窦家池""豆叶池""斗鸭池",古为淝水上的津渡,位于安徽省合肥市庐阳区。

真是一个将才啊!"同时加封张辽为征东将军,李典和乐进也各有封赏。

建安二十一年(216年)冬,曹操再次率军南征孙权。次年正月,曹军和吴军大战于濡须,吴军落败,不久,孙权派使者向曹操请和。曹操审时度势,认为江南难以攻取,便乘胜接受了孙权的求和。鉴于此时刘备的势力逐渐壮大,孙权和曹操都意识到孙、曹两家有必要联合抗刘。

建安二十二年(217年)三月,曹操下令班师,留夏侯惇、张辽、曹仁等将领驻守淮南。孙权也撤兵回江东,留下平虏将军周泰防守濡须。此后,直到曹操去世前的几年时间里,吴军和曹军之间再也没有发生过大规模的战事。

第八章 挥师角力汉中

消灭马超等西北军阀势力后,曹操又把目光投向了汉中张鲁。张鲁作为汉中的大军阀,与其先辈坐镇汉中数十年,根基深厚,是实打实的"汉中皇帝"。张鲁本人并不想争夺霸主之位,但是他仍然逃不过角逐的游戏,因为曹操、刘备都死死地盯着汉中。汉中大战一触即发。

一、西南军阀

张鲁,字公祺,沛国丰人,他的祖父张陵是五斗米道的道师。五斗米道和张角的太平道有些地方是一样的,张角的太平道是一个全国性的宗教组织,而五斗米道仅局限于汉中和四川等地。张陵死后,张鲁的父亲张衡继承家业,继续在汉中一带传道,凡学道者,先交纳五斗米。因此,张陵和张衡父子也被称为"米贼",张衡死了以后,张鲁继承了祖上的衣钵。

据史书记载,张鲁的母亲与益州[①]牧刘焉关系密切,刘焉任命张鲁为督义司马,让他和别部司马张修一起领军征讨汉中。张鲁和张修顺利攻占了汉中,杀了汉中太守苏固。不久,张鲁又杀掉张修,兼并了张修的部队,进而割据汉中。当时刘焉已死,刘焉的儿子刘璋继位,张鲁拒不接受刘璋的命令,刘璋大怒,将张鲁留在四川的家属全部杀死,张鲁

---

① 益州:中国古地名,汉武帝十三州(十三刺史部)之一,最大范围(三国时期)包含今四川(川西部分地区)、重庆、云南、贵州、汉中大部分地区及缅甸北部、湖北和河南小部分,治所在蜀郡的成都。

的母亲和弟弟等人遇害。后来，刘璋还多次派军队讨伐张鲁，但都没有取胜，张鲁在汉中的势力逐渐壮大。

张鲁在汉中的统治方法与其他地方迥然不同，他自号"师君"，利用宗教信仰来统治当地百姓，属于典型的政教合一。在统治区域内，张鲁不设郡县长官，只设大小祭酒，管理百姓多的称为大祭酒，管理百姓少的称为小祭酒。各地的大小祭酒在自己的辖区内修筑义舍，然后在路边放置义米和义肉，过往的百姓可以根据自己的食量大小自行领取，多取者遭天谴；如果辖区内有人患病，祭酒将会为病人祈祷，方法是：将生病之人置于密室之中，祭酒书写病人的姓名，说服罪之意，让病人自思己过。如果病人的病势较轻，这种治疗方法往往能够奏效；当然，如果病势很重，这种治疗方法就无济于事了。

张鲁还规定，凡是汉中百姓，如果有犯法的，可以原谅3次。3次过后，如果再犯，才会动刑。就这样，张鲁以这种宗教方式统治汉中30余年，汉中百姓都很拥戴他。马超和韩遂大闹关中时，关中有10多万人避难到汉中，张鲁发布命令，妥善安置了这些难民。

前面说过，张鲁原本是益州牧刘璋的部下，刘璋的父亲刘焉派张鲁率军进攻汉中，张鲁攻取汉中后，不想再臣服于刘璋，于是举兵自立。那么，刘焉和刘璋父子是如何在益州起家的呢？

《后汉书·刘焉传》记载，刘焉，字君郎，江夏竟陵人，据说是汉鲁恭王的后裔，鲁恭王是西汉汉景帝之子，因为刘焉是汉室宗亲，朝廷拜刘焉为郎中。后来，刘焉历任南阳太守、宗正等职。汉灵帝时，天下大乱，烽烟四起，刘焉看到官场腐败，有意革新吏治，于是上表给汉灵帝，建议在郡县以上设立州牧，选清明重臣出任州牧，帮助皇帝平定叛乱。但这个建议未能被灵帝及时采纳。不久，益州刺史郤俭被造反者杀死，并州刺史和凉州刺史也被贼寇杀死。在这种情况下，朝廷决定采纳刘焉之前的建议，在郡县之上设立州牧。刘焉也被派到益州做益州牧，同时被任命为州牧的还有幽州牧刘虞等人。

刘焉临危受命，就任益州牧时，接手的是一个烂摊子。当时益州和内地一样很不太平，马相、赵祗聚众万余人，起兵造反，自称黄巾军。起义军杀死了绵竹令李升，不久，巴郡也被攻陷。益州从事贾龙领兵数千抗击起义军，马相率领的起义军兵败，贾龙听说刘焉被朝廷任命为益州牧，于是派人迎刘焉入蜀。刘焉入蜀后，先在绵竹驻扎了一段时间。在此期间，他抚纳离叛，宽惠待人，张鲁就是在这个时候依附刘焉的，刘焉自始至终都没有打压过张鲁的五斗米道。据说当时刘焉和张鲁的母亲有染，张鲁的母亲能够随意出入刘焉的家院。益州的局势逐渐稳定下来后，刘焉捕杀了益州豪强王咸、李权等10多人，起初支持刘焉上台的贾龙不满刘焉的统治，起兵叛乱，刘焉派兵将贾龙打败，从此在益州声势大振。

李傕和郭汜在长安主政时，刘焉和西凉的马腾合谋，企图设计诛杀李傕，后来事情败露，刘焉在长安的两个儿子被李傕杀死，另一个儿子刘璋从长安逃出来，跑到益州。不久，刘焉病死，以赵韪为代表的一批益州官员拥戴刘璋做了益州牧。刘璋的才能不如刘焉，而且施政能力也不是很强，所以益州的老百姓不是很拥戴他。

据史书记载，刘焉在益州主政时，中原地区有数万流民进入益州，刘焉将他们悉数收编，选择其中的精锐，组成"东州军"。因为刘焉也是外来的，所以东州军成了刘焉的嫡系武装。刘焉死后，刘璋不能很好地约束东州军，益州本土实力派赵韪等人于建安五年（200年）起兵反抗刘璋，刘璋指挥东州军平叛，在江州①打败赵韪等人，赵韪等人被斩杀。从此，刘璋在益州的统治逐渐稳固下来。

二、刘备的新版图——益州

建安十六年（211年），曹操遣钟繇等人领军讨伐张鲁，被马超、韩遂等关中将领阻击于潼关。消息传到益州，刘璋很恐惧，益州从事张松早就想投降刘备，于是对刘璋说："曹操善于用兵，曹军无敌于天下，

---

① 江州：古代行政区划，今江西省九江市。

袁绍、袁术和吕布等都被其打败,一旦曹军击破张鲁,占领汉中,益州就危险了。为今之计,不如请刘备入蜀,与我军一起攻打张鲁。刘备是个英雄,而且和主公一样也是汉室宗亲,等消灭张鲁之后,我们再和刘备共同抗拒曹军。"刘璋听取了张松的建议,派法正①率4000人迎接刘备入蜀。

法正到达荆州后,向刘备呈上刘璋的书信,信中写道:"族弟刘璋致皇叔刘备麾下,我们都是汉室宗亲,理应患难相扶,吉凶相救。汉中张鲁久欲吞并西川,请皇叔领兵入川,助我剿灭张鲁,我们两家永为唇齿。"

刘备早就对益州垂涎三尺,看完刘璋的求援书信,心中暗喜,表面上却显得非常镇定。法正对刘备说:"马逢伯乐而嘶,人遇知己而死。刘璋暗弱,不能统御西川,我与别驾张松愿将益州献予皇叔,皇叔若有举动,我们二人当为内应。"

刘备叹气道:"益州天府之国,我早就想攻取了,只是刘璋与我同为汉室宗亲,取之不义啊!"法正一时语塞。庞统见刘备迟疑不决,进言道:"荆州四战之地,东有孙权,常思虎据;北有曹操,每欲鲸吞。主公若不图取西川,难成大业。"刘备说:"曹操是我的死敌,曹操以急,我以宽;曹操以暴,我以仁;曹操以谲诈,我以忠诚。我行事每每与曹操相反,所以才能有今天的成就。"庞统知道刘备的心思,遂劝解道:"乱世之中,用兵争强,固非一道。若拘执常理,将寸步难行,况且兼弱攻昧,逆取顺守,都是兵家常事。我军攻取益州之后,主公厚待刘璋及其家属,不也是一样吗?"刘备听了庞统的话,如醍醐灌顶,恍然大悟,遂决意取蜀。

对于益州,刘备是势在必得;而对刘璋来说,益州是他的老巢,绝不可能轻易让人。因此,二人之间的血战必然发生。

---

① 法正:东汉末年刘备帐下谋士。善奇谋,劝刘备夺汉中,斩杀夏侯渊等,深受刘备信任和敬重,但英年早逝。刘备追谥为翼侯,是刘备时代唯一一位有谥号的大臣。陈寿认为他的智谋可比程昱和郭嘉。

刘备留诸葛亮和关羽等人驻守荆州，然后起兵5万，令黄忠为前部、魏延为后援，他本人与刘封、关平为中军，另以庞统为军师中郎将，迤逦向西川进发。刘璋知道刘备已经起程，便亲自到涪城（今四川绵阳涪城区）迎接刘备，二人在涪城相遇，彼此互诉衷肠。张松、法正和庞统都劝刘备及早动手，杀死刘璋，直取成都。刘备推脱自己初到蜀中，恩信未立，没有在第一时间对刘璋下手。不久，刘璋请刘备到葭萌关①驻守，抵御张鲁可能的入侵，刘备便率兵往葭萌关去了。

张鲁对西川觊觎已久，但听说刘璋从荆州请来了刘备，也不敢贸然兴兵。刘备在葭萌关待了一段时间，在这期间，善待当地百姓，西川之人无不称颂。有了一定的民意基础之后，刘备准备攻取西川，庞统献上了三条计策：上计是，迅速以骑兵突袭成都；中计是，假托回荆州，趁势攻取涪城，然后徐图进取；下策是，退回白帝，连夜回荆州。刘备决定采纳庞统的中计，先夺取涪城，然后再进取绵竹和成都。

随后，刘备修书一封，派人送给刘璋，说曹军不日将侵犯荆州，他要领军回防荆州。刘璋同意了。刘备率军假意回荆州，路过涪城时，向刘璋的军队发动突然袭击，兵不血刃就夺取了涪城。刘璋在成都听说涪城落入刘备之手后，大惊失色，急忙派大将张任、冷苞、邓贤等将领率军5万，前往雒城②据守。当时，别驾张松暗通刘备，企图里应外合，被其兄长张肃告发，刘璋大怒，下令将张松斩杀。

刘备攻下涪城后，立即向雒城进发，冷苞和邓贤领着蜀军前来阻击，但很快就被荆州军给打败了。蜀军主将张任据守雒城，庞统和刘备分兵进击，刘备走大路，庞统走小路。张任预先伏兵于落凤坡③，庞统领军走到落凤坡时，被乱箭射死，蜀军大败。

刘备折了军师庞统，悲痛欲绝，蜀军趁势发动反攻，刘备退守涪

---

① 葭萌关：古关名，位于四川省广元市昭化区昭化镇，关城今已荡然无存。
② 雒城：位于今四川省广汉市辖区内，东至外东顺城路、南至房湖公园南侧、西起桂花街南段、北至鸭子河南岸。
③ 落凤坡：位于四川省德阳市罗江区白马关镇的庞统祠旁约2000米处。

城，写信让诸葛亮率军入蜀，合兵攻刘璋。诸葛亮听说庞统战死，急忙命张飞领精兵一万，从旱路入蜀；自己和赵云率军一万，从水路进军，两军在雒城会师。诸葛亮临行前，将荆州防务交给关羽，嘱咐他"东和孙权，北拒曹操"，关羽领命。

张飞领军入蜀，在巴郡被蜀中名将严颜截住，双方相持了一段时间，最后，张飞设计打败了严颜，并将其招降。随后，张飞命严颜为先锋，向雒城（今四川广汉雒城镇）进发。从巴郡到雒城，沿途关隘的守将都是严颜的老部下，他们见严颜投降了张飞，也纷纷归附张飞。张飞率先来到雒城，数日后，诸葛亮和赵云也到达雒城。

援军到达后，刘备指挥荆州军围住雒城攻打，双方打得难分难解，僵持了一段时间后，诸葛亮设计打败张任，张任率军退守绵竹，荆州军步步紧逼。不久，绵竹守将李严投降，张任因不愿投降，被荆州军斩杀。

绵竹失守后，成都门户洞开，刘璋无奈之下，只得派人到汉中请张鲁派兵援救。张鲁派马超领军支援刘璋，汉中的军队和荆州军大战于葭萌关，诸葛亮设计离间马超和张鲁之间的关系，使得马超的处境很危险。最后，马超阵前倒戈，投降了刘备。马超的投降使得刘备实力大增，遂发兵直取成都。

成都危急，刘璋召集诸将商议战守之策。谋士郑度劝刘璋尽烧野谷和各处仓库，率百姓避于涪水之西，深沟高垒，坚守不战。刘璋没有采纳郑度的建议，他凄怆地对诸将说："我父子在蜀中数十年，无恩德加于百姓，攻战数年，血肉捐于草野，不能再打下去了。"他决定投降刘备。次日，刘备率领荆州军开入成都，派人将刘璋送到荆州安置。

刘备自领益州牧，刘璋原来的部下，凡是愿意归降的，一律重赏。严颜官拜前将军，法正被任命为蜀郡太守，刘巴为左将军，黄权为右将军，其余蜀中降将如李严等皆官升一级。此外，刘备又加封关羽为荡寇将军、汉寿亭侯，张飞为征虏将军、新亭侯，赵云为镇远将军，黄忠为镇西将军，魏延为扬武将军，马超为平西将军；同时开仓赈济百姓，蜀中军民皆欢欣雀跃。

益州既定，刘备想将成都的豪宅分赐给众官，赵云反对道："益州百姓惨遭战火蹂躏，很多人流离失所，无家可归，现在应当将这些豪宅用来安置百姓，不宜将它们赏给官员。"刘备感叹道："我被胜利冲昏了头脑，还是子龙心细。"遂命赵云处理此事。

随后，刘备命诸葛亮制定刑法条例，刑法颇重。法正对诸葛亮说："昔日高祖皇帝刘邦和百姓约法三章，深得民心，希望军师能够宽刑省法。"诸葛亮笑着说："你只知其一，不知其二，秦朝用法暴虐，所以高祖以宽仁治国。刘璋统治蜀中多年，德政不举，威刑不肃，君臣之道，渐以陵替，我施政以严刑峻法，才能镇抚住百姓和官吏。"法正听了不由口服心服。

刘备得了益州，实力大大增强，终于有了与孙权、曹操争夺天下的资本。

三、雷霆万钧克汉中

曹操听说刘备已经攻取了西川，心急如焚，慌忙召大将军曹仁和夏侯惇入朝议事。曹仁先到，连夜觐见曹操，当时曹操已经入睡，许褚仗剑立于门外。曹仁想要进去，但被许褚挡住，曹仁请许褚通融一下，将曹操唤醒。许褚说："主公今天喝醉酒了，将军还是明日再来吧。"曹仁大怒道："主公召我速回，你竟敢把我拦在外面，真是岂有此理！"许褚正色道："我奉命保卫主公的安全，任何人不得擅入。"曹仁见许褚不买自己的面子，恨恨而去。曹操听说这件事后，叹道："许褚真是忠臣啊！"

次日，曹操聚集诸将，商议收吴灭蜀之策。曹仁和夏侯惇都认为刘备和孙权不易攻取，应先攻取汉中张鲁，再趁势攻取西川，平定江南。谋士贾诩等人也赞同这一建议。于是，曹操决定兴兵征讨汉中，令夏侯渊、张郃为先锋，曹操与诸将居中军，曹仁、夏侯惇为后军，三军开拔，迤逦向汉中进发。

建安二十年（215年）初，曹操兵屯长安，准备随时入侵汉中。这时，黄门侍郎刘廙上书道："周文王3次讨伐崇国①，都没有将其征服。汉中地势险要，易守难攻，不如回师中原，派部队坚守四方险要之地，潜心治理国家，发展农业，奉行节俭，待国力昌盛之时再举兵讨伐不臣。"曹操对刘廙的建议不屑一顾，回书谴责刘廙，大概意思是："四方未宁，卧榻之旁岂容他人鼾睡！"

不久，曹操率领大军进入陈仓②，越过大散关，途中遇到了当地少数民族的武装抵抗。曹操派张郃为先锋，多次击败少数民族的武装力量。当时韩遂部将成公英栖身陇西，听说曹军到来，便率部前来投奔曹操，曹操大喜，封他为列侯。成公英对曹操说："如果旧主韩遂还在，我是不会前来归附丞相的。"曹操大笑道："你真是一个忠义之人啊，我希望你能像效忠韩遂一样效忠我。"

张鲁见曹军兵临汉中，忙召集诸将商议退敌之策。张鲁的弟弟张卫和大将杨昂、杨任③主动请缨，张鲁大喜，命张卫领军数万坚守阳平关，又命杨昂、杨任领一军迎战曹军。曹军前部夏侯渊、张郃率军逼近阳平关下寨。是日夜，杨昂和杨任乘曹军不备，率军夜袭曹军营寨，张郃和夏侯渊事先未做防备，被打得大败。曹操责骂夏侯渊和张郃说："你二人行军多年，岂不知军若远行疲困，要严防劫寨？"并欲斩二将，以明军法，众将告免。

杨昂和杨任夜袭得手后，竟然肆无忌惮地率军到曹军营前挑战，曹操命夏侯渊、张郃二将戴罪立功。两阵对圆，张郃和夏侯渊出马，杨昂和杨任麾军直杀过来，两军大战，汉中军寡不敌众，被曹军击败，杨昂

---

① 崇国：今陕西省西安市鄠邑区一带，约于公元前1051年被周文王所灭，并在此建都作丰、镐两京。

② 陈仓：今陕西省宝鸡市陈仓区，位于陕西省西部，西与甘肃省天水市、清水县相邻。

③ 杨任：三国时期汉中军阀张鲁的武将。曹操攻伐汉中时，他奉命与杨昂一同镇守阳平关，杨昂不幸阵亡，他逃回汉中报告张鲁。后来，他自告奋勇出战，结果被曹操部将夏侯渊用拖刀计斩于马下。

和杨任领着败军退回阳平关去了。

阳平关位于今天的陕西勉县境内，地势极其险峻，张卫、杨昂等汉中将领率兵据险坚守，曹军一连攻打了几个月，阳平关岿然不动，曹军伤亡很大，士气顿挫。曹操见状，传令退军，汉中军听说曹军将退，防守渐渐松懈。一天，曹操命夏侯惇、许褚上山指挥军队撤退，当天大雾弥漫，曹军误打误撞进入了张卫的军营。张卫毫无准备，误以为曹军主力杀来，于是连夜弃关而走。夏侯惇和许褚趁势发动猛攻，一举攻下了阳平关。曹操得知事情的真相后，大喜过望，重赏夏侯惇、许褚二将，整饬三军，准备向汉中腹地推进。

关于曹军攻取阳平关的真相，史书上还有一种说法，即曹军发动突袭当夜，有数千头野鹿冲入张卫的军营中。因为是大雾天，张卫的军队不知虚实，自乱阵脚，曹军又趁势鸣锣击鼓，呐喊冲杀，打了汉中军一个措手不及，曹军趁势一举攻破阳平关，张卫领着败军退回南郑。

不管是哪种说法，曹军都是侥幸攻取阳平关的，当时如果不发生意外，或许曹军就真的知难而退了。阳平关失守，使得汉中门户洞开，张鲁审时度势，认为汉中南有刘备，北有曹操，自己不可能继续割据下去，于是打算投降曹操。但部将阎圃劝他再抵抗一段时间，看会不会出现什么转机，张鲁也抱着一丝侥幸心理，因而领军退守巴中。在撤离南郑时，部下建议把府库全部放火烧毁，张鲁不同意，他对部将们说："府库归国家和百姓所有，不可烧毁。"随后下令将府库全部封存。

曹操率军入驻南郑，见张鲁封存府库，没有搞坚壁清野，既高兴又感动，他对诸将说："张鲁是一个好人啊！"他早就听说张鲁有归降朝廷之意，于是派使者到巴中劝张鲁投降，张鲁犹豫了一段时间，终于决定到南郑向曹操投降。曹操知道张鲁来降，亲自出城迎接，优礼相待，并表荐张鲁为镇南将军，封阆中侯。张鲁的5个儿子也都被封侯，张鲁的部将阎圃等汉中官员也被封为列侯。不久，曹操还让自己的儿子娶了张鲁的女儿，和张鲁结成了亲家。

当时，马超的部将庞德也跟随张鲁一起投降了曹操。庞德，字令明，西凉人，其人骁勇善战，是一员难得的虎将。马超兵败后，庞德随马超投奔张鲁，马超出征西川时，庞德因病未与马超同行。后来，马超归降了刘备，庞德却一直待在汉中。曹操早在渭南之战时就深知庞德之勇，非常喜欢庞德，汉中平定后，庞德来降，曹操加封他为立义将军，封关门亭侯。

在关中诸将中，程银和侯选曾经于建安十六年（211年）随马超、韩遂起兵抗击曹操，渭南之战后，程银和侯选被曹军打得无处容身，于是逃到汉中。曹操这次平定汉中，他们表示愿意归降，曹操既往不咎，重赏二人，并恢复了他们原来的官爵。

此外还有一个刘雄鸣，刘雄鸣也是关中诸将之一，马超和韩遂起兵抗击曹操时，曾邀请刘雄鸣一起起兵，刘雄鸣没有答应，马超便率军攻打刘雄鸣，刘雄鸣战败后投降了曹操，曹操命他回去召集旧部，但刘雄鸣的部下大多不想归降曹操，逼着刘雄鸣一起反叛。曹军征讨汉中，路过武都时，刘雄鸣率军阻击曹军，被曹军打败，刘雄鸣逃到汉中。张鲁投降后，刘雄鸣也厚着脸皮向曹操请罪，表示自己是受到部下的胁迫才不得已反叛的，曹操下令赦免了他，将他调到中原任职。

就在曹操与张鲁相持于汉中时，东吴孙权派大将吕蒙领军攻取了长沙、零陵、桂阳三郡，兵锋直指南郡。刘备大惊，忙率军赶到公安，关羽也率军进驻益阳，大战一触即发。关键时刻，诸葛亮派人请刘备回军西川，刘备得知曹军即将攻陷汉中，也不敢再与孙权交战，遂主动向孙权请和，同意将长沙、零陵、桂阳三郡割让给孙权。孙权也同意讲和，双方商定湘江以东归孙权，湘江以西归刘备，两家平分荆州。

曹操平定汉中后，逐步废除了张鲁以前搞的宗教治国的政治模式，重新在汉中设立郡县制，将汉宁郡改为汉中郡，又新设巴郡①和西城郡②等，分兵于各处防守。司马懿劝曹操乘胜进取蜀中，他说："刘备

---

① 巴郡：中国古代的郡级行政区，辖今重庆、四川两省部分区域。
② 西城郡：位于陕西省安康市汉滨区。

以诈力取刘璋，蜀中百姓尚未归心于刘备，现在可乘刘备在蜀中立足未稳之机，果断用兵，席卷西川。"谋士刘晔也进谏道："我军征服汉中后，益州震动，若不趁势攻取益州，时间长了，诸葛亮精于治国而为相，关羽和张飞等勇冠三军而为将，蜀军据守各处关隘，益州就很难攻取了。"曹操叹气道："人苦不知足，得陇望蜀。赤壁之战前，我也是挟征服荆州之威南征孙权的，结果怎么样呢？"曹操的意思是说他应当吸取赤壁战败的教训，不能再重蹈当年的覆辙。当然，曹操的想法也是有道理的，刘备在益州的根基不稳，但曹操在汉中的根基更不稳，所以综合考虑，曹操决定暂时不对西蜀用兵。

建安二十年（215年）冬，曹操率领大军离开汉中，留夏侯渊、张郃、徐晃等将领镇守汉中。张既劝曹操从汉中往内地移民，曹操同意了，于是，之前因内地战乱迁往汉中的十几万百姓分批返回原籍。

四、曹、刘会战汉中

尽管曹操先于刘备攻克汉中，但这并不意味着汉中就属于曹操。争夺地盘靠的是实力，刘备自然不会让曹操坐稳汉中，于是，汉中会战打响了。

建安二十二年（217年），刘备的部下法正劝刘备进军汉中，他说："曹军刚刚占领汉中时，没有乘胜向蜀中用兵，是一大失策。现在我军和曹军已经对峙了一年多，依我看，曹军镇守汉中的将领夏侯渊和张郃都是有勇无谋之辈，如果我军向汉中推进，一定可以夺取汉中。汉中的战略地位非常重要，我军占领汉中后，就可以挥师中原，夺取长安和洛阳，中兴大汉。"刘备早有进军汉中之意，于是亲自率领10万大军进攻汉中，同时命马超、张飞攻打陇西的武都郡（治所在今甘肃成县西北），以牵制曹军在汉中的兵力。

建安二十三年（218年），刘备与夏侯渊、张郃相持于汉中，曹军据险防守，蜀军进展缓慢。曹操听说马超、张飞等率军入寇武都，便派大将曹洪领军5万前去迎敌。曹洪到达陇西后，主动进攻蜀军，当时马超的军队屯扎在下辩①，马超派部将吴兰为先锋，与曹军交锋。曹洪亲自率军出击，打败了吴兰的军队，蜀军随后据守关隘，坚守不出，曹洪也没有趁势进击，两军进入对峙状态。

曹洪是个贪财好色之人，曹操派他来陇西时，命谋士辛毗和骑都尉曹休与他同行。曹洪率军赶到陇西时，刘备派大将张飞进驻固山，声称要抄袭曹军后路。曹洪聚集诸将商议，曹休分析说："蜀军如果真想截断我军后路，必然会秘密行动，现在他们大张旗鼓，肯定是想吓唬我们。我军若在此时果断进军，一定能够打败敌军。"曹洪听从曹休的建议，率兵出击，果然大获全胜，打败了马超的部将吴兰。曹洪打了胜仗后得意忘形，找来很多歌女在武都城劳军，设宴庆贺。谋士辛毗屡劝不听，杨阜知道后，出面制止了曹洪的荒唐行为。

在此期间，蜀军与曹军有过几次交锋，刘备派军队去破坏马鸣阁②栈道，但被曹军名将徐晃领军击退。不久，曹操派张郃领军南征巴郡，刘备派张飞抵敌，张郃与张飞在宕渠③、蒙头、荡石一带大战50余日。最后，张郃被张飞打败，领军退回南郑。

汉中一旦失守，中原必然震动。鉴于汉中严峻的军事形势，曹操决定亲临汉中督战。建安二十三年（218年）九月，曹操来到长安，就近指挥汉中战事。当时夏侯渊奉命镇守定军山④，刘备派老将黄忠进攻定军山，连续攻打了两个月，始终未能攻下。黄忠决定改变战术，率军攻取定军山对面的曹军阵地，引诱夏侯渊出战，夏侯渊果然中计，两军大战于定军山下。刘备闻讯，派援兵支援黄忠，曹军主将夏侯渊在混战中被蜀军杀死，黄忠趁势夺取了定军山。

夏侯渊是曹军在汉中的主将，他的阵亡令曹军上下感到非常意外和

---

① 下辩：古地名，治所在今甘肃成县。
② 马鸣阁：位于四川省广元市利州区宝轮镇。
③ 宕渠：古县名，治所在今四川渠县东北。
④ 定军山：位于陕西省汉中市勉县城南，三国时期古战场，有"得定军山则得汉中，得汉中则定天下"之美誉。

惊恐，不知所措。督军杜袭和司马郭淮推荐张郃出任汉中曹军的统帅，曹军诸将也认为张郃是最合适的人选，于是，张郃临危受命，走马上任，率军和蜀军交战，暂时稳住了汉中的局势。

曹操在长安得知夏侯渊的死讯后，非常震惊和悲痛。夏侯渊与曹操关系非常密切，是最早追随曹操起兵的一员悍将。后来，曹操让夏侯渊的长子夏侯衡承袭了夏侯渊的爵位，夏侯渊的几个儿子夏侯霸、夏侯威、夏侯惠等也都被封为列侯。

据史书记载，夏侯渊和蜀国大将张飞是亲戚关系，张飞娶夏侯渊的堂妹为妻，生有一女，这个女孩后来嫁给了刘备的儿子刘禅。再后来，司马懿夺取魏国的军政大权后，夏侯渊的儿子夏侯霸逃到蜀国投奔刘禅，刘禅对夏侯霸很热情，称夏侯霸是他的亲戚。

夏侯渊的死激怒了曹操，他亲自率军来到汉中，想与蜀军一决雌雄。刘备派黄忠去劫夺曹军的粮草，黄忠深入敌境后，被张郃和徐晃领军围住，死战不能得脱。危急时刻，赵云领军杀到，救了黄忠。曹操命诸将追击，赵云回到本营后，下令将营门大开，偃旗息鼓，让弓箭手埋伏于营门之内。曹军追到赵云的营寨，见营门大开，恐有伏兵，不敢进军。当时天色已晚，曹军奉命后撤，赵云命弓箭手齐出，向曹军放箭，同时命令军士擂鼓呐喊，曹军不知蜀军虚实，慌忙后撤，赵云趁势率军掩杀，曹军大败。

曹军连遭惨败，曹操非常愤怒，派徐晃为先锋，进军汉水。当时，蜀军和曹军相拒于汉水两岸，徐晃命令前军渡水列阵，欲置之死地而后生，与蜀军决战。刘备派黄忠、赵云迎敌。徐晃渡水列阵后，领军挑战，黄忠和赵云坚守不出。等到日暮黄昏时，曹军倦怠，黄忠和赵云突然领军杀出，曹军无力抵挡，军士被逼入汉水，死者无数，徐晃死战得以逃脱。

之后，曹操亲自率军逼近汉水下寨，刘备用疑兵之计在汉水大破曹军。与此同时，马超、张飞也领军从侧翼向曹军发动进攻，曹军一直从南郑败退到阳平关，又从阳平关败退到斜谷道①口，恰逢曹操次子曹彰领军前来助战，曹操命三军驻扎于斜谷道口，与蜀军对峙。

曹操在斜谷与刘备的军队相持了月余，多次出兵与蜀军交战，但都未能取胜，于是萌生了退军之意。一天，夏侯惇请示曹操夜间用什么口令，曹操有感而发道："鸡肋。"主簿杨修明白曹操的心意，私下对夏侯惇说："鸡肋者，食之无肉，弃之有味。"意思是说，如今的汉中就像鸡肋一样，取胜已经不可能，只有退军了。果然如杨修所料，数日后，曹操命三军全部撤出汉中。

汉中之战历时两年，最后以曹军的惨败而告终，这是曹操自赤壁之战后经历的最大一次失败。刘备夺取汉中后，曹操退守陇西和中原，天下大势对于曹操更加不利，曹操一统天下的理想更加遥遥无期了。而刘备反而拥有了问鼎中原的能力，此时孙权也密切关注着曹、刘双方的动向，他明白，随着曹、刘双方实力的此消彼长，联刘抗曹将成为过去，下一步应该考虑如何联合曹操抗击刘备了。

曹军主力退出汉中后，刘备派部将孟达和养子刘封向西北进军，先后攻取了房陵②、上庸③等地。

面对刘备咄咄逼人的攻势，曹操决定退守陈仓，将陈仓作为抵御蜀军的前沿阵地，并将曹洪从武都调到陈仓驻守。不久，刘备平定汉中，率大军返回成都，曹操见刘备没有立即北伐的意图，于是从长安返回洛阳，留丞相府长史杜袭镇守长安。据史书记载，曹操兵败东归，问诸将谁可镇守长安，部下推荐了很多人选，但曹操属意杜袭，对诸将说："杜袭是一匹千里马，足可担当大任。"

---

① 斜谷道：斜谷的北口在今陕西眉县西南，也就是现在的斜峪关地区。

② 房陵：房县的旧称，位于湖北省西北部、十堰市南部，东连保康、谷城县，东北交丹江口市，南临神农架林区，西与竹山县毗邻。以"纵横千里，山林四塞，其固高陵，如有房屋"而得名。

③ 上庸：古代地名，位于今湖北竹山县西南约40里堵水北岸。

五、曹丞相信鬼神

汉中之战失利后,曹操率败军退回中原,自此,三足鼎立之势最终形成。在三方中,曹操无论在政治还是军事上,都比刘备和孙权的实力强,但刘备和孙权互为唇齿,在军事上互为犄角,足以和曹操抗衡,并立于不败之地。这一点曹操也非常清楚,汉中失守后,他感到身心俱疲,随着刘备和孙权的羽翼渐丰,他心里明白,要想在自己有生之年完成统一大业是不可能了。或许正是因为这种受挫的心理,他开始迷信鬼神。

一天,曹操正在洛阳行宫中看公文,忽报门外有一个自称左慈的道师求见,并说他和曹操是同乡。曹操命人将左慈带进来,不一会儿,左慈被带到堂前,曹操端坐于堂上,只见他长得很是怪异:眇一目,跛一足,头戴白藤冠,身穿青懒衣,六七十岁的样子。左慈行礼后,曹操问道:"先生是哪里人,找我有何贵干?"左慈昂首回答道:"贫道祖籍安徽庐江人,在四川峨眉山中修道多年。今日前来,主要是想为丞相指点迷津。"

听到这里,曹操哈哈大笑,对左慈说:"你不过是一介道士,装神弄鬼,懂得什么天下大事,也配为我指点江山?"左慈听了并不生气,从容地说:"我久闻丞相不畏鬼神,早年做官时,就强拆了当地的很多庙宇,然而鬼神之事不可全信,也不可不信。贫道在峨眉山中修道40年,得《遁甲天书》3卷,分别为《天遁》《地遁》和《人遁》,天遁能腾云驾雾;《地遁》能穿山破石;《人遁》能隐身藏行……"曹操听得有些不耐烦了,打断左慈的话说:"你闭嘴吧,少在这里鬼话连篇,我英明一世,岂会被你忽悠!你且说说如何为我指点迷津?"

左慈以言语挑曹操说:"丞相纵横天下30年,荡平了大半个天下,如今年岁已高,人臣之位已极,何不随我去峨眉山中修炼?贫道愿以3

卷天书相授。"曹操冷笑道："我也想急流勇退，怎奈没有合适的人来接替我治理天下。"左慈正色道："刘备乃汉室子孙，才高德厚，可以将你的职位让给他。"曹操听了勃然变色，大怒道："我看你一定是刘备派来的奸细。"他命武士将左慈拿下，暂且拘押狱中。武士正要动手，但左慈已经没了踪影，曹操奇怪地说："难道今日真的见鬼了？"

随后，曹操下令全城搜捕，但仍然一无所得。经历了左慈一事后，曹操开始变得迷信起来。一天，他请太史丞许芝为自己卜卦，许芝说："丞相可听说过神卜管辂？"曹操说："久闻其名，不知道是真是假。"许芝说："管辂，字公明，就是我们平原人，容貌粗丑，好酒疏狂，极善卜卦，能够利用周易推算出将来可能发生的事情。因为他从来没有失算过，所以天下人都称他为神卜。"曹操说："这个管辂真的有这么神？"许芝说："丞相不信，可以请来试一试。"曹操也有点儿好奇，于是就让许芝去请管辂。

数日后，管辂来到洛阳，曹操对他以礼相待，并告诉他之前左慈的事情。管辂说："左慈，字元放，是我国西南地区的著名方士，懂魔术等各种旁门左道。"曹操问道："听说足下能够预知将来的事情，是真的吗？"管辂说："略知一二。"曹操问："你给我预测一下我们曹家将来的运势。"管辂毫不犹豫地说："王道鼎新，你的儿孙将晋位九五。"曹操大喜，又问："我有生之年能统一天下吗？"

管辂略思片刻，对曹操说："现在刘备、孙权的实力都很强，丞相虽然更胜一筹，但南北局势将继续相持下去，数十年之内是无法实现南北统一的。"曹操听了半响无语，良久才仰天长叹道："看来统一是无望了，战乱将持续数十年之久！"管辂安慰道："丞相不必过于忧虑，依我看，数十年后，北方将吞并南方。"曹操苦着脸说："但愿你说的是真的，但那已经是几十年以后的事情了，关我何事！"

曹操素来以英雄自居，以统一天下为己任。汉中被刘备夺走后，他看上去比以前更加衰老，毕竟他也是60多岁的人了。他经常对身边的人说:"大业未成身先死,现在该轮到我了。"

之后,曹操又多次请管辂卜卦,皆应验。于是,曹操想让管辂留在朝廷里做官,管辂推辞说:"我容貌奇丑,不合官仪,只可泰山治鬼,不能治理生人。"尽管曹操再三挽留,但管辂坚辞不受。

第九章　剪除异己升魏王

挟天子以令诸侯使曹操得以罗致大量人才，并借助道德制高点来消灭各地军阀，但是，这也给他带来了一些负面影响。因为他既然信奉汉朝正统，就必须从名义上信奉它，这样一来就会处处受其约束。由于他言行不一，加上功高震主，残酷的权力斗争从未停止过……

一、建立国中国

曹操作为一代枭雄，长期掣肘于汉献帝，心中必然很不痛快。曹军攻破冀州后，曹操自领冀州牧，辞去兖州牧一职。有了新的根据地后，他再也不想和汉献帝一起住在许都了，于是让荀彧等心腹将领驻守许都，自己则移驾邺城，在邺城修建铜雀台，积极准备将来封公建帜。

曹操刚刚提领冀州时，有大臣建议恢复古代九州之制度，扩大冀州的统辖范围。曹操当时颇为心动，但荀彧极力反对，说当时北方未平，袁绍的残余势力还在活动，不宜在建制上打破现状。曹操权衡当时的局势，认为荀彧言之有理，便暂时把恢复九州、扩大冀州的事情搁置下来。

后来，马超和韩遂等关中诸将起兵反叛，曹操亲统大军在渭南大破马超和韩遂；得胜还朝后，汉献帝下诏允许曹操"赞拜不名，入朝不趋，剑履上殿，如汉相萧何故事"。不久，曹操宣布将冀州附近的10余郡并入冀州。

面对曹操独断朝纲，口衔天宪，汉献帝也无可奈何。有一次，曹操入见汉献帝,跋扈之态溢于言表,献帝不胜愤怒,言辞激切地说:"你要是还愿意辅佐我这个傀儡皇帝,就继续辅佐;如果不愿意,就请你早日把我废掉,自立为王。"曹操见一向恭顺的献帝突然发怒,与自己反目,有点儿措手不及,遂拂袖而出。

建安十七年(212年)冬,谏议大夫董昭等上书曹操说:"自古以来,匡世救国,没有几个人的功勋能超过丞相的,即使是伊尹和周公也比不上丞相。"董昭等人建议曹操晋爵为公,曹操同意了他们的意见。于是,董昭带头启奏献帝,要求献帝加封曹操为魏国公,以彰显其盖世功勋。此时的汉献帝无可奈何,面对群臣的建议,他顺水推舟,宣布加封曹操为魏公,加九锡。

但尚书令荀彧却不同意曹操晋爵为公,他说:"丞相本兴义兵为国除害,应秉忠贞之志,守谦退之节,君子爱人以德,不宜如此。"董昭等反驳说:"丞相栉风沐雨30余年,东征西讨,平定了北方的战乱,使得衰弱的汉朝得以继续存在。如此大的功劳,难道还不应该被加封为一个区区的魏国公吗?"荀彧大怒道:"丞相一旦晋爵为公,将名正言顺地凌驾于群臣之上,身为汉臣,不应该做这种事情。"尽管荀彧强烈反对曹操晋爵,但他也是孤掌难鸣,因为百官都纷纷附和董昭的建议。

荀彧是曹操统治集团中的核心人物,一直深受曹操器重,曹操经常把荀彧比作是自己的张良和萧何。在晋爵为公的问题上,荀彧的激烈反对出乎曹操的意料,要是换成其他大臣,敢如此直言不讳地反对自己,曹操早就下令诛杀了。但荀彧和其他人不一样,他是曹操创立大业的最大功臣,曹操思来想去,决定将荀彧调离许都,免去荀彧尚书令的职务,重新任命他为侍中、光禄大夫,同时参丞相军事,将他留在军中。不久,荀彧忧虑成疾,病死于寿春。

史书上还有一种说法认为荀彧是被曹操害死的。因为两人的政治立场不同,荀彧又德高望重,所以,曹操决定想办法除掉荀彧,但他无论如何也不敢公然杀掉荀彧。据说,曹操征讨孙权时,命荀彧随行,荀彧在行军途中因病逗留于寿春,曹操派人给他送去一个盒子,荀彧打开盒子一看,发现里面是空的,什么都没有。荀彧知道曹操已经容不下自己了,于是服毒自杀。荀彧死后,曹操命其子荀恽承袭了荀彧的爵位,荀恽后来官至虎贲中郎将。魏国建立后,荀彧被追赠为太尉。

最终,汉献帝正式颁布策命,加封曹操为魏国公。策命由曹操的心腹华歆和潘勖草拟。荀彧死后,华歆出任尚书令,他和潘勖在策命中列举了曹操的10余件大功。

(一)董卓乱政时,曹操首倡义举,讨伐董卓有功。

(二)黄巾起义肆虐时,曹操剿灭起义军有功。

(三)曹操驱逐了韩暹和杨奉,将献帝迎接到许都,使献帝从此不再受颠沛流离之苦。

(四)袁术在淮南建号称帝,曹操领军征讨,消灭了袁术。

(五)吕布割据徐州,曹操东征徐州,为国家收复了徐州。

(六)张杨不尊王室,曹操派军荡平了张杨;张绣依附刘表,多次兴兵作乱,曹操数次征张绣,最后终于降服了张绣。

(七)袁绍割据河北,曹操和袁绍决战于官渡,历时数年,克定河北。

(八)收服了黑山军张燕。

(九)远征乌桓,平定了辽东。

(十)南征荆州,收复了襄阳和樊城。

(十一)消灭了马超和韩遂等关中诸将,结束了陇西军阀混战的局面。

(十二)西北地区的少数民族纷纷归附朝廷,这些都是曹操的功劳。

曹操虽然晋爵为公,但仍然是朝廷丞相。另外,献帝给曹操加九锡。所谓加九锡,意思是皇帝给建有特殊功勋的大臣的九类赏赐,以曹操对汉朝的功劳,接受加九锡的赏赐也无可厚非。策命最后强调说:"魏国置丞相以下百官,皆如汉初诸侯王之制。"这里之所以要强调仿效汉朝初期的诸侯王制度,主要是因为汉朝初期诸侯王的权力非常大,在文帝和景帝时期,诸侯王的势力达到了顶峰,与汉朝皇帝无异。景帝时发生了七王之乱，景帝平定叛乱后，极力削藩；到武帝时，诸侯王的势力得到进一步的遏制，从此汉朝的诸侯王再也没有重现昔日的辉煌。加封曹操的策命中特别强调曹操将享有汉初诸侯王的待遇，就是在法律上允许曹操建立一个国中之国，一个崭新的魏国将在汉朝的废墟上建立起来。

献帝册封曹操为魏公的策命下来后，曹操假意推辞说自己虽然对国家和朝廷有一些功劳，但官至丞相，人臣之位已极，不敢再奢望什么，请献帝收回成命。由于曹操推辞，献帝只得征询百官的意见，百官都是曹操的党羽，自然极力劝进，请献帝再下策命。如此前后三次，曹操方才接受了魏公的爵位。

后来，曹操的儿子曹丕逼迫和接受汉献帝禅位时也故伎重施，前后3次才接受禅让，登基做了皇帝。司马氏篡魏时也如法炮制，晋朝以后，隋文帝杨坚、唐高祖李渊、宋太祖赵匡胤等都是此种做法，假意三辞三让，然后名正言顺地改朝换代。

接受魏公的爵位后，曹操马上在邺城建立魏国的宗庙和社稷，初步设置了尚书、侍中、六卿等官职，凡是汉朝有的官职，魏国都有。曹操的心腹华歆、王朗、杜袭、董昭等官员摇身一变，从汉朝官员华丽变身为魏国官员，有些官员既是汉朝官员，又是魏国官员。献帝本来就是一个傀儡，这个时候更加被架空了，大汉王朝名存实亡。

二、魏王不当皇帝

曹操被册封为魏公后，把自己的3个女儿嫁给了汉献帝。从此，献帝又很滑稽地成了曹操的女婿。

建安十九年（214年），曹操派郗虑、华歆入宫逮捕伏皇后，以图谋诛杀曹操的罪名将伏皇后处死。不久，曹操强迫献帝立自己的女儿为中宫皇后。

那么，伏皇后到底做了什么危害曹操的事情呢？此事说来话长，国舅董承衣带诏的案子告破后，董承等数名企图谋杀曹操的大臣被曹操处死；董承的妹妹是献帝的贵人，曹操一怒之下，将董贵人也一并处死。伏皇后不满曹操的暴行，于是暗中写了一封密信送给自己的父亲伏完，请伏完想办法铲除曹操。但伏完只是一个小小的屯骑校尉，手中没有多少兵力，因此一直隐忍未发。

据史书记载，伏完曾经将伏皇后写给他的密信给荀彧看，荀彧虽然忠于汉室，但并不想干掉曹操，于是警告伏完不要轻举妄动，并保证自己绝不会出卖伏完。这件事就这样一直拖着，伏完病逝后，这件事并没有因为伏完的去世而结束，曹操早就对此事有所耳闻，只是因为这件事牵扯到荀彧，所以他也一直忍着。

建安十七年（212年），荀彧死于寿春。第二年，曹操晋爵魏公。荀彧去世后，曹操觉得可以对伏皇后秋后算账了。于是，曹操派郗虑和华歆入宫逮捕伏皇后。郗虑和华歆率数百军队闯入献帝后宫，郗虑先没收了伏皇后的玉玺，伏皇后藏匿于房间内的夹壁中，华歆亲自动手，破壁搜寻，将伏皇后缉捕。伏皇后与献帝诀别时泪流满面，但献帝也无可奈何。华歆将伏皇后押走后，献帝叫住郗虑，问道："魏公到底想干什么？"郗虑没有回答，只是命左右将献帝扶入后宫。

华歆把伏皇后押到曹操面前，伏皇后大叫无罪，曹操大怒道："我10年前就知道你的密谋了，你暗中写信给你的父亲伏完，企图加害于我。你父亲拿你的信给荀彧看，荀彧不同意，但荀彧也没有告发你们，一直在替你们遮掩此事。我碍于荀彧的面子，一直没有对你们动手，现在你父亲死了，荀彧也去世了，你还想活吗？"伏皇后大骂曹操是奸贼，曹操命左右将伏皇后乱棒打死。还有一种说法认为伏皇后是被曹操幽闭而死。

华歆因搜捕伏皇后有功，受到曹操重赏。华歆，字子鱼，素有才名，早年与名士管宁关系密切，后来二人分道扬镳。华歆曾为豫章太守，孙策征江东时，华歆投降了孙策，在孙策去世后又辅佐孙权。曹操久闻华歆大名，便以献帝的名义召华歆到许都任职，孙权为了顾全大局，只得忍痛割爱，同意让华歆去许都。华歆到许都后，深得曹操重用，很快就成为曹操的心腹重臣。据说华歆为官清廉正直，品德高尚，与王朗、钟繇等皆为魏国名臣。

曹操晋爵魏王后，杨训上表给曹操，称赞曹操的功绩，为曹操歌功颂德。杨训是崔琰举荐给曹操的，崔琰看不惯杨训谄媚的做法，便写信给杨训，信中有一句："时乎，时乎，会当有变。"意思是说，情况会随着时间的变迁而变化。崔琰这句话有讽刺杨训趋炎附势的意思。当时有人报告曹操说崔琰不满曹操晋爵魏王，出言不逊，曹操大怒，下令将崔琰下狱。不久，又有人告发崔琰对魏王不敬，曹操一怒之下，竟然责令崔琰自杀。崔琰起初不肯自杀，后来不得已自杀于狱中。

崔琰冤死后，他的好友毛玠为其鸣冤叫屈。丁仪①告密说毛玠怨恨魏王，曹操大怒，收毛玠下狱。

毛玠和崔琰都是曹操统治集团中比较有才能的官员，为中原地区的繁荣昌盛作出过巨大的贡献。因此，很多人都站出来为毛玠求情，曹操也觉得自己理亏，于是下令赦免了毛玠。

曹操晋爵魏王后，有很多仍然忠于汉献帝的人感到不平。侍中少府耿纪、司直韦晃、太医令吉本等人密谋讨曹，他们计划暗中联络刘备和关羽作为外援。当时关羽镇守荆州，离许都比较近，而曹操常年坐镇邺城，不在许都，由他的心腹将领王必担任御林军统帅，驻守许都。司马懿曾经劝谏曹操说："王必嗜酒，不可委以重任。"但曹操非常器重和信任王必，他对司马懿说："王必早年和我患难与共，忠而且勤，心如铁石，必然不会辜负我。"

建安二十三年（218年）正月，耿纪、韦晃、吉本、金祎等各自率领家兵攻打驻守许都的御林军，御林军统帅王必和典农中郎将严匡领军击败叛军，叛军全部阵亡，幸存者也全部被处死。

---

① 丁仪：汉魏文学家，与曹操的长女清河公主曾有婚约，但被曹丕破坏。丁仪兄弟与曹植交好，想拥护曹植为太子。曹丕登基后，丁仪被满门抄斩。

曹操在邺城听说许都变乱的消息后，非常震怒，决定重新整肃朝廷，于是下令将许都的朝廷官员全部押到邺城。百官抵达邺城后，曹操将他们集结到教场上，命军士立红旗于左，立白旗于右。百官不知何意，非常惶恐。曹操大声喊道："耿纪、韦晃等人造反，放火烧许都，当时你们有的出来救火，有的闭门不出，请救过火的人立于红旗下，没有救过火的人立于白旗下。"百官暗忖救火者必无罪，于是大部分立于红旗下，结果曹操下令将立于红旗下的官员全部处死。立于红旗下的官员们大呼冤枉，曹操向他们解释说："你们当时救火是假，想趁机帮助反贼是真。"众官不服，但曹操不由分说，将立于红旗下的数百名官员全部斩杀。

曹操晋爵魏王后，下令在洛阳修建建始殿，其不逊之志已经昭然若揭。群臣揣度曹操的意愿，纷纷上表劝曹操废汉自立。侍中陈群、侍中桓阶等上表说："汉朝自桓帝和灵帝以来，日渐衰微，到献帝时，实际上已经名存实亡，现在的江山都是魏王打下来的，请魏王即皇帝位。"武将夏侯惇等也纷纷上表劝曹操代汉自立。但曹操不为所动，对众官和诸将说："如果天命在我，那就让我做周文王吧。"

周文王是商朝的诸侯王，他生前已三分天下有其二，但至死都没有自立。周文王去世后，他的儿子周武王率军攻灭商朝，改朝换代，建立了周朝。曹操说出这样的话，意图已经很明显了，他本人是不准备做皇帝了，但他希望他的儿子能够完成他的心愿，废汉自立。众官和诸将见曹操这么说，顿时明白了曹操的心思，于是不再劝进。

曹操挟天子以令诸侯20余年，一直打着汉朝的旗帜征讨四方，时间长了，他自己在道义上也被汉献帝给挟持住了。尽管天下是他打下来的，但他却无法挣脱自己忠于汉朝的誓言。20多年来，他一直在强调汉朝的正统地位，谴责袁术等叛汉之臣，现在轮到他自己了，他实在无法颠覆自己喊了20多年的口号，尽管这个口号很虚伪。他内心其实很想做皇帝，也完全有能力做皇帝；但他瞻前顾后，怕天下人说他篡汉。尽管他已经在实际上篡汉了，但他自己一直对此讳莫如深。

曹操坚决不称帝，还有一个原因，那就是刘备和孙权仍各自割据一方，与他争夺天下。只要汉献帝还在，他就完全可以对外谴责说刘备和孙权是叛贼，而在他控制下的汉朝是正统。假设刘备和孙权已经被剿灭，天下已经统一，曹操或许会接受劝进，废汉自立，可惜赤壁之战他失败了，刘备和孙权日渐坐大，天下三分已成定局。越是天下还没有统一，汉献帝就越有利用价值，他就越发不敢废汉自立。

据史书记载，曹操一共有25个儿子，10多个女儿。长子曹昂随曹操一起前往宛城征讨张绣，张绣降而复叛，对曹军发动突然袭击。曹昂为了掩护曹操撤退，在混战中被张绣的军队杀死了，当时10岁左右的曹丕也在军中，但很幸运地逃脱了。

曹昂战死后，曹丕就成了家中的长子。曹丕的母亲是卞氏，卞氏给曹操生了4个儿子，分别是曹丕、曹彰、曹植、曹熊。曹操临终前，在遗命中说次子曹彰勇而无谋，三子曹植为人浮华不诚实、嗜酒放纵，四子曹熊①多病难保，这3个儿子都难以继承他的大业，只有长子曹丕敦厚仁孝、文武兼长，可以继承曹家的大业。

除了卞氏生的几个儿子比较知名外，曹操还有一个大名鼎鼎的儿子曹冲。曹冲是曹操的小妾环夫人所生，据说曹冲是个神童，五六岁便具备了成年人的智力，是曹操的所有儿子中最有才能、天资最高的一个，即使后来名噪天下的曹植也比不上他。可惜天妒英才，曹冲13岁那年便因患重病而去世。

曹丕的天赋虽然不及曹冲和曹植，但也很优秀。《三国志》中说曹丕6岁就开始博览群书，初步具备了写文章的能力；8岁时，曹操教他学习骑马射箭；10岁时，曹操就带他随军征战；曹军攻破冀州时，17岁的曹丕随军进入冀州。当时，曹操命令部队将袁绍的住宅保护起来，曹丕肆无忌惮地闯入袁绍家中，见袁绍次子袁熙的老婆甄氏长得非常漂

---

① 曹熊：曹操之子，与曹丕、曹彰、曹植同为卞氏所生，体弱多病。早薨，文帝践祚，追封谥萧怀公。

亮,遂请求曹操将甄氏赐给自己。曹操见甄氏有倾城倾国之貌,也同意曹丕娶甄氏。后来,甄氏给曹丕生了一个儿子,也就是后来的魏明帝曹叡。

曹丕虽然很优秀,但他的弟弟曹植比他更优秀,所以曹操一直在立太子的问题上迟疑不决。曹植的才智虽然不及死去的曹冲,但绝对算得上是一个天才,其才思之敏捷,冠绝一时,诗词文章更是无人可及。曹操非常欣赏曹植的才华,有意立曹植为太子;但曹植不是长子,所以他一直没有下定决心,而是或明或暗地考察曹丕和曹植,看他们到底谁更适合继承大业。

历史上关于曹丕和曹植争立太子的故事很多。由于曹操一直没有明确立哪个儿子为太子,所以曹丕和曹植在朝中各树党羽,互相争斗。当时的大臣如贾诩、司马懿、崔琰、毛玠等都支持曹丕;而丁仪、杨修等人则支持曹植。

据史书记载,丁仪曾经在曹操面前称赞曹植说:"三公子子建天性仁孝,发于自然,聪明智达,博学渊识,文章绝伦,天下的贤才君子都愿意为他效力。若立子建为太子,大魏定能繁荣昌盛。"曹操听了感到很为难,他确实喜欢曹植甚于曹丕,也想过立曹植为太子;但自古以来,废长立幼是取乱之道,所以他犹豫不决。

贾诩是曹操身边的心腹谋士。有一次,曹操问贾诩该立谁为太子,老奸巨猾的贾诩缄口不答,装作没有听到曹操的问话。曹操继续逼问,贾诩才非常巧妙地回答说:"刚才我正在想一件事情,所以没有及时回答主公的问题。"曹操问他想什么事情,贾诩故作深沉地说:"我在想袁本初和刘景升父子。"

袁绍和刘表都是因为废长立幼,导致家破人亡。袁绍死后,他的长子袁谭和幼子袁尚为了争夺大位互相攻伐,被曹操各个击破。刘表死后,次子刘琮继位,长子刘琦不服,兄弟不睦,从而导致曹军南下时,兄弟二人不能并力迎敌。曹操见贾诩把自己比作袁绍和刘表,心中虽然不悦，但内心却接受了贾诩的建议，有意立曹丕为太子。

建安十六年（211年），曹操表荐曹丕为五官中郎将、副丞相，协助自己处理政事。这一年，曹丕24岁。曹操把曹丕放在副丞相的位置上，无形中给朝野上下发出了一个强烈的政治信号，即曹丕将成为继承人。

古往今来，帝王家事都很复杂，曹丕虽然受到重用，但曹操并没有明确表示曹丕就是太子的不二人选。所以，曹植及其党羽仍然努力博取曹操的好感，企图让曹操回心转意。而曹操本人对曹植也还抱有幻想，同时对曹丕也不太放心。

有一次，曹丕想和他的支持者吴质商议要事，因为事情比较机密，所以曹丕将吴质藏在一个竹筐内，然后用大车拉入自己府中。丞相主簿杨修得到消息后，连忙报告曹操，曹操遂对曹丕产生了疑惑。曹丕也得到密报，为了打击曹植的党羽杨修，他决定将计就计，大张旗鼓地用大车拉了一车绢。杨修得知消息后，第一时间向曹操做了汇报，曹操立即派人前去查看，结果发现车里装的都是绢。负责调查此事的人如实禀报了曹操，曹操大怒，怀疑杨修是有意陷害曹丕。

据史书记载，为了更加直观地考察曹丕和曹植的才能，曹操经常以军国大事询问他们，曹植每次都对答如流，而曹丕则显得有些迟钝。后来，曹丕收买曹植手下的人，暗中调查事情的真相，最后得知原来是杨修提前给曹植泄露了题目。曹操知道事情的真相后，责骂杨修玩忽职守、徇私枉法，同时也严厉责备了曹植。

据说曹操每次出征，他的儿子们都会给他送行，曹植经常趁机作诗文为曹操歌功颂德，而且每次都是出口成章。曹操和他的将领们都对曹植的才思敏捷赞不绝口；而曹丕每次给曹操送行都泪流满面，一句话也不说。曹操责问他，曹丕回答道："父亲领军打仗，战场上刀枪无眼，我是为父亲的安危担心啊！"曹操听了曹丕的话，感到很欣慰。对于曹植和曹丕的表现，曹操向许褚等心腹将领征询意见，诸将皆认为曹植虽然才思敏捷，但品德不如曹丕高尚。曹操认为，作为一个君王，不仅需要才干，更需要德行，只有这样才能治理好国家，得到下属和百姓的爱戴，因此，他进一步笃定曹丕比曹植更适合做君王。

建安二十二年（217年），曹操正式立曹丕为太子，发了一道《告子文》。他在《告子文》中对其他儿子说："你们早就被我加封侯爵，只有子桓没有封侯，而为五官中郎将。我的意思很明确，就是想让你们的兄长做我的继承人，你们将来都应该好好辅佐他。"曹丕被正式册封为太子后，喜不自胜，曹植则悲伤不已，曹彰更暗怀不平。

曹丕是个城府很深的人，他虽然在自己府中得意忘形，但一到公开场合就表现得非常淡定，朝中大臣也大部分拥护曹丕。确定曹丕为继承人后，曹操立即着手帮助曹丕排除异己，杨修和曹植交好，是曹植的死党，对曹丕将来继位是一个潜在的威胁。于是，曹操以一个莫须有的罪名将杨修处死了。

关于杨修的死，史书上的说法是，曹操忌惮杨修的才干。他认为杨修有才能，而且是袁术的外甥，将来有可能会对魏国不利，所以借故将杨修诛杀了。

杨修，字德祖，是太尉杨彪之子，后世史学家多认为杨修是死于自己的才气。一次，曹操命工匠修了一座花园，花园落成后，曹操亲自前去验收，绕着花园走了一圈，然后取笔在花园的一个门上写了一个"活"字，然后未置褒贬就离开了。众人不明白曹操的意思，遂求教于杨修，杨修笑着对众人说："丞相在门上写一'活'字，门内添一'活'字是'阔'字，丞相是嫌门人人了。"于是，工匠们赶紧重新改造了一番，然后再次请曹操验收。曹操看后大喜，问众人是谁猜到他的意思的。众人说是杨修，曹操表面称赞杨修，其实心里不太舒服。

还有一次，关中军阀韩遂给曹操送来一盒酥，曹操没有食用，而是在盒子上写了3个字"一盒酥"，放在桌子上。杨修是丞相府主簿，在丞相府工作，他见曹操的桌子上放着一盒酥，盒子上还写着3个字，于是要和丞相府的其他人员分食那盒酥，其他人不敢吃，杨修对众人说丞相如果怪罪的话，他一个人担着。不久，曹操发现自己放在桌子上的那盒酥被吃掉了，一问才知道是杨修鼓动众人吃的，便把杨修找来，问他为什么擅自吃那盒酥。杨修笑着对曹操说："盒子上明明写着一人一口酥，岂敢违背丞相的意思！"曹操听罢大笑，心里却对杨修暗生厌恶。

　　曹操生性多疑，经常担心别人会暗中谋害自己，于是吩咐近侍说："我梦中好杀人，以后我睡觉的时候，你们切勿近前。"一天，曹操在府中睡午觉，翻身的时候，被子不小心掉到了地上。一个近侍看见后，忙上前将被子拿起来，重新给曹操盖上。就在此时，曹操突然一跃而起，拔剑将那个近侍斩杀，然后装作不知道，继续上床睡觉。过了一会儿，曹操睡醒了，见近侍被杀，大惊，询问发生了什么事。其他人如实回答说是丞相自己杀的，曹操佯装不知，痛哭道："我早就跟你们说过我梦中杀人的事情，你们不信，没想到今天会发生这样的悲剧。"事后，曹操下令将这个近侍厚葬，然后派人抚恤其家属。自此，丞相府的很多仆人都以为曹操真的会在梦中杀人，唯有杨修不信，他对众人说："在梦中的是那个死去的近侍和你们，丞相本人是非常清醒的。"有人将这话报告了曹操，曹操大怒，遂产生杀杨修的念头。

　　曹丕未被立为太子之前，有一次，曹操想考察一下曹丕和曹植兄弟二人的实践能力，于是命二人出邺城门，同时暗中派人通知门吏不要放他们出去。曹丕来到城门前，门吏阻挡，不让曹丕出去。曹丕没有办法，只得退回。曹植听说曹丕被逐回，便向杨修请教，杨修说："如遇门吏阻挡，你就说是奉丞相之命出城，有敢阻挡者斩。"曹植依计行事，果然顺利出了城。门吏报告曹操，曹操觉得曹植比曹丕有能力。后来，有人告诉曹操，说是杨修教曹植那么做的，曹操大怒，更加厌恶杨修。

　　杨修为人恃才放旷，多次犯了曹操的忌讳，更让曹操不能容忍的是杨修暗中帮助曹植争夺太子之位，于是狠心把杨修给杀了。杨修死后，他的父亲杨彪非常伤心。一次，曹操和杨彪迎面撞见，曹操见杨彪脸色不好，询问杨彪有什么烦心事。杨彪直言不讳地说："我想起我的儿子杨修了。"曹操感到很尴尬，没有再和杨彪说什么。

　　杨修死后，曹植非常伤心。他很清楚，曹操这样做是为了铲除他的羽翼，怕杨修将来会帮助他和曹丕争位。很多原来支持过曹植的大臣，这时也纷纷离开曹植，转而支持曹丕，只有丁仪兄弟二人对曹植矢志不渝。曹操去世后，曹丕果断出击，将丁仪等人诛杀，并灭其三族。

第十章　点将再战荆州

兵败赤壁之后，曹操只能被动防守，而孙刘联盟则以胜利之师开始攻打曹操根基不稳的荆州。三方势力角逐荆州，在血与火的比拼下，曹操不得不退守樊城和襄阳，而刘备和孙权则占领荆州大部分地区。随着曹操兵败汉中，三方势力出现了变化，孙、刘联盟破裂，曹操审时度势，决定联合孙权攻打刘备……

一、关羽樊城斗曹仁

曹操功成名就，荣升魏王，这个时候，刘备和孙权仍然是他的心头大患。刘备占据汉中和益州后，他的部下纷纷劝他称帝。法正说："如今，曹操专权，百姓无主，主公仁义著于天下，可以应天顺人，即皇帝位，名正言顺，以讨国贼。"刘备推脱说："我虽然是汉室宗亲，但同样也是汉臣，如果称帝，就等于篡逆。"诸葛亮闻言，直言不讳地说："自献帝以来，天下分崩，英雄并起，各霸一方，将士们舍生忘死跟着主公打天下，就是为了能够攀龙附凤，建立功名，而主公却避嫌守义，恐怕将士们会寒心的。"刘备也开门见山地说："献帝尚健在，曹操必然不敢称帝，在这种局势下，我是断然不敢僭居帝位的。"诸葛亮等人见刘备执意不肯称帝，于是劝刘备先进位汉中王。当时曹操已经是魏王，所以刘备同意称王。

建安二十四年（219年）秋，刘备在沔阳①自称汉中王。据史书记载，刘备自立为汉中王后，立长子刘禅为太子，封法正为尚书令，建安二十四年（219年）秋、关羽为前将军、张飞为右将军、马超为左将军、黄忠为后将军；同时加封魏延为镇远将军，领汉中太守，率军镇守汉中，抵御曹军可能的入侵。

刘备进位汉中王后，给汉献帝写了一封很长的表文，派人送往许都。表文中说：

刘备的表文传到邺城，曹操看后怒发冲冠，打算再次起兵赴汉中与刘备决战。司马懿献计道："刘备借孙权南郡多年，一直拖着不还，随着刘备实力的壮大，孙刘联盟必将解体，魏王可派使者到江东结好孙权，与之联盟，约孙权攻取荆州，我军攻取汉中，让刘备两面受敌，首尾不能相顾，大事必成。"曹操大喜，于是命满宠为使，前往江东结好孙权。

满宠奉命来到江东，孙权盛情接待，问满宠所来何事。满宠回答说："吴、魏本来无仇，只因刘备的缘故，致使两家连年征战不休。今魏王派我来与吴侯结好，东吴起兵攻取荆州，我们起兵攻取汉中，首尾夹击，破刘备之后，我们两家平分其地，永结盟好。"孙权一向善于审时度势，刘备的强大早已让他惴惴不安，听了满宠的话，他马上修书一封，托满宠带给曹操，请曹操先起兵，然后东吴再起兵。

当时镇守荆州的是关羽。建安二十三年（218年），曹仁镇守的南阳郡发生武装叛乱，驻守宛城的曹军将领侯音、卫开聚众起义，南阳太守东里衮被起义军生擒。曹仁率军前往弹压，双方激战数月，起义军兵败，曹仁大肆屠杀宛城军民，叛军首领侯音和卫开被斩杀。

在此期间，孙权派人到荆州，想为自己的儿子求娶关羽的女儿，没想到关羽大怒，对孙权的求亲使者说："我虎女岂肯嫁给犬子！"使者回报孙权，孙权暴跳如雷，大声对诸将说："关羽妄自尊大，竟敢藐视我，我绝不会放过他的。"

---

① 沔阳：今湖北省仙桃市。

建安二十四年（219年），刘备听说南阳郡发生叛乱，曹仁率军残酷镇压，当地民心不稳定，便传令命关羽率军北伐，攻取襄阳和樊城，进取中原。

关羽领命后，让部将糜芳①驻守南郡、傅士仁防守公安，同时命廖化为先锋、关平为副将、马良为参谋，起兵数万，北伐襄樊。当时曹军在襄樊的兵力比较薄弱，只有不到一万人，刚刚开战不久，关羽的军队就攻占了襄阳。曹仁退守樊城，关羽指挥荆州军将樊城团团围住，曹仁亲自登城御敌，激励士气，双方进入僵持阶段。曹仁兵少，不能久战，忙派人往邺城，请曹操速发援兵，前来解樊城之围。

关羽北伐襄樊期间，恐东吴起兵袭取荆州，遂命糜芳、傅士仁在沿江筑起烽火台数十座，每隔20里或30里一座，每个烽火台由几十名军士防守，如遇吴军过江，晚上举火，白天举烟为号。这样一来，荆州一有风吹草动，关羽就会马上得知，能在第一时间回援。

二、庞德死战关羽

关羽北伐初期节节胜利，惊动曹操。为了阻止关羽北伐中原，曹操紧急召集诸将，问谁敢领军出征，救援樊城，大将于禁应声而出。曹操大喜，又问谁可与于禁同去，大将庞德应声而出。曹操笑着说："关羽英勇善战，多年来罕逢敌手，令明此去，定能挫关羽30年之身价。"遂命于禁为主将，庞德为先锋大将，统领七军前往樊城救援曹仁。

于禁和庞德受命之后，集结七军，准备出师。这时部将董衡、董超等前来报到，董衡暗中对于禁说："庞德原本是马超的部将，不得已投降魏王，如今他的堂兄庞柔在刘备阵营中做官，马超也在刘备军中为大将，魏王一时不察，竟然任命庞德为先锋大将，我等恐庞德此去不肯力

---

① 糜芳：刘备麾下官员。刘备称汉中王时，糜芳为南郡太守，与关羽不和。在孙权的引诱下，和将军傅士仁一同投降吴国，导致关羽兵败被杀。此后在吴国担任将军，并且为吴征伐。

战啊！"于禁听了连夜觐见曹操，要求替换庞德，曹操也紧急召见庞德，和庞德谈话，庞德慷慨激昂地说："我受魏王厚恩，无以为报，只有效死疆场。大王不必怀疑我，我此去必杀关羽，以明心志。"曹操见庞德忠勇，言辞激切，遂坦然不疑。

庞德回家后，让人打造了一口棺材，抬于军中，表示自己将与关羽决一死战。临出征前，庞德和妻子挥泪告别，同时嘱咐儿子庞会说："我如果在战斗中阵亡，你要好生孝敬母亲，长大后为国家建功立业。"

且说关羽正在指挥军队攻打樊城，忽报于禁统领七军前来救援，已逼近樊城；先锋大将庞德，军前抬一口棺材，出言不逊。关羽闻报大怒，马上率军迎战庞德。庞德骑白马出阵，大骂关羽。关羽大怒，骤马舞刀，直取庞德，庞德挥刀迎战，两人大战100余回合，不分胜负，未见强弱，各自鸣金收兵。

关羽回营后，对诸将说："庞德刀法纯熟，真是我的劲敌啊！"庞德回到营中，也对诸将说："久闻关羽武艺高强，今天与他大战，果然是名不虚传。"

次日，关羽和庞德各自领军出战，混战一场。庞德于乱军中一箭射中关羽前额，所幸两人相隔较远，庞德的箭射到关羽时已是强弩之末，没有给关羽带来太大的伤害。

在于禁和庞德率七军抵达樊城后，关羽命令大军撤去樊城北面的包围。于禁进城与曹仁商议，曹仁让于禁将七军屯于樊城以北10里的山谷中，曹仁本人则继续驻守城中，两军成掎角之势。

于禁所领七军都是曹军精锐，实力不容小觑。关羽多次出兵与曹军交战，双方互有胜负。时值秋季，大雨淋漓，樊城附近一连下了10多天的大雨，汉水暴涨，溢出堤外，平地水深数丈。于禁和庞德所领七军屯扎在樊城以北的山谷中，地势低洼，洪水骤至，曹军躲避不及，都被洪水淹没。于禁带着少数将领登高避水，关羽的军队乘坐大船，趁势向曹军发动猛攻，于禁走投无路，被迫向关羽投降。庞德和部将董衡等人据守一个小山头，周围只有数百军士。关羽下令将山头四面围住，然后向山头上的曹军放箭，很多曹军士兵都被射杀。董衡见战场上的形势岌岌可危，劝庞德投降关羽，庞德大怒，亲自拔剑斩杀了董衡，毅然与关羽的军队死战。有几个军士找来一只小船，庞德登上小船，企图突出重围，去樊城与曹仁会师，不料小船被关羽部将周仓乘大船撞翻，庞德落入水中，被生擒。

周仓押着庞德去见关羽，关羽不忍杀掉庞德，劝他投降。庞德大怒道："魏王待我如同知己，我是不可能背叛魏王的，你家刘备不过是一个鼠辈，我是绝不会向你们投降的。"关羽大怒，命令将庞德斩首示众。庞德仍破口大骂，临刑时仰天大笑不止。

关羽击破于禁和庞德后，进兵猛攻樊城。此时樊城也被洪水浸泡，城墙随时都有可能坍塌，部将纷纷劝曹仁乘船撤退，说："洪水泛滥，城墙坍塌，今天的这个局势不是靠人力能够挽回的。现在及时撤退，还可以保全性命，否则后果不堪设想。"曹仁也心生退意，但参谋官满宠却力排众议，对曹仁说："现在大雨已经停下来了，洪水用不了几天就会消退。听说关羽的军队已经绕过樊城，向北进军，但他的主力还留在樊城以南，他之所以不敢长驱大进，就是担心我们袭击他的后方。如果我军撤离樊城，逃到北方，黄河以南的广大地区就失去了屏障，所以，我们千万不能放弃樊城。"曹仁听取了满宠的意见，下令死守，并动员樊城百姓守城，数日后，洪水逐渐退去，樊城转危为安。

当时曹操在邺城，曹仁派快马飞报曹操，说于禁被擒，庞德被斩。曹操大惊，对身边的官员叹气说："于禁跟随我南征北战30多年，没想到到了危急关头，他竟然不如庞德忠勇，真是人心叵测啊！"众官皆叹息不已。

于禁和张辽、张郃、乐进、徐晃5人并称为曹操的"五子良将"，曹操一直对于禁非常器重，每次征伐都让他担当重任，而于禁也总能为曹操力战，战功显赫，在曹军中享有极高的威望。有一次，曹操想夺取部将朱灵的兵权，于是派于禁率数十骑直奔朱灵的军营，朱灵的部将虽然不满，但碍于于禁的名望，都不敢轻举妄动，由此可见于禁在曹军中深孚众望。据说，于禁治军严整，不贪钱财，曹操每次赏赐给他的财物，他都会分发给下属。然而，就是这样一位曹军名将，最终投降关羽，以致晚节不保。后来，东吴攻取荆州，孙权把于禁从荆州的牢狱中放出来并盛情款待，孙权的部下虞翻不满孙权的做法，说于禁临难苟免，不是忠良之士，劝孙权杀了于禁，但孙权没有照办。曹丕称帝后，孙权将于禁放回，曹丕虽然厌恶于禁，但表面上还是以礼相待，重新敕封他为安远将军。有一次，于禁去拜谒曹操的陵墓，曹丕派人画了一幅画送给于禁，画上画着关羽战败于禁和庞德，庞德宁死不屈，而于禁却卑躬屈膝，向关羽请降。于禁看了之后羞愧难当，不久就病死了。于禁去世后，曹丕追谥他为厉侯。

庞德是曹军中的后起之秀，他早年跟随马腾、马超父子征战，立下了很多战功。建安七年（202年），曹操北伐袁谭和袁尚，袁尚派高干和郭援从侧翼袭击曹军，攻打河东等地，曹操派钟繇联络关中诸将讨伐郭援和高干。钟繇请马腾出兵，于是，马腾派马超、庞德领军一万驰援钟繇，救援河东，混战中，庞德深入战阵，亲自斩杀了郭援。由于庞德有斩杀郭援之功，曹操向朝廷表荐庞德为中郎将，封都亭侯，虽然那时庞德并不是曹操的手下。后来，庞德随马超和曹军大战于渭南，庞德多次率军与曹军力战，曹军诸将都领教过他的厉害。渭南之战失利后，庞德随马超转战陇西，又被杨阜击败，于是与马超一同南下投靠汉中的张鲁。再后来，马超归顺了益州的刘备，庞德留在汉中，张鲁归顺曹操时，庞德跟着张鲁一起投降曹操，曹操非常欣赏庞德的才干，一见面就封他为立义将军，相待甚厚。

曹操得知庞德宁死不降关羽、为国殉难的消息后，感叹不已，多次为之流泪，不久即加封庞德之子庞会为列侯。曹丕继位后，追谥庞德为壮侯，加封其二子为列侯。为了表彰庞德的忠义，曹丕还特地下了一道诏令，说庞德果敢刚毅，赴难立名，忠义无双，鼓励诸将向他看齐。

古往今来，何为忠义？庞德先从马超，后事张鲁，最后投到曹操麾下，水淹七军时兵败被擒，不屈而死，天下人称其为忠义；关羽当年下邳兵败，不得已归降曹操，最后又叛投刘备，天下人称其为忠义；而于禁跟随曹操30多年，一朝兵败，投降了关羽，就毁了一生的名誉。

三、吴军巧夺荆州

水淹七军，擒于禁，斩庞德，关羽一时威震华夏。捷报传到成都，刘备和诸葛亮兴奋不已，督促关羽乘胜进军，攻下樊城，席卷许都，关羽领命，加快了攻取樊城的步伐。

关羽的得势也激发了孙权夺取荆州的斗志，恰在此时，曹操给孙权送来一封密信，说关羽的大部分军队已经被牵制在樊城，如今荆州空虚，请孙权派兵趁势攻取。孙权看完曹操的信后，召集张昭和吕蒙等商议袭取荆州的计策。张昭说："我军一旦袭取荆州，就将与刘备成为死敌，孙刘联盟将不复存在。"吕蒙说："我东吴兵精将勇，依靠自己的力量足以横行天下，何必依靠刘备和关羽呢？一旦关羽北伐成功，刘备的势力就如日中天了，届时他们必然会掉过头来，攻打江东。现在，有我们这些人在，关羽和曹操都不敢轻易南征，再过上10年、20年，我们不在了，东吴就岌岌可危了。所以，我们现在必须主动出击，先剿灭关羽，然后再与曹操、刘备争夺天下。"

吕蒙，字子明，十五六岁参军，跟着孙策和周瑜转战各地，早年勇而无谋，被人称为吴下阿蒙。后来，孙权劝他多读书，他发奋苦读，自学成才，逐渐成为一个智勇兼备的将帅。鲁肃观其前后所为，惊叹道："士别三日，当刮目相看。"镇守陆口[①]的鲁肃去世后，吕蒙代其为将。

孙权听了吕蒙的高见，笑着对吕蒙说："你刚才的话高屋建瓴，如醍醐灌顶，让我振聋发聩啊！"随即命令吕蒙设计夺取荆州。

吕蒙回到陆口，派人过江探查荆州的动静，细作回报说："关羽派

---

① 陆口：位于湖北赤壁市陆水湖出长江口。三国时期兵家必争之地，现为湖北省嘉鱼县陆溪镇行政区域。

人在沿江上下修筑了几十座烽火台，每隔二三十里就有一座。另外，荆州军队整肃，防备森严。"吕蒙见关羽早有准备，荆州不易攻取，心中十分郁闷，于是托病不出。

孙权听说吕蒙生病了，忙派陆逊前去探视。陆逊，字伯言，是孙策的女婿，其人颇有韬略。陆逊到了陆口，见吕蒙毫无病色，感到十分疑惑，问道："主公派你袭取荆州，你不趁势而动，在这里空怀郁结，到底是怎么回事啊？"吕蒙告以荆州防备森严之事，陆逊笑着说："关羽为人狂傲，在江东诸将中，他最怕的就是大都督你了。既然你现在已经声称自己有病，何不将计就计，上表主公，请求回家养病，然后派一个名望不高的人来代替你。关羽如果知道你病危，必然会撤荆州之兵去攻打樊城，到时我军乘荆州空虚之时发动突然袭击，必然一举成功。"吕蒙大笑道："想不到伯言有此等见识，好，我这就上表主公，请求回家养病，推荐你来代替我的职位。"随后，吕蒙修书一封，让陆逊带给孙权。

陆逊回见孙权，呈上吕蒙的书信，并将自己与吕蒙商议好的计策告诉孙权。孙权大喜，随即下令说："大都督吕蒙病笃，准其回家休养，吕蒙离职期间，由陆逊暂时代理大都督一职。"关羽听说吕蒙病危，而且由陆逊暂代大都督一职，对东吴的戒心顿时消减了不少。

陆逊到陆口走马上任后，立即给关羽写了一封信，派人送到关羽军前，关羽拆看，大意是："听说将军屡次大破曹军，擒于禁，斩庞德，威震华夏，陆逊非常仰慕将军，今吕蒙病危，命我代理东吴大都督一职，日后还请关将军多多关照，我们两家永结盟好。"

关羽看完陆逊的书信，大笑道："东吴诸将中，只有吕蒙和甘宁最有将才，今吕蒙病危，孙权不以甘宁取代，而是任命他兄长孙策的女婿陆逊为将。陆逊素来没有什么威名，不足为虑，我军可以放心北伐了。"于是，关羽将留守荆州的大部分军队全部调到樊城，集中力量攻打樊城。

关羽和曹仁在樊城鏖战之际，荆州空虚，只有关羽的部将糜芳驻守南郡，傅士仁驻守公安。一天，关羽派人回荆州催督粮草，命糜芳和傅士仁火速筹集，同时传下严令，如有违误，按军法论处。由于关羽给的期限太紧，糜芳和傅士仁一时难以筹集，关羽扬言要治他们的罪，他们不由得惶惶不安。

陆逊一直密切关注着荆州的动向，听说关羽已经将荆州的大部分军队调到樊城，又风闻荆州守将糜芳、傅士仁与关羽不和，赶紧报告孙权。孙权暗中召见吕蒙，命他立即赶往陆口，调兵遣将，袭取荆州。吕蒙领命后，星夜兼程赶到了陆口，陆逊立即将大都督之职让于吕蒙。

针对荆州军在沿江上下设立烽火台一事，吕蒙与陆逊经过商议，决定智取荆州。一天夜里，吕蒙点兵3万，选快船100余只，将大部分精兵藏于船舱内，只让一部分会游泳的军士穿上白衣服，扮作客商渡江，乘着夜色的掩护直取荆州。半夜时分，吴军逼近江边，沿江上下守卫烽火台的荆州军盘问身穿白衣的吴军，吴军回应说："我们是客商，过江做点儿生意。"然后将财物送给守卫烽火台的荆州军，荆州军信以为真，便不再戒备。吕蒙见时机已到，下令隐藏在船舱内的吴军向岸上的荆州军发动突然袭击，守卫烽火台的荆州军来不及举火就被吴军杀散了。

天亮后，东吴3万大军兵临南郡城下，守将糜芳大惊，不知所措。吕蒙派人进城做糜芳的工作，劝糜芳投降东吴。糜芳之前就恨关羽不近人情，于是决定开城出降。吕蒙大喜，好生抚慰糜芳，让他去公安招降傅士仁。很快，傅士仁也投降了东吴。吕蒙又发兵攻打荆州其他郡县，大部分地方都不战而降。之后，吕蒙派人向孙权报捷，孙权大喜，亲自赶到荆州，慰劳三军将士，同时下令吴军将士一概不得扰民，荆州原有官吏全部留任。

东吴早在周瑜时期就将南郡借给刘备，到鲁肃时期，刘备攻取了益州，鲁肃向刘备讨要南郡，没想到刘备推拖不还。吕蒙接替鲁肃为大都督之后，发誓要取回南郡，现在终于如愿以偿了。

据史书记载，孙权决计取荆州时，想任命吕蒙和孙皎为左右都督。孙皎是孙权的堂弟，孙权的意思是想让孙皎和吕蒙同掌兵权，但吕蒙极力反对这一做法，他说："昔日，赤壁之战时，周瑜和程普为左右都督，虽然军中是周瑜说了算，但程普的年纪比周瑜大，一直不怎么服气周瑜，好几次差点闹出事来。今天主公想要用兵荆州，如果主公觉得我可以用，就单独用我；如果觉得孙皎可以用，就单独用孙皎，不要再像赤壁之战时设置什么左右都督。"孙权听了吕蒙的话，微微一笑，当即决定任命吕蒙为大都督，节制江东所有军队。

此次袭取荆州，还有一个人居功至伟，这个人就是陆逊。吕蒙诈病，就是他出的主意。后来，刘备为了给关羽报仇，起兵讨伐东吴，孙权拜陆逊为大都督，与刘备的军队相持半年，最后在夷陵①一带用火攻击败刘备。孙权称帝后，陆逊出将入相，既是大将军，又是吴国丞相。

四、最后一战

吴军偷袭关羽大本营，使关羽陷入了进退两难的境地，也使曹操暂时解了燃眉之急。此前，由于于禁和庞德败给了关羽，中原震动，许都以南的很多地方都发生了武装叛乱，响应关羽北伐。面对严峻的形势，曹操有点儿慌了，他对部下说："许都离关羽的军队太近，现在许都以南又有不少郡县响应关羽北伐，我想把首都迁到黄河以北，躲避关羽的兵锋。"

司马懿和蒋济都不同意，他们劝谏曹操说："于禁等七军是被洪水淹没的，并不是被关羽打败的，对军心士气没有太大影响。久闻孙权和关羽不睦，今关羽得志，孙权必然不高兴，大王可派人前往江东，约孙权起兵攻取荆州，到时候，关羽腹背受敌，首尾不能相顾，必将大败。"

---

① 夷陵：位于风景秀丽的湖北宜昌长江西陵峡畔，长江中上游的分界处，属鄂西山区向江汉平原过渡地带。地扼渝鄂咽喉，上控巴夔，下引荆襄，"水至此而夷，山至此而陵"，故名为"夷陵"，素有"三峡门户"之称。

早在曹操的使者未到江东时，孙权就已经派吕蒙起兵了。见到曹操的使者后，孙权让他转告曹操，说吴军很快就会袭取荆州，届时关羽一定会勒兵回救荆州，请曹操务必派重兵夹击关羽。使者领命，回报曹操。曹操与众官商议，董昭建议说："如今樊城还被关羽的军队围着，可派人将吴军袭取荆州的消息设法通知曹仁和关羽。曹仁知道后，定然会以此激励士气，坚守樊城；而关羽知道荆州失守的消息，一定会班师南下，到时我军乘势掩杀，关羽必将大败。"曹操大喜，命驻守宛城的大将徐晃向樊城进军，协同曹仁作战，同时将荆州被吴军攻取的消息传给曹仁和关羽。

徐晃驻军宛城，早就想南下与关羽交战，只是未得曹操将令，不敢擅动。接到曹操的军令后，他立即提兵南下，驻扎于阳陵坡。由于徐晃的军队大多是最近招募的新兵，战斗力不强，曹操又派徐商和吕建率军驰援徐晃。一切安排妥当后，曹操亲自率领一支军队开到洛阳以南的摩坡，催促徐晃进军。

徐晃和徐商、吕建合军后，南下进攻关羽的军队。当时关羽有一支军队驻守郾城，徐晃命令军队迂回到郾城南面，做出一副要切断荆州军退路的架势。驻守郾城的荆州军果然上当，不战而退，徐晃兵不血刃就占领了郾城。

夺取郾城之后，徐晃率军大举进攻关羽，同时散布荆州已被吴军攻取的消息。有人报知关羽，说曹军扬言荆州已经被吕蒙攻取。关羽大笑，对诸将说："曹军打不赢我们，就使出这等反间计来，企图乱我军军心。大家不必疑虑，东吴吕蒙病危，陆逊是断然不敢与我军对抗的。"

在徐晃的凌厉攻势下，关羽退守樊城以南的营寨，据说，当时关羽军队的营寨围有10重鹿角，防守相当严密。一天，徐晃亲自领军来攻，关羽率军出迎。徐晃和关羽是老相识，于是就在两军阵前谈起话来，聊了一会儿后，徐晃突然回顾众将说："有能斩下关羽首级者，赏金万两。"关羽又惊又怒，对徐晃说："我们是老朋友，你何出此言？"徐晃大声喊道："今天是为了国家的事情，我岂敢以私废公！"关羽大怒，指挥军队迎战,但曹军来势凶猛,关羽的军队抵敌不住,很快就被击溃了。徐晃趁势率军掩杀,一直追杀到关羽军队的营寨中,关羽兵败如山倒,弃寨而走。

曹仁在樊城望见徐晃打败关羽,便打开城门,领军冲杀出来,与徐晃一起追杀关羽,关羽落荒而逃。捷报传到摩坡,曹操大喜,亲自到前线视察,发现关羽的营寨围有10重鹿角,非常坚固,遂嘉奖徐晃说:"关羽的营寨如此坚固,将军你竟然能深入敌寨,获得全胜的战绩。我用兵30多年,从来不敢如此深入敌营,由此可见,你的才能堪与古代的名将相媲美啊!"诸将皆叹服。

视察完关羽之前的营寨后,曹操随即检阅了徐晃的军队,发现徐晃的军队军威严整,士兵们见曹操来了,也和平常一样,该干什么干什么,没有出现士兵们围观的现象。曹操为此大发感慨,称赞徐晃说:"徐将军真有周亚夫之风啊!"周亚夫是西汉时期的名将,西汉七国之乱时,他率领大军平叛,军功显赫,汉景帝多次嘉奖他善于治军。曹操将徐晃比作周亚夫,表明了对徐晃将才的高度肯定。

解了樊城之围后,诸将建议曹操乘胜追击关羽,彻底击败关羽,但曹操不同意,他对诸将说:"据确切消息,吴军已经袭取荆州,我们就把关羽让给孙权收拾吧。我们现在大可以坐山观虎斗,看关羽能不能重新夺回荆州。"诸将又劝曹操趁势与孙权争夺荆州,曹操解释说:"我们好不容易才拆散孙刘联盟,怎么可以再背信弃义于孙权呢?在未来的一段时间里,我们需要联合孙权,打击刘备,因为刘备现在的势力很大,已经与我们分庭抗礼了。"诸将听了都很赞赏曹操深谋远虑的政治智慧。

曹仁以数千兵力坚守樊城几个月,遏制住了关羽的北伐,其功劳不可谓不高。曹丕建立魏国后,曹仁先后被加封为大将军和大司马。魏文帝黄初四年(223年),曹仁病逝于军中,曹丕追谥他为忠侯。在魏国名将中,只有曹仁、夏侯惇两人在死后被追谥为忠侯。

和于禁一样,徐晃也是曹操麾下的五子良将之一,不同的是,于禁投降关羽后身败名裂，而徐晃却在樊城打败了不可一世的关羽，赢得了世人的瞩目。曹操去世不久，孙权派军队攻取了襄阳，曹丕派曹仁和徐晃夺回襄阳，击败了孙权的军队。曹丕即位后，徐晃曾两次随军征伐吴国，黄初七年（226年），曹丕去世，孙权派诸葛瑾等率军攻打襄阳，魏明帝曹叡派徐晃和司马懿打败了诸葛瑾，再次收复襄阳。徐晃病逝后，朝廷追谥他为壮侯，他的儿子徐盖承袭了他的爵位。

曹操麾下名将很多，而被后世称为五子良将之一的还有乐进、张辽和张郃。乐进，字文谦，跟随曹操南征北战多年，战功彪炳，建安二十三年（218年），乐进去世，被追谥为威侯。乐进是五子良将中唯——个死在曹操前面的将领。张辽，字文远，长期为曹操镇守合肥，抵挡孙权，多次率军击败吴军的入侵，民间一直流传着"张辽止啼"的故事。据史书记载，张辽大破孙权于逍遥津后，声名大噪，江东的小孩子夜间啼哭，大人经常拿张辽的名字来吓唬小孩，小孩一听张辽的大名，就不敢哭了。

在五子良将中，张郃最为长寿，历经曹丕、曹叡两代帝王，为魏国立下了汗马功劳，曾于街亭①大败蜀军，迫使诸葛亮退军。后来，张郃在一次追击蜀军的行动中被乱箭射死，成为五子良将中唯——个在战场上阵亡的将领。

樊城之战结束后第二年，曹操便去世了，因此，樊城之战也成为曹操军事生涯中最后的一场战役。

五、吕蒙擒杀关羽

樊城之战让孙权趁机夺取了荆州，东吴的势力进一步扩大。之后，曹操和孙权结好，刘备在军事和政治上都被孤立起来了。

且说关羽兵败樊城，心里很不服气，打算整顿军马，与徐晃决战，

---

① 街亭：位于甘肃省天水市秦安县城东45公里的陇城镇，为历代兵家必争之地。

忽然探马报来，曹操命张辽从合肥领军前来驰援樊城。关羽闻报大惊，对诸将说："如果张辽和徐晃等合军一处，我军就几乎不可能取胜了，看来这次北伐是要功亏一篑了。"

就在关羽进退两难之际，荆州被夺的噩耗接踵而至，关羽大骂孙权和吕蒙背信弃义，并马上传令大军往荆州方向开拔，想重新夺回荆州。与此同时，关羽还派使者先行抵达荆州，探听吕蒙的虚实。

吕蒙袭取荆州后，对荆州的百姓秋毫无犯，凡是跟随关羽讨伐樊城的将士家属，都给予特殊优待，按时供给粮食，生病的派医生治疗，荆州百姓都对吕蒙的仁政感恩戴德。关羽的使者到达荆州后，吕蒙厚待使者，准许使者随意走动，很多随关羽出征的将士家属纷纷给军中的亲属捎信报平安，使者在荆州城内转了一圈后，回报关羽说荆州百姓都很安居乐业。关羽大怒，对诸将说："这一定是吕蒙的诡计，想借此瓦解我军军心。"

一开始，关羽的军队听说荆州失守，都很担心自己家人的安全，后来得知自己的家属都受到了吴军的优待，心里很高兴，军心顿时松懈下来。很多人不想再跟着关羽打仗了，多有私自逃回荆州者，关羽和部将无法制止，日复一日，荆州军的军心更加涣散。

听说关羽率领军队回师，吕蒙亲率大军迎战关羽，两军大战于南郡以北，关羽的军队兵无斗志，很快就被击溃了。吕蒙又命荆州降兵在战场上招降关羽的军队，于是，很多荆州军的将士都脱离了关羽。关羽见大势已去，只得率领残兵败将退守荆州西北部的麦城①。吕蒙派大军包围了麦城，关羽乘夜突围，试图逃到益州，然后再和刘备一起起兵来夺荆州。可惜这次关羽已是插翅难飞，当他和周仓、关平等将领突围到麦城西北50里处时，中了吴军的埋伏，关平和周仓战死，关羽被吴将潘璋的部将马忠俘获，后被吴军斩首。

关羽被围在麦城时，曾派部将廖化突围而出，往上庸（今湖北竹山

---

① 麦城：位于湖北省当阳市两河镇境内。

县西南）请救兵。当时上庸郡由刘备的义子刘封镇守，廖化到了上庸，请刘封速发救兵。刘封犹豫不决，其部将孟达对刘封说："我在成都的时候，听说汉中王就立世子的问题征求关羽的意见，关羽说当然应该立刘禅为太子。至于刘封，他不过就是大哥的一个养子而已。为杜绝后患，应该把刘封调到偏远的地方任职。"刘封闻言，对孟达说："既然关羽不把我当作他的侄子，我又何必把他当作我的叔父呢。"于是，刘封拒绝派兵驰援麦城，廖化大骂出城，到成都找刘备去了。

兵法上说："上兵伐谋。"关羽虽然在樊城被曹军打败，但他的军事力量依然不容小视，麾下仍然有数万精兵强将。当时曹操恐荆州的事情会有变化，驻扎在摩坡等消息。不久，探马报告说关羽率兵南下，与吕蒙的吴军交战，关羽兵败被杀。曹操闻报大惊。后来，有人将吕蒙如何瓦解关羽军心，彻底打败关羽的计策告诉曹操，曹操听了拍案叫绝，对诸将说："吕蒙的才干不下于当年的周瑜啊，此人不死，将来必会成为我军后患。"曹军诸将也无不赞叹吕蒙手段之高明。

孙权斩了关羽，终于出了一口恶气，非常高兴。这时，张昭提醒道："刘备知道关羽被害，一定会兴兵前来报仇，主公不如将关羽的首级献给曹操，以达到嫁祸给曹操的目的。"孙权恍然大悟，遂派使者将关羽的首级送到洛阳，献给曹操，然后将关羽的身躯以王侯之礼安葬。

数日后，曹操在洛阳收到了关羽的首级。据说，当时曹操亲自打开盒子，观看关羽的人头，笑着对诸将说："云长已死，我可以高枕无忧了。"曹操自然明白孙权把关羽的首级献给自己，是想嫁祸给他。于是，他在洛阳也为关羽举行了隆重的葬礼，借朝廷之名追谥关羽为荆王。

刘备在成都得到关羽的死讯后，痛哭流涕，下令蜀中将士皆为关羽挂孝。而吕蒙用奇计袭取荆州后，孙权任命他为南郡太守，加封孱陵侯。不久，吕蒙病逝，据说吕蒙生病期间，孙权将他接到自己的内殿，请江东最好的医生为其诊治，可惜回天乏术，一代名将就此陨落。

建安二十五年（220年）初，孙权派使者给曹操上书，称说天命，劝曹操废汉自立。他说:"汉室早就名存实亡了,请魏王正位九五,派兵剿灭刘备,到时候,孙权将率江东文武归降魏王。"曹操看后,笑着对众官说:"孙权这是想把我放在炉火上烤啊!"

六、刘备再折大将

众所周知,关羽和张飞、刘备3人恩如骨肉,情如兄弟。关羽去世的时候,张飞奉命镇守阆中,关羽的死讯传来后,张飞悲痛欲绝,一门心思想要为关羽报仇,于是跑到成都去见刘备,请求刘备出兵。刘备也被悲愤冲昏了头脑,悍然下令出兵伐吴。诸葛亮和赵云苦苦相劝。赵云对刘备说:"国贼是曹操,不是孙权。这次关羽遇害,表面上是孙权所为,实际上是曹操在背后推波助澜。如果我们现在大举伐吴,一旦打起来,肯定会是一场持久战,届时曹操一定会派兵偷袭我们的后方,使我们的腹背受敌。"

赵云是刘备手下最得力的大将,他对刘备说的这番话其实是诸葛亮授意的。刘备冷静下来后,也觉得赵云言之有理,于是对前来请战的张飞说:"关羽兄弟的仇是我们兄弟之间的私事,出兵打仗是国家大事,你先回阆中去,待我说服朝中百官之后,我们兄弟再出兵灭吴,替关羽报仇。"张飞临行时,刘备嘱咐道:"我们兄弟几十年,我知道你性格暴躁,经常鞭打士兵,你的这种行为是取祸之道,以后不可如此鲁莽,遇事要稳重。"张飞无奈,拜辞而去。

张飞回到阆中后,日夜思念关羽,早就把刘备的嘱咐抛到了九霄云外。一天,张飞巡视军营,催促士兵们备战,声扬要为关羽报仇,但偏将范强、张达显得不太积极。张飞大怒,命令左右将范强和张达绑起来,然后亲自动手,抽了他们各100鞭子,打得他们皮开肉绽。其他将领知道张飞的火爆脾气,都不敢上前劝阻。打完后,张飞威胁他们说:"待我出兵伐吴之时,便要杀了你们两个杂种祭旗。"说完恨恨而退。

范强和张达二将与张飞本无仇怨,无端被张飞毒打了一顿,心中很是气恼。回到营帐后，范强对张达说："张飞这个人说到做到，他今日说等到出征伐吴之时要杀我们二人祭旗，我们两个算是完蛋了。我们是职业军人，竟然不能死于战场，反倒成了张飞的出气筒，着实可恨。"张达气愤地说："与其等他杀掉我们，不如先下手为强，杀了他。"范强听了，不由打了一个寒战，然后鼓起勇气说："张飞今日打我们时喝了很多酒，他今夜必然酒醉，事不宜迟，我们今晚就动手吧。"

二人商议停当后，手持短刀，趁夜潜入张飞的营帐，适逢张飞酣睡，二人持刀近前，只见张飞两眼圆睁，二人吓得面如土色，仔细看时，张飞依然鼾声如雷。原来张飞每次睡觉都不合眼，于是，范强和张达将短刀刺入张飞腹中，连刺数刀，张飞一命呜呼。随后，范强和张达割下张飞的首级，星夜逃出阆中，前往东吴投奔孙权。

范强和张达逃到东吴，向孙权献上张飞的首级。孙权问他们为什么要刺杀张飞，二人向孙权说明了缘由。孙权叹气道："张飞一世英雄，没想到竟然落得如此下场，这是他咎由自取。"张昭劝孙权不要接纳范强和张达二人，他说："关羽刚刚死于我军之手，现在杀死张飞的凶手又来我们这里投诚，依我看，不如将他们押送给刘备，以抵消刘备因关羽之事而对我们的怨气。"孙权冷笑道："子布，我称霸江南之时，他刘备还在到处流窜呢，让我向他献媚，绝无可能，他要是敢率兵来攻打我，我定杀他个片甲不回。"

后来，刘备发兵征伐东吴，结果在夷陵被东吴的陆逊打败。这场夷陵之战被称为三国三大战役之一，此后三国再也没有发生过这样的大战。

刘备这次发兵攻打孙权，是打着为关羽报仇的旗号，不料起兵之初张飞也被杀。从这层意义上来说，他的夷陵之败是旧仇未报又添新恨，所以他回到永安城后便一病不起。魏文帝黄初四年（223年），刘备病逝于白帝城，诸葛亮辅佐刘备之子刘禅与孙权重新联盟。魏明帝曹叡太和三年（229年），孙权称帝，国号"吴"，史称东吴，至此三国正式成立。此后数十年间，蜀汉诸葛亮、姜维多次率军北伐曹魏，但始终未能改变三足鼎立的格局。

七、枭雄陨落

建安二十五年（220年）正月，曹操在洛阳得病，身体渐渐沉重，遂召夏侯惇、曹洪、陈群、贾诩和司马懿等至病床前，嘱咐后事。他对众人说："我纵横天下30余年，大部分地方的割据势力都被我消灭了，只有江东孙权和西蜀刘备未曾剿除，现在我即将离世，不能再与你们共事了。"贾诩等人安慰道："大王不日定当豁然，何必如此悲观？"曹操睁大眼睛扫视了一下众人，然后闭着眼睛缓缓地说："人过五十，不称夭寿，我今年60多岁了，死复何恨！我的长子曹昂早年不幸死于宛城，三子曹彰勇而无谋，四子曹植书生气太重，五子曹熊多病难保，只有次子曹丕文武兼长，可以继承我的大业，你们要好好辅佐他。"众官皆俯首领命。

曹操在洛阳病重期间，只有最小的儿子曹干陪在他身边。曹干是曹操的一个小妾生的，当时只有5岁。曹操在弥留之际给曹丕下了一道手令，令文只有寥寥数句，是关于幼子曹干的。曹操在手令中对曹丕说："你弟弟曹干3岁亡母，5岁丧父，以后就得连累你把他抚养成人了。"

安排完自己的后事，曹操感觉神情恍惚，好像灵魂已经出窍，数日后即病逝于洛阳，享年66岁。临终前，他还留下了一道《遗令》，内容如下：

吾夜半觉小不佳，至明日，饮粥汁出，服当归汤。

吾在军中，执法是也。至于小忿怒，大过失，不当效也。天下尚未安定，未得遵古也。

吾有头病，自先著帻。吾死之后，持大服如存时，勿遗。百官当临殿中者，十五举音，葬毕便除服。其将兵屯戍者，皆不得离屯部；有司各率乃职。敛以时服，葬于邺之西冈上，无藏金玉珍宝。

吾婢妾与伎人皆勤苦，使著铜雀台，善待之。于堂台上安六尺床，施繐帐，朝晡上脯糒之属，月旦、十五日，自朝至午，辄向帐中作伎乐。汝等时时登铜雀台，望吾西陵墓田。余香可分与诸夫人，不命祭。诸舍中无所为，可学作组履卖也。吾历官所得绶，皆著藏中。吾余衣裘，可别为一藏。不能者，兄弟可共分之。

曹操在《遗令》中说他曾经因为一时激愤犯过大错误，不值得后世效法；又说天下尚未安定，不必按照古代的丧葬方式安葬他，他死后，各级官员不得擅离职守。最后，曹操传下遗命，让他的妻妾们都搬到铜雀台居住，把自己多年积攒的香料分给妻妾们；又嘱咐妻妾要学着做鞋，然后卖钱自给。历史上著名的"分香卖履"的典故便源于此。

纵观汉朝400余年，厚葬之风盛行，王侯将相的葬礼都很隆重，随葬的金玉珍宝也很多。针对这一历史积弊，曹操早在建安二十三年（218年）就发布了一道《终令》，明确指出将来他死后要薄葬，金玉珍宝等物一概不要随葬。

曹操在洛阳去世后，百官扶着灵柩向邺城进发，曹丕将灵柩接进邺城，安置在偏殿，朝中的文武百官都来致祭。按照曹操生前的遗命，曹丕顺利继承了王位。几个月后，曹丕逼迫汉献帝禅位，汉朝正式宣布灭亡，魏朝建立。正是因为曹操在生前为曹丕铺好了帝王之路，所以曹丕才能在最短的时间内完成曹操毕生的心愿，一个崭新的王朝破土而出。

据史书记载，曹操刚刚去世时，大将臧霸手下的部分青州兵以为天下将乱，擅自击鼓离去。当时有很多大臣劝曹丕派兵镇压擅离职守者，但贾逵力排众议，劝曹丕采取怀柔手段，不仅不能对离散者予以镇压，反而要命令各地官府要好生抚恤那些擅自归家的士兵。曹丕依计行事，果然取得了很好的效果，各地都没有发生大的骚乱。

第十一章　用兵不忘治国

曹操不仅富有军事智慧，在治国理政方面也是一把好手。他作为北方霸主，执政数十年，唯才是举，好贤礼士，募民屯田，轻徭薄赋，休养生息，在很大程度上保证了自己权力地位的稳固。许劭的一句经典评语"治世之能臣，乱世之奸雄"，虽然有些刻薄，但还是比较准确地刻画了曹操的性格，肯定了他的治国理政之才。

一、举德政恩泽中原

东汉末年土地兼并严重，尤以河北为甚，老百姓不堪重负，纷纷揭竿而起。张角领导的黄巾起义和张燕领导的黑山军起义，都是从河北地区开始的。曹操从袁绍手中夺过河北后，立即下令免除河北地区农民一年的赋税。不久他又出台了一道命令，即所谓《抑制兼并令》，大意是：

有国有家者，不患寡而患不均，不患贫而患不安。袁绍统治河北期间，使豪强擅恣，亲戚兼并，下民贫弱，代出租赋，不足应命。如此，欲使百姓亲附，甲兵强盛，怎么可能呢？即日起，收田租亩四升，户出绢二匹，绵二斤而已，其他的不得擅自征收。各地地方官负责监督稽查，不要使强民有所隐藏，致使弱民兼赋。

这份令文的主要目的是抑制土地兼并，改革赋税制度，防止地主豪强把赋税的负担转嫁到贫民身上。据史书记载，《抑制兼并令》在河北实行以后，老百姓安居乐业，豪强地主的势力得到了遏制和打击，普通百姓的利益在一定程度上得到了维护。

秦汉以来一直实行租赋制度，在封建社会，农业经济是主体经济，官府征税大都按照比率征收，汉朝时基本按照三十税一的比率向农民征收田租。除了田租，汉朝统治者还会向民众征收人头税。不同年龄段的人，所征收的人头税也不一样。比较普遍的两个名目是"算赋"和"口赋"，算赋是针对15岁以上的成年人，口赋是针对未成年人，成年人的人头税大约是未成年人的五六倍。

曹操废除了汉代的租赋制，推出"租调制"使国家对田租的征收实行定额制，不再按比率征收。另外，曹操取消了汉代的人头税，按户征收适当的税额，如在《抑制兼并令》中推出"户出绢二匹，绵二斤"。建安年间，天灾人祸不断，曹操适时改革税制，在一定程度上减轻了百姓的负担，稳定了当时北方动荡的时局。

关中地区自遭遇董卓、李傕和郭汜之乱后，土地荒芜，百姓流离失所。李傕和郭汜覆灭之后，关中军阀混战不休。曹操打败马超和韩遂后，关中地区之前流徙到外地的百姓纷纷回乡，但他们回乡后因为没有耕牛，无法从事农业生产。于是，曹操下令由官府提供耕牛和农具，帮助老百姓恢复农业生产，从而使萧条日久的关中地区出现了一丝生机。

针对连年战乱不休、民生凋敝的现状，曹操下达了《赠给灾民令》。令文规定：凡是70岁以上的寡妇和12岁以下的孤儿，全部由官府养起来；对于残疾人和贫民，朝廷应该给予救济；凡是在战争中阵亡的将士的家属，朝廷应给予特殊照顾，免除其所有赋税。

此外，曹操还于建安年间在自己的统治区内兴修水利，强制实行盐铁官营制度。兴修水利一方面方便了交通；另一方面也灌溉了农业，使得粮食产量得到了提高。盐铁官营制度向来为历代封建王朝所重视，国家通过垄断这两个行业来增加财政收入，维系国计民生。

据史书记载，曹操挟献帝执政期间，鉴于国穷民困的现实，曾上表给献帝，要求在全国范围内禁酒，以减少对粮食的消耗。当时朝廷大臣孔融不同意曹操的倡议，坚决反对禁酒，加上曹操本身禁酒的决心也不坚定，所以禁酒一事一直没有付诸实践。

东汉自桓帝和灵帝以来，社会风气逐年败坏。曹操统一北方后，决心在中原地区整顿社会风气。建安年间，他曾经下过一道《整齐风俗令》，极力反对阿党比周的社会陋习，提倡建立一个相对和谐的社会。

汉朝绵延400余年，厚葬之风盛行，历代帝王皆推崇厚葬，民间百姓也纷纷效尤。曹操执政后，为了破除这一劳民伤财的社会陋习，曾经下过一道《禁止厚葬令》，提倡薄葬，而且他本人也身体力行。建安二十五年（220年），曹操在病危时下了一道《遗令》，要求薄葬自己，一切丧事从简。

汉末军阀混战，天下大乱，教育工作也因为战乱的原因一度停滞，朝廷由于政令不行而不得不放弃之前的人才选拔政策。建安年间，曹操虽然忙于对外征伐，但也没有忘记兴办教育。他曾发布了一道《修学令》，令文中说：

丧乱以来，十有五年，后生者不见仁义礼让之风，我甚伤之。其令郡国各修文学，县满五百户置校官，选其乡之俊秀者而教学之，庶几先王之道不废，而有益于天下。

从曹操这道《修学令》可以看出当时战乱对国家教育事业的破坏程度。基于此，曹操责令各郡县兴办学校，凡是满500户的县级行政单位，都要依法设置学校，遴选当地有学问的人做老师，以弘扬仁义礼让之风，让天下人都从中受益。

曹操的一系列措施付诸实践后，确实起到了一定的拨乱反正的效果。纵观整个建安年间，中原地区在曹操的统治下渐渐走出了战乱，焕发了新的生机。

二、乱世用重典

乱世用重典,曹操生活在汉末时期,当时,不管是曹魏、孙吴还是刘蜀,几乎都在沿用汉朝的律法。作为魏国的奠基人,曹操早就意识到汉朝的法律不适应当时的乱局,必须因时制法,随宜设科,对汉朝的律法有所扬弃。

有了相应的法律,还必须任用合适的执法者。曹操非常重视选用执法者,他经常告诫执法者说:"刑法是百姓的命脉。"在这种思想的指导下,曹操任命深通律法的高柔为刺奸令史。据史书记载,高柔处法允当,狱无留滞,夙夜匪懈,经常抱着法律文书睡觉。有一次,曹操半夜出门巡查官吏,见高柔抱着文书睡觉,于是解下自己的大衣,给高柔盖上,然后默默地离去。

毫无疑问,高柔是一个优秀的法律工作者,不但工作上精益求精,而且品德高尚,所以曹操非常器重他。但这并不是说曹操选用法律部门的官员时都会以高柔为圭臬。历朝历代,统治者为了加强自己的统治地位,都会成立一些特务组织,让他们去承担一些见不得光的秘密任务,如明朝的锦衣卫。曹操也不例外,找了一些品质恶劣的人去监视自己的大臣们。据史书记载,曹操任命卢洪、赵达等为校事,负责暗中监察百官。高柔劝曹操不要任用奸佞小人负责监察工作,曹操笑着解释说:"特务机关虽然也属于执法部门,但工作性质与其他执法部门不同,只有龌龊小人才能干好这类工作。"高柔闻言恍然大悟。

相对于民法而言,曹操的军法更为严酷。建安年间,曹操曾经规定:"部队中,军士有逃亡者,依法诛杀其家属。"据史书记载,当时张辽的军队中有一个叫宋金的下级军官逃亡,曹操命令将宋金的母亲、妻子和兄弟全部抓入监狱,准备将他们全部处死。高柔觉得曹操的军法过于严酷,劝曹操赦免宋金的家属,但曹操最后还是决定,对于宋金的家属,死罪可免,活罪难逃,以儆效尤。

在对外征伐的过程中,曹操一贯采取临时设法的原则。对待俘虏时,他有一个不成文的规定,即敌军中被包围后才投降的人,一律处死。曹操前后征战数十年,杀死的战俘不计其数。

据史书记载,曹操讨伐袁绍的儿子袁谭时,经过一条河流,由于河水冰冻,船只无法通过,曹操命令就近征召当地的百姓,为他的军队破冰开船,征召来的百姓如果逃亡,杀无赦。据说当时有不少百姓跑了,曹操大怒,命令部队追杀逃亡的百姓,其中有几个百姓自己跑回来自首,请求曹操免罪,曹操对自首的百姓说:"我之前有令在先,逃亡者杀无赦,你们赶紧去山中躲避,不要被我的军队发现,否则我也救不了你们。"百姓皆流泪而去,然而这些逃亡的百姓都被曹军追杀而死。

曹操统治时期,非常注重连坐之法。建安二十四年(219年),西曹掾魏讽造反,率兵攻打邺城。叛乱被平定下去后,曹操命令将与魏讽有关联的人全部处死,很多与魏讽有点瓜葛的人都惨遭连坐。

曹操是一个公私分明的人,如果亲戚犯了法,他很少会姑息纵容。据史书记载,曹洪不仅是曹军上将,还是曹操的同族,所以难免有些放肆。有一次,曹洪的一个亲戚在许都犯了法,许都令满宠按照法律将曹洪的亲戚收监下狱。曹洪先是写信给满宠,要求他看在自己的面上网开一面,满宠不为所动。曹洪又写信给曹操,要求赦免其亲戚,满宠知道后,立即将曹洪的亲戚依法处死了。曹操知道这件事后,不但没有怪罪满宠,反而赞扬他执法公正。

建安年间,在曹操统治区里有一个叫杨沛的官吏,以执法公正、铁面无私而闻名,当时有很多不法之徒都很忌惮他。曹操很喜欢杨沛,于是任命他为邺城令。据史书记载,杨沛还没有上任,曹洪、刘勋等人就让人通知自己的亲属,不要在邺城胡作非为,由此可见杨沛铁面无私的威名。

《三国志》记载,刘勋依仗自己和曹操的亲密关系,不把律法放在眼里。后来,刘勋被人告发,曹操大怒,将刘勋依法治罪。当时刘勋的侄子刘威担任豫州刺史,曹操按照连坐之法,免掉了刘威的职位。

作为一名优秀的政治家,曹操非常善于变通。建安早期和中期,曹操制定了很多严苛的法律,并将其付诸实行。建安后期,尽管孙权和刘备尚未被剿灭,但中原地区已经治乱多年,社会秩序基本恢复到了和平时期的水平,为适应新的形势,曹操在执法方面较早期有所松动,赦免了不少犯罪分子。

曹操晋爵魏公后,徐邈出任尚书郎。当时曹操明令禁酒,但徐邈对曹操的命令置若罔闻,经常私自饮酒,喝得酩酊大醉。特务部门将此事报告曹操,曹操大怒,欲治徐邈的罪。度辽将军鲜于辅替徐邈求情说:"徐邈犯酒禁的事情,知道的人不多,警告一下他就行了。"曹操听取了鲜于辅的意见,没有治徐邈的罪,只是警告了事。

建安中后期,曹操就是否恢复"肉刑"征求百官的意见。肉刑主要有5种:(一)刺面毁容;(二)割鼻子;(三)砍脚趾;(四)阉割男人或者幽闭女人;(五)死刑。汉文帝时,肉刑被废除,到建安年间,肉刑被废除已有300余年。陈群和钟繇都支持曹操恢复肉刑的主张,陈群上表说:汉朝废除肉刑,而增加笞刑,表面上是减轻了刑法,实际上是加重了刑法,犯人遭受鞭笞,多有被打死者。曹操赞同陈群的说法,并声称自己重开肉刑是为了宽刑省法。

但其他大臣多有反对者,其中反对最激烈的当属孔融和王修。曹操因此举棋不定,命荀彧征求更多朝廷官员的意见。最后,荀彧报告说大多数人都反对恢复肉刑,于是,曹操便放弃了恢复肉刑的动议。

总的来说,曹操当政期间,律法是比较严酷的,在那个崇尚人治的年代,曹操对律法的运用往往比较随意。凡是有利于自己统治的,他就无所不用其极;凡是不利于自己的法律,他则表现得无所顾忌。作为最高统治者,曹操也像历代帝王一样,口衔天宪,独断朝纲,他的每一条命令都凌驾于法律之上。

第十二章　创立建安风骨

"文能提笔安天下，武能上马定乾坤。"这是历史对姜维的评价，但用在曹操身上也适合。曹操不但精于军事，富有治国理政的才能，还是一个才情卓绝的文学家。他一生写了不少诗歌和散文，还大力发展文化事业。在他统治的北方地区，甚至出现了"建安文学"。

一、诗歌自成一派

曹操不仅是一名出色的政治家、军事家，而且还是一位卓尔不凡的诗人、文学家，尤其善于作乐府诗。他的儿子曹丕称赞父亲雅好诗文，其所作诗篇似管弦，皆称乐章。曹植也说他父亲喜好诗文，虽然戎马倥偬，但却经常手不释卷。

曹操的诗歌流传到现在的有数十篇，代表作主要有《蒿里行》《薤露行》《冬十月》《苦寒行》《龟虽寿》等。

蒿里行

关东有义士，兴兵讨群凶。初期会盟津，乃心在咸阳。
军合力不齐，踌躇而雁行。势利使人争，嗣还自相戕。
淮南弟称号，刻玺于北方。铠甲生虮虱，万姓以死亡。
白骨露于野，千里无鸡鸣。生民百遗一，念之断人肠。

薤露行

惟汉廿二世，所任诚不良。沐猴而冠带，知小而谋强。

犹豫不敢断，因狩执君王。白虹为贯日，己亦先受殃。
贼臣持国柄，杀主灭宇京。荡覆帝基业，宗庙以燔丧。
播越西迁移，号泣而且行。瞻彼洛城郭，微子为哀伤。

曹操的这两首诗歌应该是创作于建安之前，也就是他挟天子令诸侯之前，诗中主要描述了汉灵帝去世后，大将军何进志大才疏，企图诛杀宦官，不料反被宦官给诛杀。何进死后，董卓进京乱政，挟持汉献帝西迁长安，一把火烧掉了洛阳的皇宫。袁绍、曹操等关东诸侯起兵讨伐董卓，会师于盟津，然而各路诸侯不能齐心协力，逡巡不前，后来竟然自相残杀，袁术在淮南称帝，袁绍也暗藏帝王大志，中原地区军阀混战，老百姓和士兵死于战乱者无数。

曹操通过诗文来叙述当时的历史，可谓以诗述史。从这两首诗可以看出当时的曹操是一个忧国忧民之人，他心怀社稷，对乱臣贼子恨之入骨，对战争给广大老百姓带来的巨大创伤感到无比凄怆和悲愤。他诗中的每一句话几乎都是发自肺腑，因为这些都是他的亲身经历。

冬十月

孟冬十月，北风徘徊。
天气肃清，繁霜霏霏。
鹍鸡晨鸣，鸿雁南飞。
鸷鸟潜藏，熊罴窟栖。
钱镈停置，农收积场。
逆旅整设，以通贾商。
幸甚至哉，歌以咏志。

这首诗作于建安十三年（208年）冬天，大意是：天气寒冷，大雁南飞，猛禽也都藏身匿迹起来，就连熊也入洞安眠了。农民秋收之后，放下农具，庄稼堆满了农场。旅馆正在整理，随时准备迎接来客。该诗反映了曹操打败袁绍后，北方局部地区恢复了正常的生活状态，呈现出人民安居乐业的繁荣景象；借此抒发了曹操以安定天下为己任的伟大政治情怀。

苦寒行

北上太行山，艰哉何巍巍。羊肠坂诘屈，车轮为之摧。
树木何萧瑟，北风声正悲。熊罴对我蹲，虎豹夹路啼。
溪谷少人民，雪落何霏霏。延颈长叹息，远行多所怀。
我心何怫郁，思欲一东归。水深桥梁绝，中路正徘徊。
迷惑失故路，薄暮无宿栖。行行日已远，人马同时饥。
担囊行取薪，斧冰持作糜。悲彼东山诗，悠悠使我哀。

这首诗是曹操在征讨并州刺史高干时写的。诗中生动地描写了太行山上冬天的自然景象，道出了冬天行军打仗的艰苦状况。诗中多处流露出厌战思归的情绪，同时也折射出了曹操渴望和平的美好愿望。由此可见，曹操并不是战争狂人，他也希望早日结束战乱，还天下百姓一个清平世界。

龟虽寿

神龟虽寿，犹有竟时。
腾蛇乘雾，终为土灰。
老骥伏枥，志在千里。
烈士暮年，壮心不已。
盈缩之期，不但在天。
养怡之福，可得永年。
幸甚至哉，歌以咏志。

这首诗是曹操50多岁时所作，他在诗中无奈地承认万物都有终结之时，他年岁已高，而统一大业尚未完成，最后4句表达了他希望通过养生来延年益寿的愿望。曹操在诗中极力烘托自己壮怀激烈、老当益壮的精神。

作为一名卓越的政治家和军事家，曹操能在治国理政和行军打仗之余吟诗作赋，如此才情卓绝，古今罕有！曹操的诗歌大多以苍凉雄逸而著称，时而借景抒怀，时而歌以咏志。毫无疑问，曹操在诗歌方面的造诣是很高的，他流传下来的很多诗歌在中国文坛上占有一席之地。

二、散文通脱有力

曹操的散文流传到现在的有100多篇，主要分为两大类，即令教类和表章类。曹操的散文以通脱有力而著称，他在建安十五年（210年）所作的《让县自明本志令》，是诸多散文中最为出色的一篇。

孤始举孝廉，年少，自以本非岩穴知名之士，恐为海内人之所见凡愚，欲为一郡守，好作政教以建立名誉，使世士明知之，故在济南，始除残去秽，平心选举，违忤诸常侍。以为强豪所忿，恐致家祸，故以病还。

去官之后，年纪尚少，顾视同岁中，年有五十，未名为老，内自图之，从此却去二十年，待天下清，乃与同岁中始举者等耳。故以四时归乡里，于谯东五十里筑精舍，欲秋夏读书，冬春射猎，求底下之地，欲以泥水自蔽，绝宾客往来之望，然不能得如意。

后征为都尉，迁典军校尉，意遂更欲为国家讨贼立功，欲望封侯作征西将军，然后题墓道言："汉故征西将军曹侯之墓"，此其志也。

而遭值董卓之难，兴举义兵，是时合兵能多得耳，然常自损，不欲多之，所以然者，多兵意盛，与强敌争，倘更为祸始。故汴水之战数千，后还到扬州更募，亦复不过三千人，此其本志有限也。

后领兖州，破降黄巾三十万众。又袁术僭号于九江，下皆称臣，名门曰建号门，衣被皆为天子制，两妇预争为皇后。志计已定，人有劝术使遂即帝位，露布天下，答言："曹公尚在，未可也"。后孤讨擒其四将，获其人众，遂使袁术穷亡解组，发病而死。

及至袁绍据河北，兵势强盛，孤自度势，实不敌之。但计投死为国，以义灭身，足垂于后。幸而破绍，枭其二子。又刘表自以为宗室，包藏奸心，乍前乍却，以观世事，据有当州，孤复定之，遂平天下。

身为宰相，人臣之贵已极，意望已过矣。今孤言此，若为自大，欲人言尽，故无讳耳。设使国家无有孤，不知几人称帝，几人称王！

或者人见孤强盛，又性不信天命之事，恐私心相许，言有不逊之志，妄相忖度，每用耿耿。齐桓、晋文所以垂称至今日者，以其兵势广大，犹能奉事周室也。《论语》云："三分天下有其二，以服事殷，周之德可谓至德矣。"夫能以大事小也。昔乐毅走赵，赵王欲与之图燕。乐毅伏而垂泣，对曰："臣事昭王，犹事大王。臣若获戾，放在他国，没世然后已，不忍谋赵之徒隶，况燕之后嗣乎！"胡亥之杀蒙恬也，恬曰："自我先人及至子孙，积信于秦三世矣。今臣将兵三十余万，其势足以背叛，然自知必死而守义者，不敢辱先人之教以忘先王也。"臣每读此二人书，未尝不怆然流涕也。

孤祖、父以至孤身，皆当亲重之任，可谓见信者矣，以及子桓兄弟，过于三世矣。孤非徒对诸君说此也，常以语妻妾，皆令深知此意。

孤谓之言："我百年之后，汝等皆当出嫁，欲令传道我心，使他人皆知之。"孤此言皆肝鬲之要也。所以勤勤恳恳叙心腹者，见周公有《金縢》之书以自明，恐人不信之故。

然欲孤便尔委捐所典兵众，以还执事，归就武平侯国，实不可也。

何者？诚恐已离兵，为人所祸也。既为子孙计，又已孤败则国家倾危，是以不得慕虚名而处实祸，此所不得为也。

前朝恩封三子为侯，固辞不受，今更欲受之，非复以为荣，欲以为外援而为万安计。孤闻介（子）推之避晋封，申胥之逃楚赏，未尝不舍书而叹，有以自省也。

奉国威灵，仗钺征伐，推弱以克强，处小而擒大，意之所图，动无违事，心之所虑，何向不济？遂荡平天下，不辱主命。可谓天助汉室，非人力也。然兼封四县，食户二万，何德堪之！江湖未静，不可让位；至于邑土，可得而辞。今上还阳夏、柘、苦三县户三万，但食武平万户，且以分损谤议，少减孤之责也。

曹操这篇《让县自明本志令》洋洋洒洒千余字，对自己的大半生做了一个简单的叙说，颇具自传性质。曹操在文章中将自己比作乐毅和蒙恬，表明他虽然具备造反的能力，但并不准备造反，有生之年愿意学习周文王，效忠汉献帝。汉献帝提出给他增加食邑，他为了表明自己的心迹，固辞不受。

三、建安七子

曹操在文学方面取得了很大的成就，他的儿子曹丕、曹植也是建安年间卓越的文学家。同一时期享誉文坛的还有7个人，这7个人被后世称为"建安七子"，分别是孔融、陈琳、王粲、徐干、阮瑀、刘桢、应场。孔融和曹操政见不合，于建安十三年（208年）被曹操处死，其他6人与曹氏父子关系都很亲近，尤其与曹丕的关系最为密切。"建安七子"这个称呼最早是由魏文帝曹丕提出来的，他们的文章炫丽一时，为后世所称道。

在"建安七子"中，文学成就最高的是王粲。王粲，字仲宣，曾在刘表麾下任职。曹操南征刘表时，王粲归附曹操，被封为关内侯。建安二十二年（217年），王粲病逝，其代表作有《英雄记》等，流传到现在的作品有60多篇。因其才情冠绝，后世将他与曹植并称为"曹王"。

陈琳原来是袁绍麾下的官员，因一篇《讨曹檄文》而被曹操看重。曹操打败袁绍后，破格将陈琳收于麾下。

阮瑀和陈琳齐名，据史书记载，曹操久闻阮瑀大名，想请他出仕。阮瑀拒不应召，逃亡山中。曹操大怒，命人放火烧山，阮瑀不得已才出仕。曹操大喜，让阮瑀和陈琳同掌记室。曹操每有表章需要代写，都会请阮瑀捉刀，他最著名的代表作是《为曹公作书于孙权》。这封长信虽然是阮瑀所作，但肯定是根据曹操的意旨来写的。据说，阮瑀写完后，请曹操过目，曹操本想再润色一下，却不知道该从何处下手，因为阮瑀写得太好了。

其余3人徐干、刘桢和应玚也都有名作留世。后来，河北闹瘟疫，徐干、刘桢、应玚等人皆死于瘟疫。需要说明的是，"建安七子"并不是钻在象牙塔里的学者，他们一直在朝廷里做官，有着丰富的从政经验，除了孔融之外，其他人都和曹操关系密切，曹操也非常赏识他们。

由于建安年间战乱不断，人民处于水深火热之中，因此那个时期的文学作品多含有悲凉之气，"建安七子"作为那个时期文坛领域的代表人物，他们的作品也大多喷发着悲凉之气，后世称那一时期的文风为"建安风骨"。

第十三章 曹氏家族多英杰

自古英雄多磨难，从来纨绔少伟男。纵观中国历朝历代，富贵之家多出纨绔子弟，在这方面，曹操是个例外。作为大汉帝国的实际统治者，他没有骄纵子女，而是严格要求，他的几个儿子中，曹丕"博闻强识，才艺兼备"，曹植才高八斗，曹彰武艺超群；曹冲虽然13岁就夭折了，却是历史上罕见的神童。这些跟曹操重视家庭教育是密切相关的。

一、经时济世的曹丕

曹操的长子曹昂战死后，次子曹丕就成为曹家的长子。早期，由于曹操偏爱弟弟曹植，曹丕一度很失落，兄弟二人争立太子多年，后来曹丕胜出。曹操去世后，曹丕顺利继位，几个月后，曹丕废掉汉献帝，自立为帝。

曹丕代汉自立用的是禅让制，他逼迫汉献帝将皇位禅让给他，首开逼迫现任皇帝禅让之先例。远古时期，尧禅位给舜，舜禅让给禹，尧和舜都是主动禅让的。曹丕恐背负篡窃之名，于是就自导自演了一幕禅让的历史大戏。汉献帝自然不敢不从，于是命陈群写了一份禅让诏书，让华歆拿着禅让诏书去见曹丕。曹丕大喜，打开观看，大意为：

朕在位三十二年，遭天下荡覆，幸赖祖宗之灵，危而复存。然今仰瞻天象，俯察民心，炎精之数既终，行运在乎曹氏，是以前王既树神武之迹，今王又光耀明德，以应其期。历数昭明，信可知矣。夫"大道之行，天下为公"，唐尧不私于厥子，而名播于无穷，朕窃慕焉，今追踵尧典，禅位于丞相魏王。王其毋辞！

曹丕看完诏书，和司马懿商议，司马懿劝曹丕上书谦辞。于是，曹丕给汉献帝回书一封，说自己德薄，不堪为帝，请汉献帝另择贤才以让之。汉献帝看了曹丕的回书，哭笑不得，只得再下诏书，坚持让位给曹丕，第二封诏书的大意是：

魏王上书谦让，但朕认为汉室衰微日久，幸赖武王曹操奋武扬威，剿除凶暴，绥靖华夏。今王曹丕应天顺人，至德光昭，声教被于四海，仁风布于九州，天数实在曹氏。昔日，舜有大功二十，故尧禅位于舜；大禹有疏导之绩，舜禅位于禹。汉承尧舜故事，有传圣之义，请魏王不要推辞。

曹丕二次得诏，与贾诩商议，贾诩劝曹丕再次上表辞让，以绝天下之诽谤。数日后，献帝命人于许都城外修筑受禅坛，正式禅位于曹丕。禅位当日，文武百官和10万将士云集许都，曹丕昂然登上受禅坛，汉献帝亲自宣读禅位诏书，大意为：

致魏王，昔日，尧禅位于舜，舜又禅位于禹，天命无常，惟归有德。汉道陵迟，世失其序，降及朕躬，大乱滋昏，群雄恣逆，宇内颠覆，赖曹操神武，拯兹难于四方，廓清寰宇，保护了汉室宗庙。今王钦承前绪，光于乃德，恢义武之大业，昭尔考之弘烈，皇灵降瑞，人神同应，朕愿逊位于曹丕，肃承天命，以慰人望。

汉献帝宣读完诏书，亲自将皇帝的玉玺奉送给曹丕，曹丕从献帝手里接过玉玺，正式登基称帝，改建安二十五年（220年）为黄初元年，同时大赦天下，封汉献帝刘协为山阳公，贾诩、华歆、王朗等人加官晋爵，曹仁被封为大将军，其他官员和将领都晋升一级。

曹丕在许都称帝后，迁都洛阳，改国号为大魏，史称魏文帝。不久，刘备也在成都称帝。刘备称帝后，急于为关羽报仇，不顾诸葛亮、赵云等人的反对，执意起兵伐吴。为了避免两面受敌的困境，孙权上表曹丕，向魏国称臣。曹丕大喜，加封孙权为吴王，加九锡。孙权请曹丕出兵攻打汉中，牵制刘备的兵力。曹丕表面上应允，实际上却按兵不动，坐山观虎斗。

蜀军伐吴后捷报频传，几个月的时间就攻入吴境数百里。曹丕一直关注着吴蜀两国的战事，一天，探马来报告说："刘备的军队连营数百里，分40余屯，皆依山傍水下寨。蜀将黄权督兵江北，防备我军。"曹丕听罢哈哈大笑，对百官说："刘备很快就会被吴军打败的。"百官疑惑不解，曹丕解释说："刘备不知兵法，岂有连营数百里与敌军交战的，于险地屯兵是兵家大忌，所以我说刘备必败。"百官半信半疑，半个月后，前线果然传来了刘备兵败的消息，百官无不佩服曹丕的远见卓识。

蜀军兵败后，刘备率残军退守白帝城（今重庆奉节县）。蜀将黄权督军于江北，被吴军断了退路，黄权无奈，只好率领所部投降曹丕。曹丕召见黄权，对黄权说："你来降我，是想效仿当年的韩信和陈平吗？"黄权惶恐道："我部被吴军隔断在江北，不得已而降陛下，岂敢追慕于古代的名将？"曹丕大喜，加封黄权为镇南将军，封育阳侯。

黄权投降魏国的消息传到白帝城后，诸将皆劝刘备诛杀黄权的家属，刘备感叹道："黄权的军队被吴军隔断在江北，断了退路，回蜀不能，降吴不可，只得勉强降魏。是朕辜负了黄权，黄权并没有辜负朕。"消息传到魏国，曹丕诈黄权说："刘备已经将你的家属全部诛杀。"黄权说："以刘备的秉性，他不应该株连我的家属呀！"曹丕大笑道："我跟你开玩笑呢。"黄权降魏之后，曹丕厚待黄权。后来，诸葛亮暗中派人到魏国找黄权，想将他接回蜀国，但黄权为曹丕优待之礼所感动，拒绝了诸葛亮的要求，在魏国忠于职守。

黄初元年（220年）七月，驻守上庸的蜀将孟达向魏国投诚，曹丕派名将徐晃与孟达里应外合,收复了上庸、新城等地。刘备派其义子刘封领军与魏军交战,被魏军打败。孟达降魏后,曹丕也像厚待黄权一样厚待孟达。

曹丕在位期间,两次发兵攻打东吴,企图一统天下,虽有小胜,但始终没有撼动孙权在江南的统治。黄初七年(226年)五月,曹丕病死于洛阳,临终前命镇军大将军陈群、中军大将军曹真、征东大将军曹休和抚军大将军司马懿为辅政大臣,辅佐其长子曹叡。曹丕在位一共7年,逝世时年仅39岁。

二、出口成章的曹植

曹植,字子建,是曹操与卞皇后所生的第三子,与曹丕是一母同胞的兄弟。在曹操的几个儿子中,除了曹冲之外,就属曹植天赋最高。曹冲去世后,曹操在很长一段时间内想立曹植为太子。铜雀台落成时,曹植作《铜雀台赋》一首献给曹操,其中写道:

> 从明后而嬉游兮,登层台以娱情。
> 见太府之广开兮,观圣德之所营。
> 建高门之嵯峨兮,浮双阙乎太清。
> 立中天之华观兮,连飞阁乎西城。
> 临漳水之长流兮,望园果之滋荣。
> 立双台于左右兮,有玉龙与金凤。
> 揽二乔于东南兮,乐朝夕之与共。
> 俯皇都之宏丽兮,瞰云霞之浮动。
> 欣群才之来萃兮,协飞熊之吉梦。
> 仰春风之和穆兮,听百鸟之悲鸣。
> 云天亘其既立兮,家愿得乎双逞。

扬仁化于宇宙兮，尽肃恭于上京。
惟桓文之为盛兮，岂足方乎圣明！
休矣美矣！惠泽远扬。
翼佐我皇家兮，宁彼四方。
同天地之规量兮，齐日月之辉光。
永贵尊而无极兮，等君寿于东皇。
御龙旗以遨游兮，回鸾驾而周章。
恩化及乎四海兮，嘉物阜而民康。
愿斯台之永固兮，乐终古而未央。

曹植这篇《登台赋》写得文采飞扬，颇具皇家气象。此赋一出，很快便传遍大江南北，曹植也从此名扬天下。

曹操很喜欢曹植的才气，也有意培养他。建安十九年（214年），曹操南征孙权，让曹植留守邺城。临行前，曹操语重心长地对曹植说："当年我出任顿丘令时也是你现在这般年纪，每每回忆起那个时候的所作所为，我就慷慨激昂。希望你能够勤勉任职，不辜负我对你的厚望。"曹植对父亲的教导心领神会。

我们可以设想一下，如果曹植是长子的话，曹操会毫不犹豫地立他为太子，但长子是曹丕。封建社会非常讲究礼法，在继承人问题上，历代统治者往往遵循立嫡立长的古制。加上曹植为人恃才放旷、嗜酒如命，使得他最终无缘继承曹操的大业。据说因两件事情让曹操决定放弃曹植而选择曹丕为继承人。

一天，曹植醉酒驾车，擅闯王宫的司马门，在只有帝王举行典礼时才能行走的禁道上纵情奔驰。曹操接到报告后勃然大怒，下令将司马门的门吏处死，同时严厉训斥了曹植一顿。后来，曹仁被关羽围在樊城，曹操任命曹植为征虏将军，命他率兵前去樊城解围，但曹植再一次饮酒误事，三军都准备好了，主将还醉卧不起。曹操得知后大发雷霆，取消了之前对曹植的任命。经过这两件事后，曹操对曹植非常失望，从此再也没有重用过他。

曹操在世时，封曹植为临淄侯，没有命令不准擅自离开封地，更不准随意进京。曹丕继位称帝后，曹植写了一封《庆文帝受禅表》向曹丕示好，希望曹丕能够重用自己，但曹丕对曹植的戒心很重，认为曹植怀才抱智，对自己颇具威胁，所以一直没有起用过曹植，反而将曹植一再徙封。黄初二年（221年），曹植被徙封为安乡侯，不久又被徙封为鄄城侯。黄初三年（222年）四月，曹植到洛阳觐见曹丕，曹丕加封曹植为鄄城王，并给他增加了封邑，但就是不肯重用他。时年30多岁的曹植心灰意冷，在从洛阳返回鄄城途中，他非常伤感，写下了著名的《洛神赋》，以寄托自己壮志难酬的哀思。

《洛神赋》虽然写得很精彩，但内容过于艰涩，不容易领会。曹植在《洛神赋》中虚构了一段自己和洛神之间的爱情故事，将曹丕暗喻为洛神，曹植和洛神之间的爱情故事最终惨淡收场，就像是曹丕不肯重用他，兄弟两人最终无法走到一起。

千百年来，《洛神赋》一直在文学界享有极高的地位，为历代文人所津津乐道。除了《洛神赋》之外，曹植的代表作还有《白马篇》《七哀诗》等。曹植的诗词文章情兼雅怨，卓尔不群，被后世称为一代诗宗，与李白、苏轼齐名。由于卓越的文学成就，曹植与父兄曹操、曹丕并称为"三曹"。不过，曹植的文学造诣显然要比他的父兄高很多。

黄初四年（223年），曹植又被徙封为雍丘①王。曹丕之所以如此不停地徙封曹植，可能是担心曹植在一个地方待久了会生出祸乱来，因为曹植影响力很大，可以说是近得人心，远得人望。

黄初六年（225年），曹丕南征孙权，在回师途中经过雍丘，与阔别多年的兄弟曹植见面。据说，当时兄弟两人谈了很久，但具体谈了些什么无从得知。分别时，曹丕故伎重施，再次给曹植增加封邑和俸禄，

---

① 雍丘：古代地名，今河南省杞县。杞在这儿立国1000余年，境内有众多的夏、商、周文化沉积。

但就是不肯授予曹植一个可以施展其政治才能的实际职务。

黄初七年（226年），魏文帝曹丕病死，魏明帝曹叡继位。被压抑已久的曹植好像看到了一线曙光，他多次上书曹叡，请求曹叡重用自己，好让自己也为曹家的帝王大业出力。曹叡对皇叔曹植的请愿只是表面上给予嘉许，实际上仍奉行曹丕时期对曹植的一贯政策，对曹植严加防范。太和三年（229年），曹叡把曹植徙封东阿（今山东阳谷县东北），曹植彻底明白了曹叡的心意，不再多做请愿。

太和六年（232年）二月，魏明帝曹叡加封曹植为陈王，同年十一月，曹植抑郁而终。曹植病逝后，被安葬于东阿鱼山，因为他最后的封地在陈，后世普遍称他为"陈王"或"陈思王"。

三、勇冠三军的曹彰

曹彰，字子文，与曹丕、曹植是一母同胞的兄弟。曹彰自幼不喜欢读书，擅长骑射，膂力过人，据说有霸王举鼎之力，十几岁就能手格猛兽。曹操经常劝诫曹彰说："你的武功再高，也是匹夫之勇，应该好好读书才是。"曹彰却反驳说："大丈夫应该像卫青和霍去病那样驰骋疆场，长驱数十万众，纵横天下，为什么非要做博士呢？"曹操见儿子很有主见，也就不再勉强他。

有一次，曹操问几个儿子都有什么志向，曹丕和曹植异口同声地回答说要以安邦定国为己任，曹彰则说："我要当大将军。"曹操又问他："好啊，那你说一说为将之道？"曹彰毫不犹豫地回答说："作为大将，应该披坚执锐，临阵不退，遇敌则先，赏罚分明。"曹操大笑，鼓励他好好干。

曹彰和东吴的孙权一样生有异相。孙权据说是碧眼紫髯，也就是胡须是紫色的，眼睛是绿色的。而曹彰的胡须是黄色的，因此，曹操经常称他为"黄须儿"。曹丕和曹植争立太子时，曹彰没有表现出明确的立场，既没有支持过曹丕，也没有支持过曹植，只是着力于在战场上建功立业。对于父亲的宝座，他当然也有所觊觎和窥视，但他知道曹操根本没有考虑过让他继承大业，因为曹操认为他有勇无谋，没有做帝王的素养和韬略。

建安二十一年（216年），曹彰被封为鄢陵侯。两年后，乌桓族造反，起兵袭扰内地，曹操任命曹彰为北中郎将，行使骁骑将军的职责，令他率兵5万，去北方平叛。临行时，曹操告诫曹彰说："我们在家里是父子，接受任命后，你就是国家的将领，法不徇情，你一定要牢记。"

曹彰率兵到了代郡（治所在今河北蔚县），凡战必身先士卒。乌桓数万人与曹军交战，曹彰第一个发起冲锋，将士们见状，无不奋勇冲杀，几仗下来，乌桓军大败。曹彰想乘胜追击，部将劝谏说："你父亲曾经命令你不要轻易深入敌境，你难道忘了吗？"曹彰愤然道："我父亲是告诫过我穷寇莫追，但将在外，君命有所不受，敌军现在已经被我军击溃，如果我军乘势追击，就能够彻底消灭敌军，让他们无法卷土重来。"于是，曹彰命令全军出击，向已经逃向塞外的敌军穷追猛打。乌桓军抵挡不住，被彻底击溃。

战后，曹彰领军回到邺城，曹丕对他说："现在父亲在长安，我留守邺城，你去长安见到父亲，一定要表现得谦虚谨慎。"不久，曹彰去长安觐见曹操，说自己之所以能取胜，都是诸将和众军的功劳。曹操大喜，嘉奖他说："你不但作战骁勇，而且能体恤下属，果然有大将之风，看来你很不简单啊！"

曹操与刘备争夺汉中期间，有一次两军对阵，刘备派他的义子刘封出马挑战，曹操骂刘备说："你这个卖鞋的鼠辈，经常派假子出战，我如果把我的黄须儿叫来，定能将你的假子击败。"于是，曹操命人召曹彰前来助战，曹彰仅用几天时间就赶到汉中前线，只是当时胜负已定，曹彰还未参战，曹操就已经决定放弃汉中了。

建安二十五年（220年），曹操病重，紧急召见曹彰。当时曹彰在长安，曹操在洛阳，曹彰未到洛阳，曹操便去世了。据说，曹彰领军来到洛阳城外，已经继承王位的曹丕派大臣贾逵去迎接他。曹彰一见贾逵，就索要曹操的玺绶，贾逵义正词严地对曹彰说："家有长子，国有储君，你父亲的玺绶不是你应该问的。"曹彰被驳斥得哑口无言，随后只身入城，拜见曹丕，兄弟二人相抱大哭。曹丕命曹彰回鄢陵自守，同时解除了他的兵权。

同年（220年），曹丕称帝后，给曹彰下了一道诏书，诏书上说："帝王之道，在于分封兄弟，共同继承家国大业。曹彰曾经率军平定北方，功勋卓著，给他增加食邑5000户。"曹操生前就给曹彰加封过5000户食邑，加上曹丕继位后加封的，曹彰成了名副其实的万户侯。

黄初二年（221年），曹彰晋爵为公。次年，曹丕加封曹彰为任城王。黄初四年（223年），曹彰进京朝见曹丕，在洛阳暴病身亡。曹彰去世后，曹丕仿效汉朝东平王之例厚葬曹彰，追谥其为威王。曹彰的爵位由他的儿子曹楷继承。曹彰还有一个女儿嫁给了后来的散骑常侍王昌。

三国时期猛将如云，曹彰的武功不在同时期的其他武将之下，曹丕曾经称赞曹彰说："以你的雄武，吞并巴蜀，如同老鹰吃小鸡一样。"《三国志》作者陈寿评价曹彰说："任城武艺壮猛，有将领之气！"

四、英年早逝的曹昂和曹冲

曹昂，字子修，是曹操的长子，大约比曹丕大10岁。曹昂的母亲是曹操的庶妻刘氏，曹昂很小的时候，母亲刘氏就去世了。于是，曹操就让自己的发妻丁氏抚养曹昂，丁氏一直没有生育子女，非常疼爱曹昂，将曹昂视如己出。

曹昂20岁时举孝廉，据说他聪明果敢，深受曹操喜爱。建安年间，曹操南征张绣，曹昂随征，由于曹操举措失当，张绣降而复叛，突然率军攻杀曹操，曹操的战马被乱箭射死。为了掩护曹操撤退，曹昂与典韦断后，曹操终于得脱，但曹昂却不幸阵亡。同时战死的还有名将典韦和曹操的侄子曹安民。

长子曹昂战死后，曹操非常伤心，但还有一个人比曹操更伤心，那就是曹昂的养母丁夫人。据说丁夫人曾经责骂曹操说："是你把我的儿子害死的。"曹昂去世后，丁夫人不想再留在曹操身边，于是回到故乡隐居。曹操对丁氏这个结发妻子还是很有感情的。丁氏离开后，他多次前往丁氏的故乡，好言抚慰，想请丁氏回家，但丁氏已经万念俱灰，始终没有再回曹家。

建安二十五年（220年），曹操病重，睡梦中经常产生幻觉。有一次，曹操对身边的人说："我刚才梦见曹昂了，他责怪我没有照顾好他的养母丁氏，我将来到了九泉之下，怎么去跟他解释呢？"

曹丕继位称帝后，有一次对大臣们说："我现在坐的这个位置本来是属于我的兄长曹昂的，可惜他英年早逝，我才侥幸得到了这个位置。"为了缅怀曹昂，曹丕追谥曹昂为丰悼公。后来，曹丕又将自己的侄子曹琬过继给曹昂，让他为曹昂延续香火。

之后，曹丕又追封曹昂为丰悼王。魏明帝曹叡继位后，追谥曹昂为丰愍王。这样一来，曹昂虽然早死，但在死后得到了多次追封。后世的史学家批评曹丕和曹叡说："对于曹氏子弟来说，魏文帝和魏明帝都习惯于厚待死者，迫害生者。"

在曹操的众多儿子中，最受曹操喜爱的当属曹冲。曹冲，字仓舒，自幼聪慧过人，长到五六岁就具备了成年人的智力水平，历史上著名的曹冲称象的典故讲的就是他。当时，孙权给曹操送来一头大象，曹操想知道大象的重量，可大象太重了，无法用秤来称。曹操让百官给他想办法，但大家都一筹莫展。这时，年仅6岁的曹冲站出来，向曹操建议说："可先将大象置于船上，看船会吃水多深，然后再将同等重量的石头置于船中，就可以知道大象的重量了。"曹操对曹冲的建议感到很惊奇，在场的大臣们纷纷竖起了大拇指。

曹冲虽然是曹操的小妾环夫人所生，但因为他天赋极高，所以曹操一直对他寄予厚望。曹冲不仅聪明过人，而且非常仁义善良，曹操府上的仆人犯了错，总喜欢找曹冲帮忙说情，曹冲在明辨是非后，一概来者不拒。因此,曹操更加赏识曹冲,一度将他作为第一继承人进行培养。

建安十三年(208年),年仅13岁的曹冲得了重病,不治身亡。曹操对曹冲的死痛惜不已,他对曹丕等几个儿子说:"曹冲的死是我的不幸,是你们的大幸。"据说曹冲去世后,曹操还给他配了阴婚,并追赠他为骑都尉,让自己的孙子曹琮给曹冲做后嗣。

后来,曹操追封曹冲为邓侯,曹丕追封曹冲为邓公,魏明帝曹叡追封曹冲为邓哀王。

五、才智过人的魏明帝曹叡

曹叡,字元仲,是曹丕的长子,曹操的长孙。曹叡的母亲原是袁绍次子袁熙的妻子甄氏,曹军破冀州后,曹丕看上了甄氏,并经由曹操同意迎娶了甄氏。甄氏过门第二年就生下了曹叡。曹叡自幼聪明伶俐,好学多识,深得曹操的喜爱,每有宫廷宴会,曹操都会带着曹叡一起参加。曹叡也很会讨曹操的欢心,曹操生前曾多次对众人说:"我有曹叡这么一个优秀的孙子,我们曹家的大业就可以在三世之内立于不败之地了。"

曹操在世时,封曹叡为武德侯。曹丕称帝后,加封曹叡为齐公,据史书记载,曹丕和甄氏本来很恩爱,但是,后来曹丕宠幸郭女王,郭女王号称是女中之王,不但人长得漂亮,而且颇有谋略。甄氏失宠后,多次口出怨言,曹丕在盛怒之下将甄氏赐死。甄氏去世后,曹叡被贬为平原侯,黄初三年(222年),又被加封为平原王。

由于郭女王才貌双全,所以曹丕册封郭女王为皇后,遗憾的是,郭皇后没有子嗣。于是,曹丕下令让曹叡奉养郭皇后,郭皇后将曹叡视如己出,倍加疼爱;但曹叡一直对母亲甄氏的死耿耿于怀,多次忤逆曹丕和郭皇后。曹丕见曹叡怨恨自己,准备立另一个儿子曹礼为太子。当时曹叡已经成年,为了继承魏国的皇位,他逐渐摒弃前嫌,将郭皇后当作自己的亲生母亲一样看待。

据野史记载,曹丕虽然偏爱曹叡,但一直不立他为太子。有一次,曹丕和曹叡一起外出打猎，从树林中赶出子母二鹿，曹丕一箭射死母鹿，然后叫曹叡射杀子鹿，曹叡流着泪说："陛下已经杀死了它的母亲，我怎么忍心再杀死它呢！"曹丕闻言，不由想起了以前的事情，遂掷弓于地，抚慰曹叡说："你是一个仁孝的人啊！"黄初七年（226年），曹丕病危，临终前立曹叡为太子。不久，曹丕去世，曹叡正式继位，是为魏明帝。

曹叡虽然年轻，但他一开始就政由己出，使几个辅政大臣形同虚设，曹真、曹休和司马懿等人都很佩服曹叡的明识善断。

东吴的孙权听说曹丕去世，便派军队进攻襄阳等地，企图趁机北伐。曹叡派大将文聘和司马懿、曹休等人率军阻击吴军。文聘用空城计逼退了吴军，司马懿和曹休也在另外两条战线上成功击退了吴军。

曹叡即位不久，便下令大赦天下，尊郭皇后为皇太后，追谥自己的生母甄氏为文昭皇后。与此同时，他还大封群臣，加封钟繇为太傅，华歆为太尉，王朗为司徒，陈群为司空，曹休为大司马，曹真为大将军，司马懿为骠骑大将军。

曹叡继位后，改元太和。太和元年（227年）十二月，降将孟达造反，曹叡派司马懿前去征讨。不久，司马懿攻破新城，斩杀了孟达。太和二年（228年），诸葛亮率领蜀军北伐，陇西的天水、南安、安定3郡失陷，曹叡御驾亲征，亲自率领大军到长安督战，命曹真、张郃领军与蜀军交战。不久，蜀将马谡被张郃大破于街亭，蜀军被迫撤军，曹真大败诸葛亮，收复了之前失陷的陇西3郡。

从太和年间到青龙年间，诸葛亮先后5次北伐，都被魏军击退，前两次是被曹真率军打退的，后3次是被司马懿领军击退的。诸葛亮于第五次北伐期间病死于五丈原①。诸葛亮发动第五次北伐时，东吴孙权也大举北犯，曹叡亲临前线，指挥魏军与吴军作战，吴军很快就被击退

---

① 五丈原：位于今陕西省宝鸡市岐山县，为秦岭北麓黄土台原的一部分，南靠秦岭，北临渭水，东西皆深沟，形势险要。

了。东吴主将陆逊对孙权说："曹叡英明果断，魏国比曹操和曹丕时期更加强大，我军以后只宜防守，不宜主动进攻。"

景初二年（238年），辽东公孙渊造反，自称燕王。公孙渊是原辽东太守公孙度之孙，公孙康之子。东汉末年天下大乱，公孙度、公孙康父子割据辽东。建安年间，曹操追击袁尚和袁熙，未到辽东，公孙康便斩杀袁尚和袁熙，将二人的首级送给曹操，表示愿意归附朝廷。于是，曹操封公孙康为襄平侯、左将军。曹丕时期，公孙康病逝，他的弟弟公孙恭继位，曹丕加封公孙恭为车骑将军，平郭侯。太和二年（228年），公孙康之子公孙渊发动政变，取代叔叔公孙恭为辽东太守。东吴孙权称帝后，派使者张弥、许晏等人到辽东结交公孙渊，封公孙渊为燕王。公孙渊没有接受孙权的加封，反而将孙权的使者斩首，派人将首级送到洛阳，向曹叡表示自己将忠于魏国。曹叡大喜，加封公孙渊为大司马、乐浪公。

但公孙渊不满曹叡对自己的加封，悍然自号为燕王，与魏国分庭抗礼。曹叡命司马懿远征辽东，司马懿率军大破公孙渊于襄平（今辽阳的旧称），公孙渊兵败被杀。

就在司马懿鏖战辽东期间，曹叡病重，临终前他召司马懿还朝，将太子曹芳托孤于司马懿和曹爽。他对司马懿说："昔日刘备在白帝城病危，将幼子刘禅托孤于诸葛亮，诸葛亮殚精竭虑，至死方休。偏邦尚然如此，何况我们是大国，太子曹芳年幼，无法亲政，希望你和曹爽等人好生辅佐。"司马懿泣拜受命。

曹叡去世后，太子曹芳继位，曹芳是曹叡的养子，因为曹叡的几个儿子都夭折了，所以只能让养子曹芳继位。曹芳继位后，曹爽和司马懿共同辅政。曹爽是原大将军曹真之子，自幼出入宫廷，与曹叡关系很好，曹叡临死前本想让自己的兄弟曹宇出任大将军之职，但曹宇没有受命，于是，曹叡便加封曹爽为大将军，命曹爽和司马懿共同辅政。

由于新皇帝曹芳年幼，曹爽和司马懿开始争夺摄政大权，起初曹爽占得先机，联络其他朝臣举荐司马懿为太傅。太傅一职虽然品级高，却没有实权。司马懿就任太傅后，曹爽也就达到了对司马懿明升暗降的目的。从此，曹爽大权独揽，司马懿借口说自己年老，称病不出，司马懿的两个儿子司马师、司马昭也都退职闲居。

正始十年（249年），司马懿乘曹爽外出不在京城的机会，秘密调遣旧部，发动高平陵①政变，挟太后之命诛杀了曹爽，灭其三族。曹爽死后，一切军政大权皆归于司马懿，曹芳就像当年的汉献帝一样，逐渐成为司马懿手中的傀儡。司马懿死后，他的儿子司马师、司马昭继续统领魏国，再后来，司马懿的孙子司马炎代魏自立，建立了晋朝。

---

① 高平陵：三国时期魏明帝曹叡的陵寝。

后记　曹操只是曹操

滚滚长江东逝水，浪花淘尽英雄。是非成败转头空。青山依旧在，几度夕阳红。白发渔樵江渚上，惯看秋月春风。一壶浊酒喜相逢。古今多少事，都付笑谈中。

曹操再神勇，也逃不过死神的召唤，然而，关于他的一切，是非褒贬始终在继续……

《三国志》作者陈寿在《三国志·魏书·武帝纪》中评价曹操说：

汉末，天下大乱，雄豪并起，而袁绍虎视四州，强盛莫敌。太祖运筹演谋，鞭挞宇内，揽申、商之法术，该韩、白之奇策，官方授材，各因其器，矫情任算，不念旧恶，终能总御皇机，克成宏业者，惟其明略最优也。抑可谓非常之人，超世之杰矣。

陈寿是三国归一后的晋朝官员，晋朝是在魏朝的基础上建立起来的。因此，陈寿在《三国志》中尊魏为正统，称曹操和曹丕、曹叡等为帝，称刘备和孙权为主。陈寿在评价曹操时，将袁绍作为主要的参照人，最后给曹操下了一个"非常之人，超世之杰"的评语，应该说还是比较客观公正的。

陆机也对曹操做出全面评价。陆机是东吴名将陆逊的后代，是西晋著名的史学家，他曾经写过一篇《吊魏武帝文》，全面肯定了曹操的历史功绩，盛赞曹操的功绩堪与日月争辉。

到东晋时期，北方中原地区的万里江山被胡人攻取，东晋朝廷偏安江南一隅。为了适应时局的需要，有少数东晋官员开始全面否定曹操及魏国，东晋荥阳太守习凿齿在其著作《汉晋春秋》中，公然忽视魏朝的存在，说晋朝的江山社稷是直接从汉朝接手过来的。习凿齿认为在三国时期，不管是曹操还是刘备、孙权，都没有完成统一中国的大业，所以这三个并立的政权都不配称正统。

晋朝灭亡之后，进入南北朝时期，这一期间朝廷更迭频繁，出现了很多次权臣逼迫皇帝禅位的事情。他们纷纷效仿曹氏父子改朝换代的做法，一方面逼迫现任皇帝禅位，另一方面又假意推辞，三辞三让，然后名正言顺地将朝廷接手过来。

唐朝贞观年间，唐太宗李世民北伐朝鲜国，行军途中经过曹操的坟墓，于是写了一篇《祭魏太祖文》。其中有这么几句："帝以雄武之姿，当（常）艰难之运，栋梁之任，同乎曩时，（以）匡正之功，异乎往代。观沉溺而不拯，视颠覆而不持，乖徇国之情，有无君之迹。"

李世民在这篇《祭魏太祖文》中首先高度肯定了曹操对汉朝的匡正之功，继而笔锋一转，批评曹操有无君之迹。其实，李世民和曹操在夺取政权方面有异曲同工之妙，李世民的江山是从自己的父兄李渊和李建成手中夺过来的，越是如此，他就越忌讳像曹操这样的历史人物。

历史的车轮行进到宋朝时，曹操的形象逐渐被艺术化了。当时很多民间的说书人都乐于讲汉末时期的故事，北宋文学家苏轼在其著作《志林》中记述说，当时在街头听说书的老百姓都很同情刘备，厌恶曹操；人们一听说书人讲到刘备打了败仗就都皱紧了眉头，而一听说曹操打了败仗就欢喜跳跃。由此可见，曹操的形象被艺术化之后，他在中国民间的声望也就跟着跌进了谷底。

到南宋时期，中原大部分疆土都落入辽、金之手，南宋朝廷被压迫到江南，统治区域大大缩小。为了适应时局的需要，同时也是民心所向，很多南宋官员开始尊奉刘备和孙权，贬抑曹操，赤裸裸地谴责曹操为奸贼。南宋史学家朱熹在其著作《通鉴纲目》中破天荒地抹去了曹魏的年号，而以刘备在西蜀的年号记事。这种罔顾历史事实的做法虽然非常离谱，但在当时却很有市场，因为南宋时期是中国历史上反曹声浪最高的一段时期，也是最疯狂的一段时期。

到了明代，随着长篇小说《三国演义》的问世，曹操的艺术形象逐渐被定型。从此以后，曹操在大多数中国人心目中就完全成为一个奸雄的形象，"谲诈、多疑、残暴"是人们对于他的普遍共识。

直至近现代，随着现代文明的发展，人们文化程度的提高，很多人已经能够明辨是非，对于曹操这样一个家喻户晓的历史人物，人们开始有了一个客观的认识。

毫无疑问，曹操在历史上是一个功大于过的人，他在一段时期内为国家和民族作出过杰出的贡献。没有曹操，就不会有魏国；没有魏国，也就不会有后来的晋朝。由此可见，如果没有曹操，整个中国的历史将会被改写。至于曹操在很多方面存在着不足，但这并不影响他成为举足轻重的历史人物，他的雄才伟略也不会因为自身的缺点而被掩盖。

力能挽弓，气能纵笔。古今英雄，谁如孟德！